中山思想新詮

—總論與民族主義—

周世輔
周陽山 著

三民書局印行

國立中央圖書館出版品預行編目資料

中山思想新詮：總論與民族主義／
周世輔，周陽山著.--三版.
--臺北市:三民,民84
面；　公分
ISBN 957-14-1770-X（平裝）

1.民族主義

005.125　　79001134

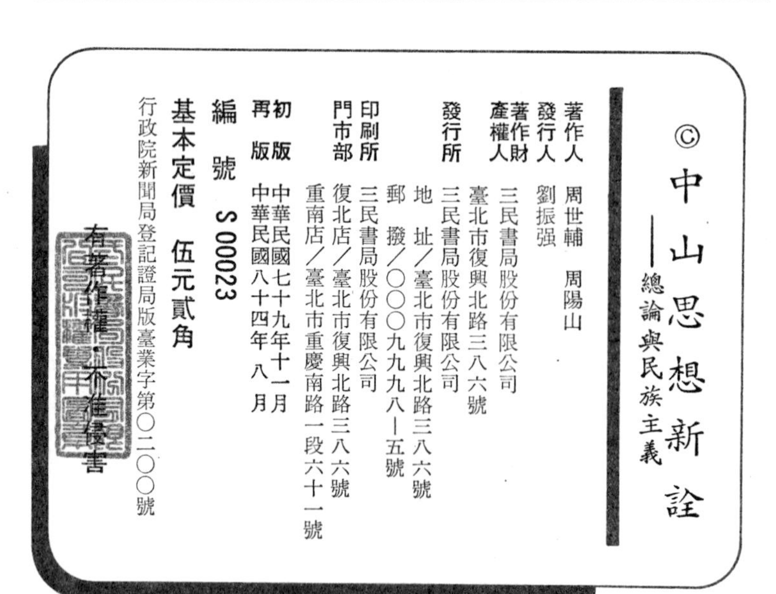
©中山思想新詮
——總論與民族主義

著作人　周世輔　周陽山
發行人　劉振强
著作財產權人　三民書局股份有限公司
臺北市復興北路三八六號
發行所　三民書局股份有限公司
地　址／臺北市復興北路三八六號
郵　撥／〇〇〇九九九八—五號
印刷所　三民書局股份有限公司
門市部　復北店／臺北市復興北路三八六號
重南店／臺北市重慶南路一段六十一號
初　版　中華民國七十九年十一月
再　版　中華民國八十四年八月
編　號　S 00023
基本定價　伍元貳角
行政院新聞局登記證局版臺業字第〇二〇〇號

ISBN 957-14-1770-X（平裝）

序

民國七十七年六月下旬，我回到濶別七年的臺北，開始另一階段的教學與研究生涯。當時最企盼早日完成的一項著述工作，是與　父親合撰的《中山思想與當代西方思潮》一書。但是由於　父親年邁，不宜長時工作，而我亦因課務繁重，使此一著述計劃遲遲難以開展。不幸的是，由於多年辛勞，　父親在當年十一月十四日因心臟病發而溘然辭世，享年八十有三。

父親仙逝後，全家頓失重心。由於　父親對子女及門人一向是言教與身教並重，而其內化的人格光輝正如和煦的春陽；因此，在他辭世以後的近兩年間，我一直無法平抑內心的哀痛，提筆著手完成他的遺著計劃。但是由於外在政治情勢的快速變遷與校園內外激進趨勢的加劇，加強中山思想的研究與著述已成當務之急。基於此，我不得不效法　父親一貫的「知其不可爲而爲之」的精神，將其舊著重加整編，並增添詳細的註釋與相關資料，以期符合廣大讀者群的需要。這乃是本書的出版原委。

本書乃是過去　父親數本舊著的合訂修正本。其中絕大部分的正文內容，均採自其舊說。至於新添部份，則多以導論、註解、附錄、書目等形式呈現，以利區別。基本上，　父親的觀點多已爲我所承續。但是他對中山思想的詮釋方式，是儘量避免主觀的評述與臆說；而我則係基於「同情的了解」的態度，根據當代學術思潮的研究成果，並參酌世界各國的發展經驗，而加以詮釋。雖然這些詮釋，多係以註釋及附錄的方式呈現，但由於篇幅甚大，在本書內容中所佔比例不輕，因此經過再三商酌，乃決定將書名訂爲《中山思想新詮》，主要是強調其中的詮釋性與學術性，以期對中山思想與三民主義的研究工作，提供棉薄之力。

由於中山思想博大精深，而過去數十年間有關的中、西文研究文獻汗牛充棟，因此詮釋工作必須不斷進行。基於此，今後每隔兩三年，本書均將進行一次大幅度的修訂整編，納入相關的發展經驗及研究成果。所幸目前的排版技術已能解決此一問題，因此本書雖命名爲《新詮》，但今後每一次的新修訂，均將使詮釋工作日新月異。

再者，必須強調，本書將中山先生思想及三民主義學說視爲一項仍在繼續發展成長，並不斷接受時代與環境挑戰的思想體系。換言之，三民主義的理論內涵及政策政綱，乃是基於中山先生的創造發明，並符應時代需要、參酌各國經驗，以期應用於全中國的現實環境。所以在詮釋、研究與教學的工作上，都無所謂的「刻板教條」、「定於一尊」的問題。因此，本書雖然儘可能呈現中山思想的原貌，並且儘量引述中山先生的原始著述，但在詮釋及評價工作上，自然不會以此自限。亦祈讀者先進鑒察之。

本書的出版，對我個人而言，並不是研究中山思想的一個段落；相反的，卻是一項長期學術志業的開始。我自己忝列三民主義學界雖然還是新近之事，但長期以來身受　父親庭訓與人格志節的感召，使我深信，中山思想與三民主義的發展前景，十分樂觀。因此，對於當前任何的挑戰，我自己無論是在學術上、道德上與信仰上，都毫無畏懼，並一往直前。不過在面對挑戰的同時，我也不斷告誡自己，要將學術研究與思想信仰做一釐清。我希望本書的編撰，以及日後繼續的增編工作，能使這兩者間的分際日益澄清。

本書初步的整編工作，完成於民國七十九年的雙十國慶。在這個緬懷中山先生與革命先烈爲國奉獻的偉大日子裡，三民主義的研究工作與實踐任務，似乎顯得特別嚴肅與重大——雖然它也的確是「沈重」的。不過我希望越來越多的同道能夠將它肩負起來，這不僅是因爲它是　國父與建國先賢的智慧遺產，而且這也是因爲，中山先生是在中國近代的所有偉大人物中，最受海峽兩岸及海外的中國人共同敬重的。因此，任憑中山先生的思想與學說走上教條化的困局，或縱容虛妄的批評者惡意汚衊三民主義及中山先生，都是不可原諒的重大錯誤。我希望，至少在我們這一代的身上，能夠避免這樣的罪孽和偏執。

最後，我謹以本書的出版，紀念　父親辭世二周年。並希望今後能以具體的研究成果，安慰他在天之靈。在此我也敬謹的期待讀者先進的斧正。

周陽山　謹誌

民國七十九年十月十日

於臺北

中山思想新詮—總論與民族主義

目錄

序

導論：如何認識中山思想

第一篇　總　論

第 一 章　中山先生傳略……3

第 二 章　中山思想形成的基礎及背景……19

第 三 章　中山思想的淵源及其理論體系……35

第 四 章　中山先生思想的演進……67

參考書目（第一篇）……79

第二篇　民族主義

第 五 章　民族思想概說……85

第 六 章　民族問題與民族主義……105

第 七 章　民族精神消失的原因……119

第 八 章　恢復民族主義與民族地位的方法……135

第 九 章　中國存亡問題……149

第 十 章　大亞洲主義 ……157
第十一章　民族平等的文化理想 ……173
第十二章　民族主義與其他主義的比較 ……181
參考書目（第二篇） ……201

附錄：原著選讀

有志竟成—自傳 ……207
上李鴻章書 ……219
中國國民黨第一次全國代表大會宣言 ……227
中國問題的眞解決—向美國人民的呼籲 ……235
三民主義與中國前途 ……241
《民報》發刊詞 ……247
中國同盟會本部宣言 ……249
關於五四運動 ……251
北伐宣言 ……253
北上宣言 ……255
中國內亂之原因 ……259
歡宴蒙古代表及國民黨全國代表的演說 ……269
大亞洲主義 ……273

導論：如何認識中山思想

孫中山先生逝世於民國十四年,迄今已逾半個多世紀。在他逝世以來的漫長時間裡，中國的環境發生了極大的變化。直至今天，臺海兩岸仍處於分裂的狀態，而共產主義雖然在東歐面臨退却，在蘇聯面臨嚴重的挑戰，但在中國大陸，卻仍然殘民以逞，窮兵黷武。但是，中山先生雖然一生歷經挫敗，壯志未酬，卻在臺海兩岸與海外中國人之間，享有至高的榮譽。在中國大陸，中山先生被視爲革命先行者，雖然中共政權對他的思想內涵與歷史地位做了許多扭曲，但他在知識份子與社會菁英中的崇高地位，卻遠超過衆多的共產黨創始人及紅軍領袖。多年前，一位大陸的近代史學界領導人就公開的說過：

「孫中山先生集革命實行家和思想家於一身。……他在推動中國近代歷史前進中處在光榮的極爲突出的地位上。他去世滿六十年了，作爲一位偉大的愛國主義者和民主主義者，他一直在中國人民中保持重要的影響。」❶

熟悉大陸內情的人當知道,上述的評語絕非過譽之詞,而且我們可以確定，中山先生之所以享有令譽，不僅是因爲他的犧牲奉獻，人格高潔，而且也是由於他博學愼思，洞察機先。但是我們若欲眞實理解中山先生思想，絕不是背誦一些他的言論，甚至奉爲教條，不求甚解，就足以成事的。相反的，我們必須先通過對他的時代環境的認識，了解他的傳記行誼；再考察他的思想學說背景，並對他所

❶見劉大年〈孫中山研究述評國際學術討論會辭〉，輯入《回顧與展望——國內外孫中山研究述評》（北京：中華書局，1986）第一頁。

繼承及獨創發明的學理，加以細心的研究，才能對他的思想體系，建立起初步的認識。進一步，我們再就中山先生當時中國的現實環境加以分析，才能了解他爲什麼要在西洋學說及傳統文化遺產之外，另創學說；也唯有通過這樣的認識，我們才具備眞正的資格，可以對他的三民主義進行客觀的評價。至於中山思想及三民主義是否能切合當今中國現實環境的需要，必須做那些修正與調適，則係更進一層的複雜課題。基本上，我們可以肯定，由於中山思想牽涉到哲學、歷史、文化、政治、經濟、社會及民族等學科層面，而這些學術與思潮在過去半個多世紀間已有長足的發展，因此我們實不易找到任何一家學說，足以完全取代或補充中山學說；也無法在當代中國學者中等待任何一位大家的出現，以批判或繼承的方式，接續中山先生，成爲三民主義學說的新創造者。但是，如果我們是著眼於知識分工與專業學術之間的合作攻錯，那麼研究中山先生的學說與思想，就正如過去西方學界對馬克思的研究一樣，實有充裕的學術空間足待開展。

但是，孫中山研究或稱孫學(Sunology)卻是和馬克思學(Marxology)完全不同的。由於馬克思本人對於當時歐洲的現實環境有極多的不滿，因此他的思想體系中有許多偏執的成分；而且，由於他的理論體系——馬克思主義(Marxism)在後來的發展中爲了因應各國的不同情況而產生許多變體，包括列寧主義(Leninism)、史達林主義(Stalinism)、托洛斯基主義(Trotskyism)、狄托主義(Titoism)和毛澤東思想，因此對馬克思的研究可以說與國際共運史及共黨研究不易分開，而在上述的各支思潮及運動的研究工作上，目前已有豐碩的研究成果。相對的，對中山思想的研究卻缺乏同樣豐富而成體系的學術成果可資參酌。譬如說，到目前爲止，除了一兩本較爲完整的中山先生的中文傳記外，許多相關的研究文獻多係由日文、英文、俄文與德文等外文撰寫，但一般中文讀者卻多不熟悉。而相關的一些重要人物的基本傳記，如黃興、宋教仁、胡漢民、戴季陶、蔣中正、汪精衛等，也嫌嚴重不足。因此整個中山學說（或孫學）的研究成果，實不可與馬克思學相並比。這一方面固然凸顯了這兩門學術的差異，同時也呈現了一個嚴重的事實：整個中國學術界（或以中文讀者爲對象的學術界）在社會科學與人文學的主要領域裡，也都存在著嚴重不足的問題。因此，許多人對中山思想及三民主義學術研究所做的批評，事實上也正是對整個中國學界所做的鞭策。如果有朝一日，中山思想及三民主義的研究眞正開花結果，並且拿出了令人滿意的成績，那就不僅是三民主義學界，而且是所有的中國學術工作者的共同榮耀了。

但是，孫中山研究卻有馬克思研究所無的一項本質性的優點，那就是從實踐經驗看來，馬克思的大部分學說，都已面臨了嚴重的現實挑戰，但孫中山思想卻無此一限制。即使部分的西方馬克思主義者（Western Marixists）仍然堅持馬克思在異化論、資本論及國家學說等方面的原創性貢獻；但同樣的，也有許多馬克思學者（Marxologists）強調，列寧主義及史達林主義乃是馬克思主義的必然發展結果。換言之，我們絕不可只看重青年馬克思的人道主義內涵，而且也要面對中老年馬克思的激進、偏執，以及最後終於導向極權專制的陰暗層面。我們尤其必須正視當前共產主義在東歐、蘇聯等地逐步衰敗的事實。雖然此一事實不一定會造成整個馬克思學的終結，但無疑的卻已對馬克思主義帶來了嚴重的衝擊。可是，相對的，中山學說與三民主義的實踐經驗，卻充分證明它是經得起歷史考驗的。雖然在國際間，孫學及三民主義並未像馬克思學及馬克思主義那樣引人注目，但是中山思想與三民主義本身的溫和漸進色彩及有容乃大的寬宏精神，卻使它獲得了更爲廣濶的生存空間。因此儘管從表面看來，三民主義的理論體系看似不及馬克思主義般嚴密，但其中「執兩用中」、「允執厥中」的中道精神，卻使其得以經歷更爲持久的時代與歷史考驗。

茲試舉二例證之：

㈠中山先生在民初所獨倡的五權憲法，長期以來儘管頗爲主張三權分立的學者所爭議，但他強調獨立的監察權制度，實有其充分的理由。事實上，在中山先生設計獨立的監察權以前，在北歐的瑞典、芬蘭等國，就已有獨立的監察長(ombudsman)制度❷。而此一制度，從一九五○年代以後，經由丹麥、紐西蘭、英國等國的傳佈，以及聯合國人權委員會的大力推廣，已經成爲一般新的潮流。據統計，在一九八○年代初，全球共有 30 餘國實施 90 餘種不同的監察長制度，有的是隸屬於中央或聯邦政府，有的則歸地方政府所管轄。但是這種監察長制，在功能上卻遠遜於我國的監察權制度。因爲這些監察長多僅具調查、糾舉、糾正之權，而且後二權限多僅止於建議性質，而不易發揮強制性效果，因此對民衆權益的保障難免要打折扣。至於我國監察權所擁有的其他權限，如彈劾、同意、審計等，則多爲西方監察長制度所未見。另外，西方的監察長制度，長期以來也曾爲究竟應隸屬於行政、立法或司法權之下而爭擾不已。部分西方學者甚至認爲，獨立爲三權之外的第四權方爲合宜之計。雖然大多數的西方學者多未知中華民國早已有監察權制度，但是這卻證明了中山先生早在一九

❷瑞典的監察長制度設立於 1809 年，芬蘭則於 1919 年建立此一制度。1953 年，丹麥設立了監察長制，從此廣爲傳佈。1962 年，紐西蘭制訂了「監察長法」，從此爲大英國協及英語系國家的監察長制開啓了先聲。

一〇、一九二〇年代所規劃的監察權制度，的確深具時代意蘊，而且在七、八十年之後，仍然證明是明智之舉，卻絕非某些苛責者所說的「異想天開之舉」。❸

㈡中山先生一向極爲重視「直接民權」的行使，對於複決(referendum)、創制(initiative)、罷免(recall)等權的重視，尤爲國人所熟知❹。自二次大戰結束以來，實施創制、複決權已是舉世之潮流，目前在全球的民主國家中，多已普遍實施複決權。據統計，其中只有日本、印度、以色列、荷蘭、美國與我國尚未在全國範圍普遍實施。但在美國方面，雖然未在聯邦層次實施過，許多州卻均已實施過以本州爲範圍的複決投票。

另外，在許多民主國家，包括澳洲、丹麥、愛爾蘭、西班牙、瑞士和美國絕大多數的州（德拉瓦州爲例外）均規定憲法修正案必須交由選民複決。這也凸顯了複決權的重要性。

在創制權方面，從一八四五年瑞士首度實施以來，已有許多國家仿傚實施，(雖然僅有瑞士和義大利兩國在全國範圍實施)，而在美國，至少已有廿三州施行之。因此，儘管目前因爲實際條件的限制，我國並未實施創制、複決二權，但我們卻不得不佩服中山先生的政權設計（亦即人民行使選舉、罷免、創制、複決四權），實是深具遠見的。

除了上述直接民權及監察權的設計外，中山先生對於中央與地方關係的均權制設計，對民族自決(self-determination)及王道的民族主義的重視，對於均富觀念及國際開發中國資源（實業計劃）的強調，以及對於社會福利政策的肯定等，都顯示了他的學說與當前世界的主要潮流實相符合。而上述的觀念與學說，卻均非單純的將西方制度或思潮照章搬過來而已；相反的，這些理念與學說均由

❸關於監察長制在西方及第三世界的發展經驗，可參照：Gerald E. Caiden ed., *International Handbook of the Ombudsman: Evolution and Present Function*, (Westport, Conn.,: Greenwood Press,1983)。

❹與此相類似的直接民主實施方式還包括：平民投票(plebiscite)、大衆否決(popular veto)、請願複決(petition referendum)。這些不同的直接民主形式的實踐，並不在否定或取代代議民主(representative democracy)，但卻對議會政治及其間的政黨運作，構成相當的威脅；在適當時機，也能因直接民權的行使，而改變原先議會及黨派協商所達成的協議，使直接的民意成爲最後的決定者，以救濟代議民主之窮。相關的討論，請參見：David Butler & Austin Ranny ed., *Referendums: A Comparative Study of Practice and Theory*,(Washington D.C.: American Enterprise Institute for Public Policy Research, 1978); Thomas E. Cronin, *Direct Democracy: The Politics of Initiative, Referendum, and Recall*, (Cambridge Mass., : Harvard University Press, 1989).

中山先生針對中國文化傳統及現實環境而做了必要的調整，並求其融滙貫通，以免窒礙難行。因此，儘管中山先生所提出的一些具體性作法，已因時空變化而必須重新規劃，但在他的學說體系中的確也留下了許多可貴的遺產，值得我們透過眞實的理解及客觀的分析，加以發掘、拓展與實踐。基於此，在研讀中山先生的遺著和有關的研究論述時，我們建議讀者可以透過下列的不同途徑進行研究：

第一，將中山學說視爲一門跨學科的學術範疇。但是此一範疇並不止於一般的純學術研究，而且它也是一套國家整體發展的計劃書。因此它必須經由實踐、修正與補充，才能通過現實的考驗而不斷成長。因此，中山思想與三民主義必須是一門多學科、跨科際的綜合研究學術，而且絕不能將其視爲教條，僅僅背誦死記就算了事。相反的，應將其視爲一套系統化的「政策研究」學問，並需不斷補充新的觀點，最後則落實而求其實踐❺。

第二，將中山學說與國際發展經驗相結合。孫中山先生在研創三民主義的過程中，曾經周遊列國，參酌歐美各國的發展經驗，因此在中山學說中出現了許多在當時西方還是「方興未艾」的觀念與制度，但是經過了逾半世紀的時空變化，西方社會已有甚大的發展與進步。學例來說，中山先生當年所力倡的民生主義均富理想，在目前的西、北歐，多已因民主社會主義(democratic socialism)及福利國家(welfare state)學說的逐步實踐，而成爲事實。因此，在研究民生主義時，吾人絕不能忽略了歐美的實踐經驗。同理，在研究平均地權學說時，我們也不能不對亞、非、拉丁美洲國家的土地改革經驗，有所掌握。基於此，對三民主義及中山學說的研究，絕不是僅就中山先生個人的觀點做一文獻性的闡釋而已。更進一步的，我們應仿傚

❺在西方馬克思主義中，有一派以德國法蘭克福爲基地的人文與社會科學者，強調應以實踐爲其標的。另外，在南斯拉夫的一群人道馬克思主義者，亦以「實踐」爲其宗旨，並結合而爲「實踐學派」(Praxis School)。但就眞實的實踐而論，中山學說及三民主義亦以實踐與實行(practice)爲其理想。因此儘管西方新馬克思主義思潮所強調的「人的實踐」與中山先生的「實行家」立場及哲學理念均不相同，但關注現實的立場則一。而且就實際的政治及社會性影響而論，三民主義與中山學說的實踐意義則更顯重要。

中山先生廣讀群書、足踏四方的勤學及務實精神，參酌各國發展經驗，廣納不同學說，最後則求其貫通，並融入中山學說的體系之內，成爲三民主義新生成長的一部分。

第三，中山學說應與中國的現實環境相契合。中山先生雖是自幼接受英式教育，並對美國的文化風物有相當的認識，但他卻不是一位「西化論者」，當然，他亦非「傳統主義者」或「復古論者」。由於上項特色，我們就不難了解爲何中山先生在五四運動發生之際，一方面稱讚學生與知識青年的愛國行動，另一方面卻對五四新文化運動的反傳統主義，不表贊同❻。因爲中山先生雖然長期接受西化教育，幼年時代也有許多反封建、反迷信的行動，但是他卻了解到中國傳統文化中，仍保留了許多值得珍攝的遺產（如王道思想、監察權、考試權等），絕不可簡單的將其視爲「傳統餘孽」。另外中山先生一生堅持著民族主義與反帝國主義的立場，他一直主張要團結全世界弱小民族，反抗西方強權。但是他又非偏狹的民族主義者，因此他認爲不必囿於本民族的立場，變而爲排外或反西方❼。相反的，他積極鼓吹西方列強參與中國的經濟計劃，開發中國的自然資源，這又充分顯示了他堅持只要主權能由自己掌握，其他建設工作則可與外人共同合作開發。這也顯示了他在原則問題上掌握分寸，在現實作法上又求其轉寰的寬容胸襟與氣魄。這也是吾人在結合中國具體環境與中山學說時，所應堅持的一項立場。

第四，勿將中山先生「神化」，而應以設身處地的立場，細心體察他的處境與作爲。事實上，如果僅以外緣事功的立場做判斷，我們只能看到中山先生一生境遇坎坷、倍受挫折的艱困歷程，卻不能了解他爲何歷經頓挫，卻益愈堅定，而且在逝世後一直爲全中國人民所肯定，至今仍盛譽

❻五四運動一方面是一個以「五四事件」爲核心的愛國運動，另一方面也是一個以反傳統、反封建、打倒權威爲宗旨的「新文化運動」。兩者的結合，造成此一運動既有民族主義的內涵，亦有反文化傳統的「非民族主義」內涵，關於其中錯綜複雜的關係及對中國近代文化與政治的影響，參見：周陽山編，《五四與中國》（1979），《文化傳統的重建》（1982），《從五四到新五四》（1989），及《近代中國思想人物論》（1980）等書（均由台北時報出版公司出版）。

❼ 1960年代以後崛起於拉丁美洲，並頗受西方學界重視的依賴理論（dependency theory），雖然亦以反帝國主義爲其出發點，但其中不少激進的理論家，卻主張以「閉關政策」阻絕西方的影響，從而根本的擺脫西方強權在經濟、社會、政治、文化等方面的宰制。相較起來，中山先生的反帝立場雖然強烈，但卻未偏激化，而且中山先生反對偏狹民族主義，不以民族主義爲唯一目標（民族主義需與民權主義及民生主義一同考量）的立場，益顯其寬容穩健。

不衰。因此，我們一方面固然不應將中山先生「聖化」、「神化」或「教條化」，另一方面也不應以隨俗的眼光不求深究，簡單的就加以否定。尤其是後一種心態，不但是一種犬儒式(cynical)的作法，而且透過這樣的心態，不但無法眞實的體會中山先生的思想、心境與作爲，而且也不可能眞實地了解任何其他的偉大人物或心靈。因此，在體認中山學說時，我們必須參考當時的歷史發展脈絡，了解其中的時空環境背景，才能認識到中山先生當時的思想與抉擇。舉例來說，在民初中山先生曾經信服西方式的政黨政治，並以內閣制爲尙，他在將總統一職讓位與袁世凱時，即同意國民黨人的建議，應實施內閣制。但等到宋教仁遇刺，袁世凱復辟帝制，而討袁運動又失利之後，乃發生極大轉變。一方面他進一步的完善獨創的五權體制，另一方面也強調民主體制的發展須經歷軍政、訓政、憲政等三階段，逐步培育人民行使政權的能力，而不可能一步求成。我們唯有了解他所處的時空環境，掌握歷史的脈絡，才能體會他的苦心，也才能認識到民主在中國成長的艱困不易。相反的，如果我們不從上述的「同情的了解」的立場出發，反而認爲軍政、訓政、憲政「三階段說」是有意的阻礙民主的發展或是開「歷史的倒車」，那才是幼稚、浮淺的皮相之見。基於此，研究三民主義及理解中山思想，必須要以對中國近代史及中山先生傳記的了悟做爲基礎，最後才可能逐步釐清其中的歷史盲點，漸漸的建構起日趨眞實的圖像❽。

第五，對中山學說的研究成果，將爲「社會科學中國化」的努力，提供具足的貢獻。最近幾年，中華民國及海外華僑社會科學工作者，曾提出「社會科學中國化」的呼籲。其中主要論點，係強調在應用西方學術與分析觀點時，如何純熟的運用中國（或臺灣）的現實及歷史素材，進一

❽當然，任何歷史問題的解釋，都會牽涉到史料與解釋觀點的選擇問題，因此「百分之百眞實」的歷史重現，幾乎是不可能的。但是，只要史實發掘的越多，不同觀點的解釋認識的愈爲齊全，就能愈接近於現實。研究中山先生亦應做如是觀。

步並對這些分析觀點加以補充、修正，最後則滙集不同的個案研究，創設屬於自己的理論觀點。如果我們願意以平情的態度面對三民主義及中山思想，當可發現，雖然中山先生並非專業的學者，他的著述也多非爲專門學者所寫，但是他的學說體系卻是相當整齊完備的，而他的創見更是令人敬佩的。因此，儘管中山學說不必、也不可能成爲包含所有社會科學學門的主要框架，它卻可以提供「社會科學中國化」一項可貴的參考材料。

基於以上的分析，下文將就民族主義的幾項內涵，提供一些學術參考例證，以彰顯三民主義與中山思想的時代意蘊。

首先，在民族主義方面，孫中山先生強調王道而非霸道的民族思想，此種思想既有別於國家至上的國家主義(statism)，亦有別於偏狹的種族性民族主義(ethnic-nationalism，或譯爲民族國家論)。因此中山先生的民族主義並不以民族的榮光爲唯一目標，亦即不以民族主義本身爲絕對之價值（而必須符合王道的原則，並兼顧民權與民生主義。)這就使得三民主義的民族主義，一方面堅持著反帝國主義的立場，並採納民族自決的原則，以保障民族尊嚴及人民福祉；另一方面，卻避免了過度的民族自信，誇大本民族的榮光或歷史之包袱，而造成民族的自我膨脹，最後則演成民族間之傾軋，甚至變質而爲帝國主義。

在研究與分析民族主義時，我們若能參酌中山先生當時所經常稱道的美國威爾遜總統的民族自決原則，並就二次大戰後各國的獨立經驗做系統的整理，再通過對帝國主義、納粹主義、法西斯主義、民粹主義(populism)、國家主義、經濟民族主義(economic nationalism)、種族主義(racism)、文化民族主義(cultural nationalism)等思潮及意識型態的比較分析，當可就民族主義與其他思潮的關係做一澄清，並予定位。當我們確定了民族主義的定位問題後，就可根據三民主義的民族主義立場，對當前臺灣社會的原住民問題、大陸的西藏獨立問題及少數民族自治問題等，提出政策性的批判與分析。

上述的研究與定位工作，係透過多元反思的學術觀點進行，其中必然會堅持中山學說的某些基本原則，但也會對中山先生當年的一些政策性設計加以修正，此一修正工作，只要不違背三民主義的基本原則，就應視爲三民主義及中山學說本身的擴充與成長。如果類似的學術工作累積得越多，三民主義的學術基礎就會益愈豐厚；換言之，它的僵滯的意識型態成分就將逐漸袪除，而它做爲一支開放性的意識型態與一門綜合性、科際性研究領域的地位，也將更受肯定❾。

根據上述的觀點，研究中山學說與三民主義，從理論上看來，實在還有許多的工作等待完成。但是，誠如中山先生所說：「知難行易」，透過了認知上的複雜歷程，我們是否也該及早的實踐與力行呢？

基於此，我們願意向讀者先進建議：勿將中山學說視爲一套七、八十年前的「陳說舊論」，也不要以爲三民主義只是在陳示憲法上的一些基本國策。相反的，中山學說卻是一套活在中國近代史中，也要繼續活在每一個中國人身上，並使政府施政健動不已的國家建設總計劃書。更重要的是，我們每一個人都是能使它繼續擴展與成長的參與者，而它的興衰與成敗，自然也就是每一個中國人的共同責任了。

❾做爲一支開放性的意識型態，三民主義內涵之豐富，的確曾引起許多中國知識份子的注意與肯定，自由主義者殷海光先生即曾指出：民國初年，承孔制大一統崩潰之後，新學說，新思潮湧入。當時的中國知識份子，在一方面由於好奇好新鮮，在另一方面由於迫切想抓住一個甚麼主義來救國，於是有人講無政府主義，有人講社會主義，有人講民治主義，有人講共產主義，……「思想龐雜」極了。由於「思想龐雜」，表現在政治上的就是行動紛亂，力量紛散。孫中山先生看到這種光景，於是創建三民主義。三民主義中的民族、民權、民生可以看作政治問題底三大基本範疇(three primary categories)。試問上述各種思想學說，有那一種能逃出這三大基本範疇之外？這眞是各路孫悟空跳不出佛爺底手掌心也！就四十年前孫先生所處的時代而論，這眞是一個偉大的天才創建。因爲三民主義確乎比當時一般政治思想高出一籌，而且富於廣含性(comprehensiveness)，所以把當時那些思想都吸收了，都兼消了。因爲思想上的吸收和兼消作用，於是許許多多政治醒覺份子漸漸歸依到三民主義的懷抱而滋長出一種一致的政治意識。這種政治意識之滋長，日後成爲北伐運動的推動巨力。我想，凡屬中國現代史的公正研究者都應該對於這一段歷史發展作一番客觀的解析。

引自，殷海光〈我對三民主義的看法和建議〉，輯入《殷海光選集》第一卷，(香港，友聯，1971)，頁583。

第一篇

總　論

第一章　中山先生傳略

要研究中山思想，先要知道中山先生的生平及爲革命奮鬭的經過。故列中山先生傳略爲第一章。內中分爲㈠家世與求學，㈡革命史蹟。

第一節　家世與求學

一、家世

㈠名號——　國父孫先生，名文，幼名德明，字帝象，稍長，號日新，又號逸仙。又嘗自署載之，或公武。三十二歲時，旅居日本，曾署中山樵，世人遂稱中山先生。

㈡故鄉——中山先生於淸同治五年（一八六六）十月初六誕生於廣東省香山縣(今稱中山縣)。該縣位在珠江三角洲的南端，是一個炎風暑雨的熱帶地方。有著「草經冬而不枯，花非春而亦放」四季如春的天氣，香山二字就是由於地多芬芳花草而得名。

中山先生故里叫翠亨村，在省城廣州之南一百二十里，三面環山，一面臨海，風景秀麗，居民受了海國環境的影響，富於冒險遠遊積極進取的精神。中山先生曾自述其故鄉有云:「文鄉居香山之東，負山瀕海，地多砂磧，土質磽劣，不宜于耕。故鄉之人多遊賈四方，通商以後，頗稱富饒。」(見〈倫敦被難記〉) 村中有一百多戶人家，不是種田捕魚，就是在海外經商，中山先生家人的一部份就僑居在夏威夷的檀香山。

中山縣在南宋以前，原是東莞縣的香山鎭，地位頗爲重要，天主教士利瑪竇❶來華，始居澳門（後來爲葡萄牙的租界地）即位在香山境內，距翠亨村七十里。加之，香山適居珠江口外，與被英人割佔的香港隔海相望，由於這種山川形勢，所以才引起了中山先生蓬蓬勃勃的愛國心與民族思想。

㈢家世——香山孫氏本是中原世族，唐末之亂，渡江南徙，子孫散布於贛南、閩南與粵省各地。晚唐僖宗時，河南陳留有孫訥者，因黃巢之亂，遷居江西寧都。越五傳有承世公者，復遷福建長汀之河田。至明初永樂年間有友松公者，再遷廣東省東江上流紫金縣之忠壩，是爲中山先生上代入粵始祖。又十二傳有連昌公者，以累世參與反清義師，兵敗流散，於康熙年間自紫金遷居增城，又過了兩代，再遷至香山縣涌口門村。這是中山先生一族遷居本縣之始。又兩代有殿朝公自涌口門村遷居翠亨村，就是中山先生的高祖。從友松公到中山先生已經有十八代，從遷到翠亨村算起，也有了五代❷。中山先生上世自中原輾轉南遷，均與政治的變動有關。中山先生胞姐妙西謂其家人在清朝從無應舉做官者。孫氏家人，民族意識之強烈，由來已久。

中山先生之父達成公，一名觀林，生於嘉慶十八年(一八一三)，卒於光緒十四年（一八八八)，壽七十有六。達成公純僕忠厚，有長者風度，善排難解紛，爲村民所敬仰。少時家道艱困，曾赴澳門業縫工，壯歲返里，御粗布服，耕田牧豕，兼營商販，終歲勤勞，未得休息。娶同邑隔田鄉楊騰輝公之女，稱賢內助。中山先生狀貌甚似其母，其豁達大度，志切上進，由于双親之薰陶和鼓勵至大。達成

❶利瑪竇(Matteo Ricci, 1552—1610)
意大利耶穌會的傳教士。1578年在印度傳教，1583年（明萬曆11年）至廣東，易華名利西泰，後入北京建天主教堂，從事傳教，兼通中西文字、天算輿地、醫藥之學，神宗甚器重之。當時諸大臣如徐光啓、李之藻等皆樂與之遊，著譯有《乾坤體義》二卷，《幾何原本》六卷等。將西學介紹入中國，中國學術亦西傳，對早期中西文化的交流頗有貢獻。1610年（萬曆38年5月）卒於北京，賜葬西郭外，稱曰利泰西子墓。

❷參閱羅香林著：《國父家世源流考》，臺北：臺灣商務印書館，民國四十三年修訂臺一版，頁四八。

公四十二歲生長子德彰，自是長女金星、次子德佑、次女妙西，皆遞隔三歲而生。五十四歲生中山先生，時楊太夫人年三十九，又五年生季女秋綺。中山先生係同治五年(一八六六年)十月初六生。(見《國父家譜》)民國成立後，以公曆推算乃規定每年十一月十二日爲　國父誕辰紀念日。

中山先生長兄德彰，原名眉，字壽屏，多才藝，善經營。楊太夫人之弟文納，由檀香山返粵，達成公命德彰從其舅父赴檀謀生。時檀島尚係獨立國，爲土人君主制❸。德彰以舅氏之助，租得茂宜島荒地千數百畝，廣事畜牧墾殖。又在茄荷雷埠設一商肆，銷售農場出品，漸致富厚。光緒三年(一八七七)，德彰於回粵娶婦之便，招徠鄉人數百名出國，大興墾務。翌年中山先生隨楊太夫人至檀島，時年十三。德彰對於胞弟友愛備至，不僅中山先生求學由其資助，其後奔走革命之一切費用，亦多賴其接濟。當中山先生革命失敗時，德彰常慰勉有加，囑其再接再勵。及民國成立後，中山先生力勸其兄勿預政事，息影林泉以娛暮景。當時中山先生電覆粵省各界，解釋不能委任乃兄爲廣東都督的理由，謂愛之適足以害之，辭極剴切，其公私分明有如此者。德彰公於民國四年卒於澳門，年六十有三。

❸夏威夷(Hawaii)係太平洋上的火山島群，共有132個，陸地總面積爲16,641平方公里。西元四世紀時，波利尼西亞人(Polynesian)來此定居。1795年，酋長卡米哈米哈一世征服大部份島嶼，建立夏威夷王國。1840年，卡米哈米哈三世制訂憲法，英、美、法三國承認其獨立地位。1875年與美國簽訂貿易互惠條約，1898年被美國併吞。1959年成爲美國第50州。在132個島嶼中，有8個大島和124個小島。總人口約一百萬人。其中約80%人口居住在歐胡島。最大島夏威夷島則僅有9萬餘人，目前該島上仍存有活火山。

二、求學

㈠少年時代——中山先生七歲入學，在家塾讀中文經典，歷時五年。十一歲時聞洪楊故事，慨然有光復漢族之志願。「十二歲畢經業」。十三歲隨母往檀香山，「始見輪舟之奇，滄海之濶」，有超然遠舉之意。是年太夫人歸國，中山先生留檀島依兄。先入英國教會所辦之意奧蘭尼書院(Iolani College)凡三年，英文成績冠於全校，夏威夷王(當時尚未屬於美國)親加獎賞，華僑引爲殊榮。再入美國教會所辦之阿湖書院(Oahu College),這是島上的最高學府。中山先生原意欲俟畢業後留學美國,更求深造,兄德彰恐其出國太久,切慕西學過深,爲親督責,令其返回本國求學。時在光緒九年(一八八三年),中山先生十八歲。歸國後,居鄉數月,卽往香港,再習英文。先入拔萃書室(Diaeison Home,HongKong),數月之後,轉入香港書院(Queen's College),又數月應兄德彰之召,再赴檀島,數月而回。是年値中法戰爭發生,中山先生鑒於國勢積弱,政治腐敗,致召外侮,決志致力革命,復興祖國。此時中山先生除西學外,更鑽研本國經史之學,探究文化淵源。

㈡大學時代——二十一歲起,中山先生攻習西醫。先入廣州省會美教士所設立之博濟醫院(Canton Hospital)肄業。中山先生以爲醫術旣可濟世,又可廣交遊,故課餘之暇,常談論國事,及救亡之策。二十二歲轉入香港新創之西醫書院,五年畢業,這一段求學歷程,對中山先生事業影響至大,蓋需對於自然科學先有深厚修養,方可進而研究醫學。中山先生肄業醫科,故於生理衛生之學頗有心得,孫文學說中關於「生元有知」的學說,卽由研究生理學所引發。中山先生又以中國立國,與農業發展關係最鉅,故於學醫時特留心農事,好讀與農業有關的書籍,探求農業專門知識。

中山先生肄業西醫書院,是以研究學術與鼓吹革命爲職志,故其交遊亦兩者並重。在校屢稱洪秀全爲漢族英雄,且於羣衆中倡言革命,聞者多掩耳而走,惟陳少白❹、尢烈❺、楊鶴齡❻三人常在香港,朝夕往還,相依最密,非談革命則無以爲歡,意氣激昂,數年如一日。親友咸戲呼中山先生與陳、尢、楊三氏爲淸廷四大寇。

光緒十八年(一八九二年)七月,中山先生在西醫書

❹陳少白(民前四十三年—民國二十三年)

幼名聞韶,又名白,字夔石,廣東省新會縣人。民前廿四年入廣州格致書院,與中山先生結識。後與中山先生、尢烈、楊鶴齡同讀西醫書院,號稱「四大寇」,追隨中山先生革命。民前十七年參加廣州首義,民前十五年赴臺灣成立興中會臺北分會,民前十三年奉中山先生命創《中國日報》於香港,民前七年任香港同盟會分會會長,民國成立後,未曾從事政治活動,民國十年,一度任總統府顧問,民國十九年,中國國民黨黨史史料編纂委員會成立,任委員。著有《興中會革命史要》。

❺尢烈(民前四十七年—民國二十五年)

廣東順德人。爲「四大寇」之一。民前十九年與陸皓東等於順德組興利蠶子公司。民前十七年奉中山先生命設興中會分機關於廣州,民前十五年組中和堂於香港,民前十二年任橫濱中和堂會長,民前十一年,赴新加坡,藉行醫鼓吹革命,並遍設中和堂分會於南洋,以抗保皇黨。民前六年,中山先生設同盟會分會於星州,尢加入。民國二年,袁世凱聘之爲高等顧問,民國三年,移居日本,以著述爲業,民國九年返港,以敎授童蒙自給,民國廿年,受聘爲國難會議會員。著有《四書章節便覽》、《楊衢雲革命傳》。

院畢業，計自入院以來已歷五年有半。各科學業成績大部都是滿分，書院當局特地舉行了一次會議，認為他是全校中最好的學生，給他一個榮譽獎狀。中山先生成績之優，不但在當時是冠于全校，即到書院歸併到香港大學為止，前後二十八年，總共一百二十八位畢業生中，也都沒有能夠比得上中山先生的❼。

第二節　革命史蹟

一、興中會時期

㈠興中會成立——興中會是中山先生革命的第一個組織，于一八九四年（光緒二十年）十一月二十四日成立於檀香山。當時檀島華僑約四萬人，而中山先生胞兄德彰居茂宜島，有牛數千頭、田數百頃，疏財仗義，貢獻殊多。興中會以「振興中華」為號召，誓詞有云：「驅除韃虜，恢復中華，創立合衆政府，倘有貳心，神明鑒察」。

㈡第一次起義——光緒二十一年春，以香港為中心的興中會即議決了反清起義的軍事計劃，擬結合會黨三千人，由香港遣送至廣州，謀一舉而襲取廣州，作為革命的基地。由陸皓東創製青天白日旗，這便是革命軍旗，亦為中國國民黨黨旗和中華民國國旗的起源。

是年九月九日為中山先生領導革命第一次起義，不料事機不密，陸皓東等五位志士被捕就義。

㈢倫敦蒙難——廣州事敗，中山先生為香港政府放逐五年，旋赴歐美，繼續奮鬪。光緒二十二年（一八九六），抵倫敦，為清駐英公使館誘捕，秘密幽禁，準備專送回國，幸得前香港西醫書院業師，時息居倫敦之康德黎（James Cantlie）❽先生竭力營救，加之英國政府及新聞界之主持

❻楊鶴齡（民前四十四年—民國廿三年）

廣東省中山縣人，「四大寇」之一。民前十九年資助中山先生於香山開設東西藥局，民前十七年加入興中會，自此變賣家產，資助革命。民元年，南京臨時政府成立，任總統府秘書。民十年，中山先生任非常大總統，聘之為總統府顧問。民十二年，受中山先生任為港澳特務調查員。中山先生逝世後，遂隱居澳門。

❼參閱羅香林著：《國父之大學時代》，臺北：臺灣商務印書館，民國四十三年增訂臺一版，頁四三。

❽康德黎（Dr. James Contlie，+1851—1926）

英國醫生，1887年六月自倫敦抵香港，擬創設醫校，適逢何啓博士因紀念亡妻雅麗氏，創辦了雅麗氏醫院，乃與康氏商議於醫院內創辦西醫書院。初由孟生博士擔任教務長。1889年康氏繼之。1887年冬，中山先生轉學至此，1892年以第一名畢業。1896年五月康氏離港返英，仍執醫業，歷任倫敦縣議會防疫專員，東北鐵路公司外科醫藥顧問。1921年創辦熱帶醫藥衛生皇家學會，並發行期刊。1896年中山先生於倫敦蒙難，幸得其助，方得免難。1911年，中山先生抵歐洲從事外交活動，即以其寓所為傳遞電訊之所。著有《孫逸仙與新中國》(*Sun Yat-Sen and the Awakening of China*)

正義，被禁十二日，卒獲釋放。中山先生由是聲名大張，各國獲知中國革命之眞象。先生乃乘機在英、德、法等國考察旅行，對各國政治、社會作深入研究，中山先生自述：「倫敦脫險後，則暫留歐洲，以實行考察其政治風俗，並結交其朝野賢豪，兩年之中，所見所聞，殊多心得。始知徒致國家富強，民權發達，如歐洲列強者，猶未能登斯民於極樂之鄉也。是以歐洲志士，猶有社會革命之運動也。予欲爲一勞永逸之計，乃採取民生主義，以與民族、民權問題，同時解決，此三民主義之主張所由完成也。」由此可知，民生主義思想之發生，與三民主義思想之完成，乃在倫敦蒙難以後。這眞可以說是「塞翁失馬，焉知非福?」

㈣惠州起義——戊戌政變，康有爲、梁啓超等，逃亡海外，組織保皇黨，華僑社會頗受其影響，對革命運動，打擊甚大。及庚子（光緒廿六年，一九〇〇年）拳亂發生，中山先生以時機不可失，於是命日人宮崎寅藏❾赴新加坡說服康有爲合作。康氏以其來自廣州，竟控爲李鴻章所遣之刺客，宮崎被捕下獄。中山先生聞訊，卽自西貢馳救，獲釋後，乃與宮崎及英人摩根(Mulkern)❿乘佐渡丸號輪船，於六月中旬回港。於船中會議軍事，謀二次舉義於惠州，發難之全權授鄭士良，並親至臺灣策應。士良以惠州歸善縣之洲田爲根據地，連敗清軍，轉戰月餘，衆寡懸殊，而中山先生在臺，原定策應計劃，因日本內閣改組，新總理伊藤博文不同情中國革命，人員武器，均未能及時支援，致未成功。是爲中山先生革命起義第二次失敗。

二、同盟會時期

㈠同盟會成立——光緒三十一年春，中山先生再赴歐洲，先後在比、德、法召集留學生開會，宣誓加入革命者七、八十人。是年七月返日，留日學生舉行盛大歡迎會，

❾宮崎寅藏（1871—1922）

筆名白浪滔天，日本九州人，積極參與中國的革命運動。1891 年，初赴中國，後得犬養毅介紹，由外務省派赴中國調查中國革命黨及秘密結社情形。1897 年，與中山先生相識，對其革命理想甚爲傾心，立願幫助中國革命。1900 年，拳亂事起，與中山先生共往香港謀兩廣獨立，曾參與惠州起義。1905 年入同盟會，參與秘購武器，代爲調和內部會員，並辦《革命評論》與《民報》相呼應。

著有《卅三年落花夢》。

❿摩根(Mr. Mulkern,)

英國的軍事學家，初同情於亞洲的維新事業。1896 年中山先生在倫敦與其相識，約其來華，協助革命。1899 年抵華，常隨中山先生往來日本、香港和南洋等地，策畫革命工作。1900 年惠州起義前，掩護史堅如、鄧蔭南等之秘密行動。1905 年春，中山先生赴英倫推展同盟會組織，曾受其接待及協助。

到會千餘人，中山先生發表演說，闡揚革命義理，精闢動人，在場者無不感奮，掌聲如雷，當即成立籌備會，統一革命組織，定名為中國同盟會。八月二十日開成立大會，會中通過推中山先生為總理，宣言以「驅除韃虜，恢復中華，建立民國，平均地權」為綱領，並確定「中華民國」之名稱。加盟者三百餘人，就省別言全國十八省，除甘肅省因無留日學生，無代表參加外，其餘各省均有代表參加，革命聲勢之浩大，前所未有，故中山先生謂：「同盟會成立之日，吾始信革命大業，可及身而成矣」。不一年，會員達萬餘人，支部遍各省。

㈡十次革命——同盟會成立後，七年之間，舉事八次，連前合計為十次，茲簡述如下：

西元	時間	地點	主事人	重大事蹟
一八九五	光緒二十一年九月	廣州	陸皓東等	事機不密被破壞。
一九〇〇	光緒二十六年八月	惠州	鄭士良	攻克沙灣、新安等處。
一九〇七	光緒三十三年四月	黃岡	余丑、許雪秋	佔協署，克黃岡。
一九〇七	同上	惠州(七女湖)	鄧子瑜	混戰十日，惠州震動。
一九〇七	光緒三十三年七月	欽州、防城	黃興	佔防城，逼欽州。
一九〇七	光緒三十三年十月	鎮南關	中山先生親率黃興、胡漢民等	佔鎮南關三要塞，戰七晝夜。
一九〇八	光緒三十四年二月	欽、廉、上思	黃興	轉戰數月，黃興威名大振。
一九〇八	光緒三十四年三月	河口	黃明堂	佔河口，守月餘。
一九一〇	宣統二年正月	廣州	倪映典	率新軍攻省城。
一九一一	宣統三年三月	廣州	黃興	攻入督署，黨內精英，犧牲慘重。死後叢葬黃花岡者七十二人。

以上十次義舉，以最後一次黃花岡七十二烈士之役，意義最為重大。中山先生自述其事曰：「是役也，碧血橫飛，

浩氣四塞，草木爲之含悲，風雲因而變色，全國久蟄之人心，乃大興奮，怨憤所積，怒濤排壑，不可遏止，不半載，而武昌之大革命以成，則斯役之價値，直可驚天地，泣鬼神，與武昌革命並壽。」

㈢辛亥革命——辛亥三月，廣州之役，黨人死傷慘重，以爲革命再舉，尙在數年之後。及鐵路風潮發生，武漢黨人認爲機不可失，急欲發動。原定八月十五日發難，因消息外洩，總督瑞澂嚴加戒備，加以準備未妥，改期八月廿五日。不料八月十八日午後，黨人孫武在漢口俄租界，因製造炸彈失愼，火藥爆炸，巡捕聞聲而來，捕去黨人二名，搜去黨員名册，人人自危。工程營黨人熊秉坤，倡議卽時發難。遂於十九日（一九一一年十月十日）起事，砲隊馬隊同志響應，會攻督署，總督瑞澂先遁，新軍統制張彪亦逃，武昌遂爲革命軍所有。未幾，下漢口、漢陽，各省先後響應，清帝退位，中山先生推翻滿淸的志願，於焉完成。

三、民國時期

㈠民國成立——武昌起義時，中山先生適行抵美國，本欲由太平洋歸國，但深以爲外交問題的重要性不下於軍事。於是決定先致力於外交工作，然後回國。中山先生分析，當時「可以舉足輕重爲我成敗存亡所繫者厥爲英國」，於是逕赴倫敦，向英政府提三點要求：⑴停止淸廷一切借款。⑵制止日本援助淸廷。⑶取銷各地英屬政府之放逐令，以便取道回國。英政府完全答應，中山先生遂於十一月六日，返抵上海。十日中山先生當選爲臨時大總統。於十三日（卽民國元年一月一日）抵南京，就任臨時大總統之職。

㈡討袁與護法——中山先生就任臨時大總統後，卽決心讓位于袁世凱，以期功成身退。乃于四月辭臨時大總統職，由袁繼任，自回中山縣休息。八月應袁邀入京，適國民黨成立，被推爲理事長。旋受任全國鐵路督辦，本欲專心致力于鐵路建設。不料民國二年三月宋教仁被刺，乃由日回滬籌劃討伐袁世凱。七月江西、江蘇、安徽、廣東、福建等省舉兵討袁。八月相繼失敗。十一月率同志自上海經臺北赴日本。民國三年六月組織中華革命黨于東京。九日發表中華革命黨宣言，制定中華革命黨革命方略，定青天白日滿地紅爲國旗。民國四年蔡鍔在雲南起義討袁，中山先生一面令李烈鈞參加，另一面發動各省同志響應。民國五年六月袁氏憂憤而死，黎元洪繼任總統。民國六年五月督軍團叛變，中山先生在滬電西南各省討逆救國。七月自上海抵廣州，倡導護法，主張恢復舊國會及民元約法。九月當選爲中華民國政府海陸軍大元帥。

民國七年辭大元帥，軍政府改組，被選爲七總裁之一，乃離粵赴滬，從事著述，十二月發表《孫文學說》。

民國八年二月發表宣言，南北議和必須以恢復國會爲先決條件。八月創辦《建設》雜誌於上海，將《實業計劃》內容分期發表。十月改中華革命黨爲中國國民黨。

民國九年三月著《地方自治開始實行法》。六月與唐紹儀、伍廷芳、唐繼堯共同宣言，否認民七改組之廣東軍政府。十月粵軍克廣州。十一月自上海抵粵，恢復民六軍政府。

㈢北伐討賊——民國十年四月軍政府取消，改設中華民國政府，五月中山先生就任非常大總統。六月討伐廣西軍閥陸榮廷，九月全省底定。十一月抵桂林，籌備北伐，對北伐軍講「軍人精神教育」。十二月蘇俄代表馬林⓫來見，談及中山先生思想的淵源，並商中蘇合作，未有結果。

民國十一年三月自桂林回師，五月赴韶關督師，北伐入江西，六月自韶關回廣州。陳炯明唆使部下叛變，砲轟

⓫馬林(Maring)，原名斯內夫利特(Hendricus Sneevliet, 1883—1942)，荷蘭人。原爲鐵路工人，加入工會運動，並於 1902 年加入荷蘭社會民主黨。1913 年，他赴荷屬的印尼爪哇，建立了社會民主聯盟。1918 年，被爪哇當局驅逐出境。1920 年，前往蘇俄，以馬林的名義參加共產國際第二次代表大會，並被選爲共產國際執委會委員。1921 年初，他以第三國際（即共產國際）特使身分來到中國，出席中共第一、二次代表大會，並會見中山先生，馬林在中國停留兩年之久，1923 年調回蘇聯，在海參威任職於第三國際遠東局。1924 年 4 月，他回到荷蘭，重新活躍於荷蘭工會組織及共產黨內。1927 年，他因傾向於托洛斯基主義(Trotskyism)，乃脫離荷蘭共產黨，1929 年，他組織托派的革命社會黨，並於 1933 年進入國會，擔任議員，但是却拒絕加入托派的第四國際。二次大戰後，他加入抗德活動，於 1942 年四月被納粹處死。

觀音山，中山先生督艦討伐，並命北伐軍回師。蔣中正先生自浙來粵至白鵝潭赴難。八月因北伐軍回師失利，離粵赴滬。蘇俄代表越飛派人來見。再商中蘇合作，不久發表與越飛聯合宣言。

民國十二年一月發表中國國民黨宣言，宣佈世局主張，及民族、民權、民生政策。適滇桂軍克廣州，陳炯明敗走惠州。二月自上海抵粵，設大元帥府。任命蔣中正先生爲大本營參謀長。時值曹吳賄選，乃聯絡西南各省領袖通電聲討，任命譚延闓爲北伐討賊軍總司令，進行北伐。

民國十三年一月召開中國國民黨第一次全國代表大會，並在廣東高等師範學校開始講「三民主義」。四月公佈「國民政府建國大綱」。五月任命蔣中正先生爲陸軍軍官學校校長兼粵軍參謀長。九月赴韶關督師北伐，發表宣言，討伐直系軍閥。時值北京政變，馮玉祥倒戈，曹吳垮臺，段祺瑞任臨時執政，電請中山先生共商國是。中山先生乃率同志離粵北上，主張召開國民會議及廢除不平等條約，過日本講「大亞洲主義」。十二月抵天津，扶病至北京。

民國十四年一月病勢加重，入協和醫院接受手術。二月自協和醫院移居行轅。三月十一日簽字於遺囑，十二日上午九時卅分不幸逝世於北京。大星遽殞，舉世同哀！

附錄

中山先生年表

（本表錄自《國父畫傳》，中國國民黨中央黨史史料編輯委員會編輯，五十四年十一月十二日出版。）

年齡	時間	事蹟
一　歲	民元前四十六年 （清同治五年丙寅） 公元一八六六年	公元十一月十二日誕生於廣東省香山縣（今中山縣）翠亨村。 （按中山先生手書自傳其生日則爲是年「華曆十月十六日」）
七　歲	民元前四十年 （清同治十一年壬申） 公元一八七二年	開始上學
十三歲	民元前三十四年 （清光緒四年戊寅） 公元一八七八年	讀畢重要經書
十四歲	民元前三十三年（清光緒五年己卯） 公元一八七九年	六月侍楊太夫人赴檀香山，就兄德彰公。入英教會意奧蘭尼書院。 （Iolani College）
十七歲	民元前三十年 （清光緒八年壬午） 公元一八八二年	一、七月卒業於意奧蘭尼書院 二、秋入美教會歐湖書院（Oahu College）。
十八歲	民元前二十九年 （清光緒九年癸未） 公元一八八三年	七月自檀香山返粵。
十九歲	民元前二十八年 （清光緒十年甲申） 公元一八八四年	秋，入香港拔萃書室（Diaeison Home）。
二十歲	民元前二十七年 （清光緒十一年乙酉） 公元一八八五年	一、三月轉學香港書院（Queen's College）。 二、在香港受基督教洗禮。 三、娶盧夫人（五月七日）。 四、是年決心傾覆朝廷，創建民國。
二十一歲	民元前二十六年 （清光緒十二年丙戌） 公元一八八六年	入廣州美教士創設之博濟醫院（Canton Hospital），在校鼓吹革命，與三合會鄭士良訂交。
二十二歲	民元前二十五年 （清光緒十三年丁亥） 公元一八八七年	二月轉入香港西醫書院（The College of Medicine for Chinese），鼓吹革命益力。
二十三歲	民元前二十四年 （清光緒十四年戊子） 公元一八八八年	三月二十四日父達成公卒於里，享年七十六歲。

二十七歲	民元前二十年 (清光緒十八年壬辰) 公元一八九二年	七月以第一名畢業於香港西醫書院,設中西藥局於澳門。
二十八歲	民元前十九年 (清光緒十九年癸巳) 公元一八九三年	遷中西藥局於廣州,改名東西藥局,施藥贈醫,進行革命運動。
二十九歲	民元前十八年 (清光緒二十年甲午) 公元一八九四年	一、偕陸皓東至天津,上書李鴻章,陳救國大計! 二、十一月創立興中會於檀香山。
三十歲	民元前十七年 (清光緒二十一年乙未) 公元一八九五年	一、一月由檀香山返香港。 二、二月設興中會總機關於香港。 三、十月謀在廣州起義,事洩未成(第一次起義),脫險至日本,設興中會分會於橫濱。 四、十一月赴檀香山。
三十一歲	民元前十六年 (清光緒二十二年丙申) 公元一八九六年	一、六月自檀香山抵美國舊金山,旋赴紐約。 二、十月抵英國倫敦,被誘禁於清使館,後獲釋。
三十二歲	民元前十五年 (清光緒二十三年丁酉) 公元一八九七年	一、在英研究,並考察歐洲政治,完成三民主義之重要體系。 二、七月自倫敦經加拿大抵日本。
三十四歲	民元前十三年 (清光緒二十五年戊戌) 公元一八九九年	一、命陳少白創辦《中國日報》於香港。 二、十一月聯絡各會黨首領,別立興漢會於香港。
三十五歲	民元前十二年 (清光緒二十六年庚子) 公元一九〇〇年	一、六月策畫廣東獨立未成。 二、九月抵臺北策畫惠州起義,十月鄭士良舉兵失敗(第二次起義)史堅如炸兩廣總督德壽,不成,被補遇害。 三、十一月赴東京
三十七歲	民元前十年 (清光緒二十八年壬寅) 公元一九〇二年	十二月自日本經香港赴西貢轉河內,旋在河內設興中會分會。
三十八歲	民元前九年 (清光緒二十九年癸卯) 公元一九〇三年	一、七月自安南西貢經暹邏抵日本。 二、九月赴檀香山與保皇黨論戰,並加入洪門致公堂。
三十九歲	民元前八年 (清光緒三十年甲辰) 公元一九〇四年	一、三月離檀赴美,倡議洪門會員總註册,重訂致公堂章程。 二、十二月離美赴英。
四十歲	民元前七年 (清光緒三十一年乙巳) 公元一九〇五年	一、春在比京、柏林、巴黎成立革命組織。 二、七月抵日本東京。 三、八月舉行中國革命同盟會正式成立大會,被推爲總理。 四、十一月《民報》在東京發刊,撰發刊詞,正式揭櫫民族、民權、民生三主義。

四十一歲	民元前六年 (清光緒三十二年丙午) 公元一九〇六年	一、是年在南洋各地設立同盟會分會。 二、十二月同盟會會員舉事於江西萍鄉,湖南醴陵、瀏陽。
四十二歲	民元前五年 (清光緒三十三年丁未) 公元一九〇七年	一、三月自日本抵河內,設立機關,策畫革命軍事。 二、五月命余丑起義於潮州、黃岡(第三次起義)。 三、六月命鄧子瑜起義於惠州七女湖(第四次起義) 四、九月命王和順起義於欽州之王光山(第五次起義)。 五、十二月命黃明堂起義攻佔廣西鎭南關,並親臨指揮(第六次起義)。
四十三歲	民元前四年 (清光緒三十四年戊申) 公元一九〇八年	一、三月命黃興起義於欽州(第七次起義)。 二、四月命黃明堂起義於雲南河口(第八次起義)。 三、十月《民報》被日政府封禁。 四、冬,漫遊南洋各地。
四十四歲	民元前三年 (清宣統元年己酉) 公元一九〇九年	一、五月由南洋赴歐洲。 二、十一月由歐洲抵美,設同盟會分盟。
四十五歲	民元前二年 (清宣統二年庚戌) 公元一九一〇年	一、二月倪映典以廣州新軍起義(第九次起義)。 二、三月自美經檀香山、日本抵南洋。 三、十一月在庇能召開會議,謀在廣州大舉,旋赴歐。
四十六歲	民元前一年(清宣統三年辛亥) 公元一九一一年	一、二月由歐抵美。 二、四月二十七日(三月二十九日)黃興等起義於廣州,死難者八十六人(第十次起義)。 三、七月在美籌集革命軍費。 四、十月武昌起義,各省次第響應。 五、十月自美赴英、法,致力於外交。 六、十二月抵上海,當選爲中華民國臨時大總統。
四十七歲	中華民國元年	一、一月一日就任臨時大總統於南京。 二、三月公布臨時約法。 三、四月卸任臨時大總統(旋遊皖、贛、鄂、閩、粵、冀、晉、魯、浙等省)。 四、八月間同盟會在北京改組爲國民黨,被推爲理事長。 五、九月受任全國鐵路督辦。
四十八歲	中華民國二年	一、三月宋敎仁遇刺,在滬籌畫討伐袁世凱。 二、七月江西、江蘇、安慶、廣東、福建等省舉兵討袁,八月相繼失敗(通常稱爲二次革命)。 三、八月自上海經臺灣赴日本
四十九歲	中華民國三年	一、六月中華革命黨在東京成立,被推爲總理。 二、九月發表中華革命黨宣言,制定中華革命黨革命方略,定青天白日滿地紅爲國旗。
五十歲	中華民國四年	一、九月通告海內外同胞申討袁罪。 二、十二月上海肇和兵艦起義,未成,旋有雲南起義。

五十一歲	中華民國五年	一、四月自日本返上海。 二、五月發表宣言,與各方一致討袁。 三、六月發表規復約法宣言,電各地罷兵(時袁世凱死,黎元洪繼任總統)。
五十二歲	中華民國六年	一、二月著《民權初步》。 二、六月以督軍團叛變,電西南各省討逆救國。 三、七月自上海抵廣州,倡導護法。 四、九月當選爲中華民國軍政府海陸軍大元帥,宣言戡定內亂,恢復約法。
五十三歲	中華民國七年	一、五月辭大元帥,軍政府改組,被選爲七總裁之一,離粵赴滬,從事著述。 二、八月發告海外同志書,主重訂黨章,促進黨務。 三、十二月著《孫文學說》。
五十四歲	中華民國八年	一、二月發表宣言,南北議和必須以恢復國會爲先決條件。 二、八月創辦《建設》雜誌於上海,發表實業計畫。 三、十月改組中華革命黨爲中國國民黨。
五十五歲	中華民國九年	一、三月著《地方自治開始實行法》。 二、六月與唐紹儀、伍廷芳、唐繼堯共同宣言,申討桂系軍閥。 三、北方段祺瑞來電表示悔禍。 四、七月與唐紹儀等再度宣言,貫徹救國護法主張。 五、八月命陳炯明自閩南率粵軍回粵,十月克廣州。 六、十一月自上海抵粵,恢復軍政府。
五十六歲	中華民國十年	一、四月國會議決取消軍政府,改設中華民國政府。 二、五月就任非常大總統。 三、六月討伐廣西軍閥陸榮廷,九月全省底定。 四、十月出巡廣西,籌備北伐。 五、十二月蘇俄代表馬林來見。
五十七歲	中華民國十一年	一、一月與胡漢民、蔣中正商決,大本營自桂林移設韶關。 二、三月以陳炯明阻撓北伐,自桂林回師,四月抵廣州。 三、五月赴韶關督師,北伐軍入江西。 四、六月自韶關回廣州。陳炯明叛變,督軍艦討伐,並命北伐軍回師。蔣中正自浙來粵赴難。 五、八月因北伐軍回師失利,離粵赴滬。 六、蘇俄代表越飛派人來見。 七、九月召開會議,商國民黨改進事。 八、十一月審查國民黨改進案。 九、十二月駐廣西滇軍會合桂軍奉命東討陳炯明。

五十八歲	中華民國十二年	一、一月發表中國國民黨宣言，宣布時局主張，及民族、民權、民生政策。召集黨員會議，宣佈黨綱及總章。滇桂軍克廣州，陳烱明敗走惠州。與蘇俄代表越飛聯合聲明。著《中國革命史》。 二、二月自上海抵粵，設大元帥府。任命蔣中正爲大本營參謀長。 三、三月發表〈裁兵之重要與處置方法〉。 四、四月與西南各省領袖聯名通電，聯合對抗直系武力政策。 五、五月破陳烱明部於廣州附近。 六、六月發表對外宣言，痛斥北方軍閥行動。 七、八月蔣中正奉命赴俄考察(十二月返國)。 八、九月親督滇桂軍攻惠州。 九、十月發表宣言，申討曹錕賄選竊位。派胡漢民等組織國民黨臨時執行委員會，準備召集全國代表大會。 十、十一月致牒北京外交團，要求粵海關關餘。擊退進犯廣州之陳烱明。
五十九歲	中華民國十三年	一、一月召開中國國民黨第一次全國代表大會。在廣東高等師範學校開始講「三民主義」(每週一次至八月止)。 二、四月公布〈國民政府建國大綱〉。 三、五月任命蔣中正爲陸軍軍官學校校長兼粵軍參謀長。 四、六月陸軍軍官學校開學，親至訓詞。 五、七月國民黨宣言，申明三民主義爲革命惟一途徑。 六、九月赴韶關督師北伐，命胡漢民留守廣州，代行大元帥職權。發表宣言，討伐直系軍閥。發表制定建國大綱宣言。 七、十月組織革命委員會，自任會長。任蔣中正爲軍事委員會委員長。弭平廣州商團叛變。 八、十一月發表宣言，主速開國民會議及廢除不平等條約。離粵北上。抵上海，宣布時局主張。過日本講大亞洲主義。 九、十二月抵天津，扶病至北京。
六　十　歲	中華民國十四年	一、一月提出善後會議主張。病勢加重，入協和醫院受手術。廣州東征軍出動，連敗陳烱明部。 二、二月自協和醫院移居行轅。 三、三月東征軍克潮州，汕頭。 四、三月十一日簽字於遺囑，十二日上午九時三十分逝世於北京。 五、五月十六日中國國民黨中央執行委員會接受遺囑。
	中華民國十八年 中華民國二十九年	六月一日安葬於南京紫金山。 四月一日國民政府明令尊稱爲中華民國　國父，永世崇敬。

第二章　中山思想形成的基礎及背景

本章討論：㈠中山思想與人類理性的要求，㈡三民主義在世界方面的時代背景，㈢三民主義在中國方面的時代背景。

第一節　中山思想與人類理性的要求

要討論中山思想與人類理性的要求，先要問何謂理性？理性與人類有何關係？理性與人性進化有何關係？最後才談到中山思想與人類理性的要求。

一、何謂理性

西洋人所講的理性，主要是對經驗而言。講到智識的起源，西洋哲學分爲兩派：一派爲理性論(Rationalism)，認爲智識起源於先天；一派爲經驗論(Empiricism)，認爲智識起源於後天。故理性論又稱先天論，經驗論又稱後天論。

所謂起源於先天的「智識」，又可分爲智識之知，與道德之知兩種。

荀子曰：「人生而有知。」朱熹曰：「蓋人心之靈，莫不有知。」主要是就智識方面的先天之知而言。

孟子所講的良知，乃偏於道德方面的先天之知。他說：「不慮而知者其良知也。孩提之童，無不知愛其親也；及其長也，無不知敬其兄也。親親仁也，敬長義也。」這是就仁義之知而言，可見孟子所講的良知乃偏於道德之知。後來王陽明提倡致良知，謂良知卽天理，良知卽善，良知卽惻隱之心，都是偏於先天的道德之知。

人因爲具有先天的道德之知，故知是非，知善惡，秉賦先天的道德。

《詩》云：「天生蒸民，有物有則，民之秉彝，好是懿德。」〈大學〉云：「明明德」，程明道發明「天理」，理學家多講「存天理去人欲」。這裏所謂「懿德」、「明德」、「天理」，都是就先天道德言。

孟子道性善，謂人具有四善端。又說：「仁義禮智，非由外鑠（以火銷金爲鑠）我者也，我固有之矣。」也是說仁義禮智四善端，乃先天所具的道德，正是指理性中的道德之知而言。

二、理性與人類進化

就人類來講，理性是一種進化的產品。亞里斯多德❶謂「人是有理性的動物」，他認爲物質祇有「存在」；植物有「存在」，還有「生機」；動物有「存在」，有「生機」，還有「知覺」；人有「存在」，有「生機」，有「知覺」，還有「理性」，故理性爲人的特點。我們亦可以補充的說禽獸祇有獸性，沒有人所具有的理性。

荀子說：「水火有氣而無生，草木有生而無知，禽獸有知而無義，人有氣有生有知，亦且有義，故最爲天下貴也。」（〈王制篇〉）這裏所說人是知義的動物，與亞里斯多德說的人是有理性的動物相似。

荀子接著認爲人「力不若牛，走不若馬，而牛馬爲人用何也？曰：『人能群也。』人何以能群？曰：『分。』（知分之意）分何以能行？曰：「義。」（知義之意）故義以分則合（能分工則能合作之意），合則一，一則多力，多力則彊，

❶亞里斯多德（Aristotle, 384-322 B.C.）

希臘哲學家及科學家。對生物與自然科學深有研究。師事柏拉圖二十年，復爲馬其頓王子亞歷山大師傅。嘗開講演於雅典東郊，與其徒逍遙於叢林綠蔭之下，講解一切，世稱爲逍遙學派。於學宏通博治，並能整理之爲系統學科。其於力學闡明槓桿之長與力之關係。於天文學則證明月球與地球均爲圓體，及月球受日之光而明。於生物學則謂上等生物之器官較下等生物爲精密緊要。另有重要之政治學著述，而論理學尤以之爲鼻祖。其門人編其著作爲《工具》（*Organon*）、《物理學》、《政治學》等書。

彊則勝物。」故牛馬能爲人使，萬物能爲人用。

荀子主性惡，主力學（見〈勸學篇〉），早已被人列爲重視後天智識的經驗論；但他亦說過：「人生而有知，知而有志（指記憶言）。」又說：「心生而有知。」（〈解蔽篇〉）連前知義、知分來講，可見他亦是一位重視先天智識的理性論者。

陳大齊先生認爲，荀子將天生之知（理性）列於「性」之外，故主性惡（單以獸性爲性）；孟子將天生之知（理性）列於「性」之內，故主性善（全以理性爲主）。這種見解，非常合理。

孟子說：「是非之心，智也。」他將這是非之心的「智」，與仁義禮並列於性之內，作爲四善端，全是就理性而言。故孟子的人性論，乃以理性爲範圍。理性較獸性是進了一步，孟子的性善說，是比較進化的人性論。

中山先生說：「……人類由動物之有智識，能互助者進化而成；當其蒙昧，力不如獅虎牛馬，走不如犬兔，潛不如鱗介，飛不如諸禽，而猶能自保者，能互助，故能合弱以禦強；有智識，故能趨利而避害也。」（〈大光年刊發刊詞〉）有智識，能趨利避害，指的是先天智識的知；能互助，能合弱禦強，指的是先天的道德之知。這與荀子所說的人能群，人能知義、知分，大致一樣，都是說人是具有理性的，比飛禽走獸進化。

中山先生又說：「人類初生之時，亦與禽獸無異，再經幾許萬年（指進化言），而始長成人性，而人類之進化，於是乎起源。此時期之進化，則與物種進化之原則不同，物種以競爭爲原則，人類則以互助爲原則。社會國家者互助之體也，道德仁義者互助之用也。」並說人類傾向於互助之原則，以求達進化之目的——世界大同。（見《孫文學說》）

這裏所謂的「初生之時亦與禽獸無異」，即是說彼時的人只具有獸性；所謂「而始長成人性」，即是說此時的人才具有理性；所謂「以互助爲原則」及「道德仁義者互助之用也」，既合荀子所說的「人能群」，亦合孟子所說的人性中具有四端——仁義禮智。

中山先生講人性進化時曾說：「人類本來是獸，所以帶有多少獸性，人性很少。我們要人類進步，是在造成高尚人格；要人類有高尚人格，就在減少獸性，增多人性。沒有獸性，自然不至於作惡。……依進化的道德推測起來，人是由動物進化而成，既成人形，當從人形更進化而入神聖。是故欲造成人格，必然消滅獸性，發生神性。」(〈國民要以人格救國〉)這是說人的進化，當由獸性進於人性，再進於神性，以達到天人合一或天人一體的境界。

蔣中正先生在〈中國經濟學說〉中這樣說：「人有求生之欲，與一般生物相同；而人有能思之心，則爲人性之特質。《書經》說：『人爲萬物之靈』，即是指能思之心與由此心所發生的思慮與理性作用而言。」即是說人可以運用思慮與理性以指導其求生的活動，而與一般動物不同。他又說：「人之所以爲人者，在其能合群。人沒有一般動物所有的爪牙，而人可以戰勝一般動物，獨有優美的生活，是由於人有合群之性。人所以能合群而不爭不亂，又由於人有思慮與理性作用，以發展人群的組織。」蔣中正先生這段主張，與亞里斯多德、荀子以及中山先生的見解非常相似，道出了理性與人類進化的關係。

三、中山思想與人類理性的要求

中山先生既重視理性及其與人類進化的關係，所以他的著作與演講，合乎著人類理性的要求，我們可從下列各端看出：

㈠三民主義：三民主義乃包含着自由、平等、博愛，自由與平等固爲政治上人性進化之要求，而博愛與仁愛更是理性的發展。蔣中正先生說：「儒家注重理性，故其學說之本源爲仁愛。」（〈中國經濟學說〉）

㈡權能區分與五權憲法：專制政治違反了理性，暴民政治戕害了理性，權能區分學說救二者之窮，一方面人民有四種政權，另一方面政府有五種治權（五權憲法），亦合乎人類理性的要求。

㈢道德觀與人生觀：中山先生最重視八德、三達德及互助、服務與成仁取義的人生觀。孟子認爲仁義禮智四端爲理性的，是一種先天道德，中山先生所重視的忠孝仁愛信義和平及智仁勇，包含着孟子的四端，都可列爲先天的德性，亦合乎人類理性的要求。

㈣民生史觀與民生哲學：民生史觀提倡經濟利益相調和，以經濟利益相調和爲社會進化的原因；唯物史觀提倡階級鬥爭，以階級鬥爭爲社會進化的原因，前者合乎理性，後者陷於獸性。

戴季陶先生說：「民生（求生存）爲宇宙大德之表現，仁愛是民生哲學的基礎。」《易》云：「宇宙之大德曰生，聖人之大寶曰位，何以守位曰仁。」清儒戴東原說：「仁者生生之德也。」民生哲學以生生之德——仁愛爲基礎，也就是以理性（先天道德）爲基礎。

㈤大同主義：中山先生愛寫〈禮運篇〉大同段，以大同主義爲三民主義之終極目標，以互助爲人類進化的原則。此互助產生於人性，即發源於理性，而世界大同爲人類共同的願望，亦合乎人類理性的要求。

㈥由人性到神性：中山先生講國民要以人格救國時說，要減少獸性，發展人性，發生神性，以達到天人一體的境界。(見前頁所引) 這裡所謂「發展人性」, 就是發展理性, 所謂「發生神性」, 就是要使人類的理性昇華。

《孫文學說》結論中說:「事有順乎天理, 應乎人情, 適乎世界之潮流, 合乎人群之需要, 而爲先知先覺者所決志行之, 則斷無不成者也, 此革命維新興邦建國等事業是也。」我們亦可以說整個中山思想是順乎天理, 應乎人情, 適乎世界潮流, 合乎人群需要的, 再歸納一句, 就是合乎人類理性的要求。

第二節 三民主義在世界方面的時代背景

中山思想範圍甚廣, 而以三民主義、五權憲法爲主。此三民主義與五權憲法, 就時代背景言, 旣合乎世界潮流, 亦合乎中國國情。中山先生自云:「余之革命主義內容賅括言之, 三民主義、五權憲法是已。苟明夫世界之趨勢, 與中國之情狀者, 則余之主張實爲必要, 而且可行也。」(見〈中國革命史〉) 這是說三民主義、五權憲法, 乃合乎世界之趨勢與中國之情況, 故爲必要而且可行之主張。

中山先生又云:「所以我們革命, 要知道所用的主義是不是適當, 是不是合乎正軌, 非先把歐美革命的歷史原原本本來研究清楚不爲功。人民要徹底明白我們的三民主義是不是的的確確有好處, 是不是合乎國情, 要能夠信仰我們的三民主義始終不變, 也非把歐美革命的歷史原原本本研究清楚不爲功。」(〈民權主義〉第三講)

我們研究歐美的革命歷史, 知道三民主義有其來源。中山先生在《民報》發刊詞中說:「予維歐美之進化, 凡以三大主義: 曰民族, 曰民權, 曰民生。羅馬之亡, 民族主義興, 而歐美各國以獨立。洎自帝其國, 威行專制, 在下

❷拿破崙 (Bonaparte Napoleon, 1769-1821)

法國人,爲軍人政治家,獨裁者。歷任各種軍階,1798 年任東方軍團總司令,攻埃及。次年返國,以武力發動政變,推翻督政府,成爲第一執政。自此致力建設,並制定《拿破崙法典》。1804 年,稱帝,進而東征西討,窮兵黷武。1812 年,征俄失敗。1814 年,因英、俄、德、奧等國聯軍克巴黎,致被困厄爾巴島。1815 年脫逃,圖重整霸業,旋被聯軍敗於滑鐵盧,遭放逐聖赫勒拿島。1821 年病疾而終。

者不堪其苦，則民權主義起。十八世紀之末，十九世紀之初，專制仆而立憲政體殖焉。世界開化，人智益蒸，物質發舒，百年銳於千載，經濟問題，繼政治問題之後，則民生主義躍躍然動。二十世紀不得不為民生主義之擅場時代也。」以下就世界潮流與民族、民權、民生三主義之關係，分別論之。

一、民族主義與世界潮流的趨向

講到民族主義的世界背景，中山先生自東羅馬帝國滅亡談起。即《民報》發刊詞所稱「羅馬之亡，民族主義興。」這是說，自西元一四五三年東羅馬帝國崩潰後，歐洲各國，解脫羅馬帝國之羈絆，漸次獨立起來，產生了方言和民族文學，形成了民族國家，發生了民族意識與民族主義。中山先生在手著《文言文三民主義》中稱：「夫民族主義之起源甚遠，而發達於十九世紀，盛行於二十世紀。」接著他列舉下列七國的民族獨立與民族解放以為之證明：

㈠日爾曼脫離拿破崙❷之羈絆（十八世紀之末，十九世紀之初），亦稱德意志民族復興運動❸。

㈡希臘脫離土耳其而獨立（一八二九年）❹。

㈢義大利脫離奧地利以統一（一八六一年）❺。

（以上是第一次世界大戰以前的，以下是

❸日爾曼之脫離拿破崙羈絆：是說西元十八世紀末，十九世紀初，日爾曼民族（German）分崩離析，小的王、公、侯國達數百之多，中以位居東北之普魯士（Prusia）及以神聖羅馬帝國（Holy Roman Empire）自居的奧地利（Austria）最強，當拿破崙東征時，除普魯士及奧地利曾強烈反抗外，其餘各小的王、公、侯國均表歡迎。1810年，拿破崙率軍與英、俄、普魯士、奧地利聯軍戰於來比錫（Leipzig），結果大敗。法國的勢力自此退出了日爾曼民族的圈子，日爾曼民族統一工作的要角遂由普魯士擔任。

❹希臘（希利尼）之離土耳其而獨立：希利尼（Hellense,國父在〈文言文三民主義〉中原譯希利尼，下同）今譯希臘，為歐洲文化之發源地。羅馬帝國（Roman Empire）於西元前146年滅希臘。西元286年羅馬帝國東西二分，希臘屬東羅馬帝國（Byzantium Empire），十四、五世紀，土耳其人崛起，匈牙利貴族率領十字軍攻打信奉回教的土耳其人，結果在1400年反喪失了保加利亞（Balgaria）及希臘。1829年，希臘人得英、法、俄之助，脫離土耳其而獨立。

❺義大利（以大利）之排奧地利以統一：以大利（Italy）今通譯義大利。自西羅馬帝國亡後，義大利半島已不復一統。拿破崙入義大利半島，引起了民族思想，1815年維也納會議（The Congress of Vienna），將侖巴底（Lonbardy）及威尼夏（Venetia）割與奧國，更激起了義大利人的民族意識。後來以薩丁尼亞（Sardinia）為骨幹完成了民族統一。1859年戰勝奧國，收回侖巴底。1861年成立了義大利王國（Kingdom of Italy）。又乘法、奧與普魯士交戰之際，於1866年併吞威尼夏，1870年併吞羅馬，便完成了統一。

大戰以後的。)

㈣芬蘭離俄而獨立(一九一七年)❻。

㈤波蘭乘機而光復(一九一八年)❼。

㈥捷克斯拉夫離奧而建國(一九一九年)❽。

㈦南斯拉夫離奧而合邦於塞爾維亞(一九一九年)❾。

此外,我們還可補充說到:

㈠瑞士本爲日爾曼、義大利、法蘭西三國人共建之聯邦共和國,十四世紀,奧地利欲收爲私有,瑞士人趨而反對,屢敗奧兵,於一六四八年獨立。後爲拿破崙征服,一八一五年維也納會議,各國決定承認瑞士爲永久中立國。

㈡美國於一七七六年離英而獨立,建立多種族之聯邦共和國,「自放黑奴之後,則吸收數百萬非洲之黑種,而同化之,成爲世界最進步、最偉大、最富強之民族。」(《文言文三民主義》)

㈢第一次大戰後,凱末爾❿將軍革命成功,土耳其掀起復興運動。國勢爲之復振。(自一八二一年希臘叛離,繼之發生俄土戰爭,及巴爾幹四次戰爭,土耳其在歐、非領土喪失殆盡,國勢漸弱。)

㈣就東方言,日本原受西方列強之壓迫,自一八六七年明治天皇即位後,廢幕府,修內政,定憲法、立國會,由是而復興,史稱明治維新。

❻芬蘭離俄而獨立:1808 年,瑞典(Sweden)與俄國交戰,俄勝,1810 年,瑞典割芬蘭(Finland)於俄。1917 年十二月六日芬蘭乘俄國革命之際,宣布獨立。

❼波蘭乘機而光復:波蘭(Poland)於 1772、1793、1795 等年遭俄、普、奧三國,共同瓜分三次。1918 年十一月三日宣布獨立。

❽捷克士拉夫叛奧而建國:捷克士拉夫(Czchoslavakia,即捷克斯洛伐克),原屬奧匈帝國,後得英、美、法、義之助,於 1918 年十月二日宣布獨立。1919 年,九月十日奧國加以承認。

❾南斯拉夫(查哥士拉夫)離奧而合邦於塞爾維亞:查哥士拉夫(Yugoslavia)又稱南斯拉夫,於 1918 年十月二十九日宣布獨立,乃由塞爾維亞(Serbia)、克羅西亞 Croatia)、斯洛伐尼亞(Slovenia)合組而成。1919 年九月十日奧國承認查哥士拉夫之獨立。

❿凱末爾(Chazi Mustapha Kemal, 1881-1938)

土耳其的軍事家、政治家。畢業於君士坦丁軍事大學,服務軍中。他傾向自由主義,組織少年土耳其黨,爲政府所忌,被捕入獄,釋放後派至邊省服務。1908 年因政府外交失策,凱末爾指揮軍隊,推翻了哈蜜提皇朝。但與繼位者恩佛爾不和,之後在安哥拉組織新政府與蘇丹政府相對抗,1922 年破英軍及希臘軍隊,恢復土國在歐洲國境,取消屈辱條約,土耳其遂脫英而獨立。次年安哥拉國民大會宣佈取消帝制,建立共和國,並舉凱末爾爲大總統(1923-1938)。凱末爾統治土耳其,首先廢除蘇丹政權與回教主的教權,革除一切舊習,解放婦女,吸收西洋文化,興辦教育,從事建設,並奠立政黨政治,使舊時所有之頑固守舊,鄙陋怠惰之氣一改而爲新土耳其之精神。

以上各項是就事跡言，爲中山先生提倡民族主義的外國時代背景。換言之，外國有很多民族統一，民族解放及民族復興運動，引起了中山先生決心在中國推行民族主義。

二、民權主義與世界潮流的趨向

中山先生在《民報》發刊詞說：「羅馬之亡，民族主義興，而歐洲各國以獨立。洎自其帝國，威行專制，在下者不堪其苦，則民權主義起，十八世紀之末，十九世紀之初，專制仆而立憲政體殖焉。」茲就演講本《三民主義》與手著本《文言文三民主義》之中所述者，分別列舉民權發生經過如下：

㈠英國：中山先生說：「講到民權的起源，本來發生於英國。」（〈民權主義〉第四講）按英國於一六四九年革命黨魁克林威爾⓫（Oliver Cromwell，1599—1658）掀起民權革命，將英王查理判死刑，實行共和。一六六〇年發生復辟運動，一六八九年通過權利法案，是爲不流血的光榮革命，自此以後建立了內閣制的君主立憲政體⓬。

㈡美國：一七七五年美國人因反抗英國而發動獨立戰爭，經八年苦戰，一七七六年七月四日發表「獨立宣言」，於一七八三年獲得勝利，乃採用孟德斯鳩⓭的主張而建立三權分立的民主共和政體。

⓫克林威爾（Oliver Cromwell, 1599-1658）

英國革命家、政治家。出身清敎徒家庭。1628 年始任國會議員，爲極端的反對派。1641 年，促「大諫章」通過，1642 年內戰中，成爲民兵領袖，1647 年逮捕查理士第一，1649 年將其處死，改國體爲共和，1653 年受推爲護國主，行獨裁。

⓬查理士第二（Charles II, 1630-1685）

爲查理士第一之子。1642 年英國國內大亂，王軍爲克林威爾領導之民兵所敗，逃往法國。1649 年其父被處死刑後，乃自加王號。1650 年至蘇格蘭，次年欲重返本國，爲克林威爾所敗。輾轉流浪歐洲達九年之久。1660 年，王政復古，歸國即位，竭力與國會協調，以圖維護王權。後受法王路易十四之賄，助其侵略荷蘭，1672 年與荷戰爭失敗，深受國民的怨誹。國會乃於 1673 年通過〈審查律〉（Test Act）、1679 年通過〈人身保護律〉（Habeas Corpus Act）以限制王權。在位之時，保守黨和自由黨業已形成，政黨政治之規模漸具，王權逐漸衰落。

⓭孟德斯鳩（Baron de Montesquieu, 1689-1755）

法國的政治哲學家，專攻法律，曾任法院顧問，後辭公職，專於治學。1748 年著《法意》（*Les prit des lois*）一書，倡三權分立學說，對歐美政治理論與實際貢獻頗大。其他著作有《羅馬興亡史論》（*Considérations sur les causes de la grandeur des Romaines et de leur déca dence*）。

(三)法國：一七八九年法國發生大革命，一七九七年國民會議通過「人權宣言」，一八四八年再發動二月革命，建立與美國相似的三權分立的共和政制。

(四)瑞士：瑞士的民權發展，最爲中山先生所贊賞。他說：「近來瑞士的人民，除了選舉外，還有創制權和複決權。」（詳見本書另册〈民權主義〉篇）

此外，法國大革命之後，歐洲各國接着實行民主政治，以及日本明治維新，實行君主立憲，都給中山先生提倡民權主義以莫大影響。

三、民生主義與世界潮流的趨向

中山先生在《民報》發刊詞講民權運動時說：「世界開化，民智益蒸，物質發舒，百年銳於千載，經濟問題繼政治問題之後，則民生主義躍躍然動，二十世紀不得不爲民生主義之擅場時代也。」現在自工業革命談起，說明民生主義的時代背景。

(一)工業革命：何謂工業革命？中山先生的答覆是：「機器代手工而生產，泰西學者所謂工業革命者也。」（《文言文三民主義》）一七三三年，英人凱(John Kay)⑭發明了飛梭，裝在手織機上，跟着英國人發明幾種紡紗機。一七六九年瓦特(James Watt)⑮改良蒸汽機成功，然後將蒸汽機放置在紡紗機及其他機器上，到了一八二五年工業革命的工作便告完成。

⑭凱（John Kay, 1704-1764）

英國的發明家，發明了織布用的飛梭。

⑮瓦特（James Watt, 1736-1819）

蘇格蘭的工程師、發明家，喜製造工具，1759 年開始研究蒸汽機。1764～1769 年獲外部凝汽機專利權，1774 年與 Mattew Boulton 合設蒸汽機製造廠於伯明罕，從事研究改良，促成工業革命。

⑯聖西門（Claude Henri Comte de Saint-Simon, 1760-1825）

法國的理想社會主義者。早期從事軍職，參與美國獨立戰爭(1777-83)，後返法國，曾經赴墨西哥計畫聯絡太平洋與大西洋的計畫。1789 年大革命發生後回國，在本地當選爲自治代表，因爲是貴族之後，被革命政府所捕，入獄，1794 年七月革命後始得釋放，之後家產散盡，婚姻不如意，晚年困苦凄涼。自 1803 至 1825 年間，他是一位著述家與社會改良家，努力於著作，希望結合科學與工技，建立社會主義式的宗教。他認爲社會的罪惡根源於資本私有制度，他曾試行共產村運動，結果卻失敗。著作有《產業論》（*ĹIndustriel*, 1817）、《組織論》（*ĹOrganisateur*, 1819）、《新基督教主義》（*Nouveau Christianisme*, 1825）等。

⑰傅利葉（Charles Furier, 1772-1837）

法國理想社會主義者，生於富商家庭，中學畢業後開始經商。後因破產而經歷多種職業，同情勞動者的疾苦，畢生致力於研究改革社會與經濟制度。他認爲未來的新社會是一和諧的制度，城鄉、工農、體力勞動和腦力勞動的差別已經消滅。他也認爲「理性」是歷史發展的決定性力量，但在「和諧制度」中，仍存在私有制與階級，而理想社會的實現，不應求助於階級鬥爭和革命，而賴統治精英的配合。1808 年出版《四種運行理論》（*Théorie des quatre mouvements et des destinées génénrules*），1822 年出版《關於家庭農業聯合》（*Traité de lássociation domestique*

㈡社會問題：工業革命後，生產大量增加，因為要設置工廠，資本便集中起來，故產生了資本家；另一方面，機器代替了人工，工人失業增加；加以資本家操縱工業，爭取利潤，減少工人工資，於是形成「富者愈富，貧者愈貧」，引起了嚴重的社會問題，醞釀社會革命。

㈢社會革命運動：十九世紀最初提倡社會主義的要推法國的聖西門(Saint-Simon, 1760- 1825)⑯、傅利葉(Charles Furier, 1772-1837)⑰英國的奧文(Robert Owen, 1771-1858)⑱，聖西門是社會主義的首倡者，呼籲社會人士改善貧苦大衆的生活。傅利葉、奧文則是社會改革家，為勞工利益而奮鬥。俄國方面的無政府社會主義者則有蒲魯東⑲、巴枯寧⑳及克魯波特金(Peter Kropotkin, 1842-1921)㉑，他們都為社會主義運動家。

英國研究社會主義的重要社團費邊社(Fabian Society)㉒成立於一八八四年。一八九二年英國獨立勞工黨成立，一九〇六年改為工黨，推行溫和的社會主義（費邊主義）。

一八七一年三月十八日巴黎公社成立，雖至五月二十八日為凡爾賽政府軍所攻滅，但在法國政治上已是有名的社會主義運動。以後德、義等國都有社會主義運動發生。

agricole)。1829年出版《新工業社會》(*Le nouveau monde industrial et sociétaire*)

⑱奧文（Robert Owen, 1771-1858)

英國社會主義的先驅，以領導才幹著稱。1797年任一紡織廠總經理，努力改善工人生活及職工教育。1800年自創紗廠，實行減工時增福利。1806年，美棉花禁止出口，英紗廠多停工，然其工廠仍發工資，聲名因之大噪。1817年，擬合作性質之社區計畫，極力消弭貧窮，1824-1827年於美國印第安那州設實驗社區「新協和公社」宣告失敗，損失全部財產，變得一貧如洗。後旅遊各地，推動社會運動，倡社會立法，組織生產合作社，宣揚社會主義，並曾主持英國工會第一次全國代表大會，擔任全國生產聯盟主席。著有《新社會觀》(*A New View of Society*)、《奧文自傳》(*Threading My Way*)

⑲蒲魯東（Pierre Joseph Proudhon 1809-1865)

法國的記者、社會主義者。1843年任職里昂，漸為激烈份子首領。1848年獲選賽納區國會議員，曾籌設合作性質之人民銀行，未果。1849年，因批評路易拿破崙而繫獄三載。其主要思想為：反對政府組織、攻擊私產及馬克斯共產主義，主張自由社會，被視為當代無政府主義之父。著有《何謂財產》(*Qúest-ce de la propriété*)

⑳巴枯寧（Mikhail Bakunin, 1814-1876)

俄國的無政府主義者、作家。早年服務軍旅，因不滿沙皇作為，辭赴德、法、瑞士諸國，1847年，拒沙皇召返，財產遭沒收，因之號召波蘭人與俄人謀倒沙皇政權。1848-1849年涉及歐洲數國革命，在德被捕，判死刑。1851年遞解回俄，流放西伯利亞，先後繫獄十二載，1861年脫逃至英國，奔走西歐諸國無政府主義革命，曾入第一國際，旋因意見與馬克斯一派相左，於1872年遭逐。著有《國家與無政府》(*State and Anarchy*)。

一八四八年，馬克思㉓、恩格斯㉔發表共產主義宣言，經過第一國際、第二國際，各國社會黨分裂爲激烈派及溫和派，至一九一七年，俄國布爾希維克奉共產主義的招牌，發動了十月革命，並於一九一九年成立第三國際，向各國推行共產社會主義。

中山先生倫敦被難後，在英國圖書館研究，並與朝野賢豪會談，知社會主義運動亦將在中國流行，遂產生了民生主義思想，以溫和的社會政策和均富學說取代激進的暴力革命思想，並防患於未然。

中山先生《文言文三民主義》中稱：「歐美自政治革命後，人人有自由平等，各得肆力於工商事業，經濟進步，機器發明，而生產力爲之大增，得有土地及資本之優勢者，悉成暴富，而無土地及資本之人，則轉因之謀食日艱，由是富者愈富，貧者愈貧，則貧富之階級日分，而民生之問題起矣。此問題在歐美今日，愈演愈烈，循此而往，非至發生社會之大革命不止也。俄國已發其端，德國又見告矣，英美諸國將恐不免也。惟中國之於社會革命也，則尙未種其因，如能思患預防，先爲徙薪曲突之謀，則此一度之革命，洵可免除也。此民生主義之所以不得不行也。中國之行民生主義，即所以消弭社會革命於未然也。」

㉑克魯泡特金（*Peter A. Kropotkin,* 1842-1921）

俄國的地理學家、無政府主義者、哲學家。1871 年發現瑞典、芬蘭冰河遺址，聲名大噪。1872 年加入第一國際，傾心無政府主義。1874 年於俄，1883 年於法，二度因反政府行動入獄。1886-1917 年居住在英國，1917 年返俄，不問政治，極力倡導自由結合、生產工具公有之自由社會，並稱之爲「無政府的共產主義」。著作有《互助論》（*Mutual Aid*）、《現代科學與無政府主義》（*Modern Science and Anarchism*）等。

㉒馬克斯（Karl Heinrich Marx, 1818-1883）

德籍猶太人，爲政治哲學家。與恩格斯（Friedrich Engels）於 1847 年加入「共產黨同盟」，並於 1848 年發表〈共產黨宣言〉（*The Communist Manifesto*）。1864 年成爲「第一國際」的領導者。1871 年指導巴黎公社成立，爲共產黨、共產主義之鼻祖。主張唯物史觀、剩餘價值及階級鬥爭。著有《資本論》（*Capital*）。

㉓恩格斯（Fridrich Engels, 1820-1895）

德國社會主義者，1847 年協助倫敦共產黨同盟成立，1848 年與馬克斯共同發表共產黨宣言。一生致力於協助馬克斯與發揚共產思想。在馬克斯死後完成《資本論》第二、三部分。

㉔費邊社（Fabian Society）

1884 年成立於倫敦的社會主義團體，其宗旨是在英國建立民主的社會主義國家。費邊派信奉漸進的社會主義，不主張革命。費邊社的名稱源出於善用緩進待機戰術的古羅馬將軍費比烏斯-馬克西姆斯-昆克塔托的名。一般認爲費邊社的創始人是蘇格蘭哲學家大衛生（Thomas Davidson）及韋伯（Sidney Webb）。1889 年該社出版了由其主要成員蕭伯納主編的著名小册子《費邊社社會主義文集》（*Fabin Essays in Socialism*）。該社最先企圖以社會主義滲透自由黨和保守黨；但他們後來協助建立了獨立

第三節　三民主義在中國方面的時代背景

蔣中正先生說:「三民主義不是憑空造出來的, 有中國的環境作背景。因爲要適合中國的環境, 故纔發現這個千古不磨的三民主義。」中山先生說:「以在此二十世紀的時代, 世界文明進步的潮流, 已達於民生主義也, 而中國則尙在異族專制之下, 則民族主義之革命, 以驅逐異族, 與民權主義之革命, 以推翻專制, 已爲勢所不能免者也。然我民族、民權之革命時機, 適逢此世界民生革命之潮流, 此民生革命又所不能進也。以其旣不能免, 而又不能避之三大革命, 已乘世界之進化潮流催迫而至, 我不革命而甘於淪亡, 爲天然淘汰則已; 如其不然, 則曷不爲一勞永逸之舉, 以一度之革命, 而達此三進化之階級也。」(《文言文三民主義》) 茲就民族主義、民權主義及民生主義與中國環境之需要, 分別論之。

的「勞工代表委員會」，該會於1906年改爲工黨。費邊社自此隸屬於工黨。

一、民族主義與中國環境的需要

自滿淸入主中華之後, 二百六十餘年, 運用種種方法, 壓迫與奴役人民, 引起人民不斷的反抗; 又因列強相繼侵略, 割地賠款, 陷國家於次殖民地地位; 加以洪秀全民族革命運動失敗, 人民鬱抑莫訴, 遂激發了中山先生的民族主義。

㈠滿淸的箝制與壓迫: 滿淸入關後, 實行暴力統治, 如「揚州十日, 嘉定三屠」, 使人民痛恨無已。中山先生說:「淸廷常圖自保, 以安反側, 防民之法加密, 漢滿之界尤嚴。其施政之策, 務以滅絕漢種愛國之心力, 以刀鋸繩忠義, 以利祿誘奸邪。」(〈支那保全分割合論〉) 故或大興文字獄, 或開科取士, 高壓政策與懷柔政策先後施用, 無非要箝制人民行動，控制人民思想。

㈡民族革命運動：當清兵入關之初，先有史可法，鄭成功之抵抗，繼有三藩之反叛，以後有洪門會之反清復明運動，臺灣方面亦有朱一貴，林爽文之反滿。道光三十年洪秀全在金田村起義，光復東南半壁，定都南京，卒因內訌而被曾國藩所打敗，人民爲之惋惜，中山先生幼時愛聽洪楊故事，以洪秀全第二自命，卽孕育了民族革命精神。

㈢帝國主義之侵略：滿淸閉關自守，不求進步。自鴉片戰爭以後，割地賠款，喪權辱國，幾無以自保。「蠶食鯨呑，已見效於接踵，瓜分豆剖，實堪慮於目前」。(〈興中會宣言〉) 人民認爲如此昏庸政府，實無存在之必要。中山先生於中法戰敗之年，乃下定決心，推翻滿淸政府。

二、民權主義與中國社會的需要

中山先生提倡民權主義，對內而言，有兩個因素：一爲專制政體，必須打倒；二爲貪汚腐化之政治，必須革除。

㈠專制政體必須推翻：中山先生幼時赴檀香山，看到美國民主政治，非常合理。後又覺察世界情勢，知民權主義是一種不可抵抗的潮流。他說：「世界潮流，由神權流到君權，由君權流到民權。現在到了民權時代沒有方法可以抵抗。」(〈民權主義〉第一講) 而滿淸政府抱着「寧贈朋友，不送家奴」之頑固態度，墨守「專制」，不顧及民意。「無論爲朝廷之事，爲國家之事，爲國民之事，甚至爲地方之事，百姓無發言或與聞之權。」(〈倫敦被難記〉) 故中山先生於興中會誓詞中主張於「驅除韃虜，恢復中華」之後，「要建立合衆政府」，實行民主政制，推翻專制政體。

㈡貪汚政治必須革除：滿淸政府，貪婪成風，賣官鬻爵，賄賂公行。單就乾隆時期的和坤而論，他的家產被沒收時「竟達八萬萬兩，比當時全國二十年歲收的半額還多。」

㉕其他貪汚案件，不勝枚擧。中山先生說：「將來民族革命實行後，現在惡劣政治，固可一掃而盡，還有惡劣政治的根本，不可不去。」(〈三民主義與中國民族之前途〉)中山先生爲了從根本上剷除貪汚政治，乃決心建立合衆政府。

㉕蕭一山，《淸史》，臺北：華岡出版公司，民國六十九年。

三、民生主義與中國社會的需要

中國爲什麼要實行民生主義，就對內而言：一因民不聊生，二因要反抗帝國主義的經濟侵略。

㈠民生困難需要解決：〈上李鴻章書〉有云：「方今伏莽時聞，災荒頻現。完善之地，已形覓食之難；凶祲之區，難免流離之禍。是豐年不免於凍餒，而荒歲必至於死亡。」又〈興中會宣言〉亦云：「盜賊橫行，饑饉交集，哀鴻遍野，民不聊生。」中山先生爲了要發展國民生計，改良人民生活，解救民生困難，乃提倡民生主義。

㈡經濟侵略應予抗拒：中山先生在民族主義中講過列強對於我國經濟壓迫，非常厲害。蔣中正先生《中國之命運》中講到不平等條約的經濟影響時說：「我們中國經濟，受了不平等條約這種影響，所以造成了國不自保，而民不聊生的危機。」中山先生在民生主義中亦講這種侵略情形，乃主張採用保護政策，以維護民族工業。

第三章　中山思想的淵源及其理論體系

本章要研究下列三個問題：㈠中山思想的淵源，分中國、西洋及創見三方面。㈡中山思想的理論體系，以蔣中正先生著三民主義之體系及其實行程序作依據。㈢中山思想的內容概要等。

第一節　中山思想的淵源

中山先生在〈中國革命史〉中說：「余之謀中國革命，其所持主義，有因襲吾國故有之思想者，有規撫歐洲之學說事蹟者，有吾所獨見而創獲者。」蔣中正先生在〈總理遺教概要〉中也說：「總理的遺教，是淵源於中國固有的政治與倫理哲學之正統思想，而同時參酌中國的國情以擷取歐美社會科學和政治制度之精華，再加以自己所獨見創造的許多眞理所融鑄之整個的完美的思想體系。」因此，我們在論述中山思想的淵源時，亦分下列三方面而言之：⑴有關吾國固有之思想者；⑵有關歐美學說事蹟者；⑶有關中山先生的獨見而創獲者。

一、有關吾國固有之思想者

我國固有的思想，影響於中山先生的民族思想、民權思想、民生思想與哲學思想，而足以作爲中山思想淵源的，可分述如下：

㈠與中山先生民族思想有關者：內可分爲：⑴攘夷思

想，⑵大同主義，⑶固有道德，⑷王道主義，⑸濟弱扶傾，⑹固有智識，⑺和平主義。

⑴攘夷思想　孔子著《春秋》，嚴夷夏之防；《公羊傳》有內諸夏而外夷狄之主張。管仲相桓公，霸諸侯，一匡天下，尊王攘夷。都是重視民族主義。

⑵大同主義　〈禮運篇〉講天下爲公、世界大同，這是孔子所嚮往的理想政治境界與社會境界，也是中山先生的民族主義的理想。

⑶固有道德　中華民族立國於東亞，屢經變亂，危而復安，亡而復存，仍能生存發展的道理，就是靠民族的固有道德：忠孝、仁愛、信義、和平等。

⑷王道主義　中國傳統政治，以王道主義爲中心。儒家別王霸，即主張重王輕霸。對於四夷，不威之以武力，而感之以王道。所以孔子說：「遠人不服，則修文德以來之。」孟子更講王道主義。如說「保民而王」，「以德服人者中心悅而誠服也。」這種王道文化影響到中山先生論民族與國家的區別，以及講民族平等，民族同化等思想。

⑸濟弱扶傾　孔子著《春秋》，反對強凌弱，衆暴寡。《禮記‧樂記》中亦有同樣主張。〈中庸〉講「興滅國，繼絕世」，齊桓公實行「濟弱扶傾」。這些都可以視爲中山先生「濟弱扶傾」政策的思想淵源。

⑹民族固有智識　中山先生在民族主義中所講的恢復民族固有智識，即指大學八目(格物、致知、誠意、正心、修身、齊家、治國、平天下）而言。

⑺和平主義　漢元帝時，賈捐之主張放棄海南島（珠崖)，不予征討，中山先生在民族主義中，曾稱許爲最早的和平主義。墨子的反侵略（非攻）運動，與中山先生的和平主義亦有關。

此外，明太祖與洪秀全的民族思想，會黨的反淸復明思想，都給予中山先生莫大的影響。

民族主義與吾國固有文化思想，關係至爲密切，故中山先生自云：「余之民族主義，特就先民所遺留者，發揚而光大之，並改良其缺點。」（〈中國革命史〉）所謂改良其缺點，大致是就下列各事而言：㈠對內主張中國境內各民族一律平等，而且對滿淸亦不以復仇爲事；㈡對外拋棄勤遠略的侵畧政策與帝國主義，而提倡扶弱抑強與濟弱扶傾；㈢放棄閉關主義與夜郎自大的作風；㈣迎頭趕上西洋科學與吸收世界文化，而發揚光大之，以期共躋於大同。

㈡與中山先生民權思想有關者：計分：⑴湯武革命，⑵共和政體，⑶民本主義，⑷伊、周訓政，⑸考、監制度，⑹賢能政治，⑺權能區分等。

⑴湯武革命　湯伐桀，武王伐紂，孟子認爲不是弒君，只是誅「一夫」（獨夫），這實含有民主革命的思想。管子、荀子書中亦有同樣的見解。

⑵共和政體　堯舜的禪讓政治，不但爲孔子所稱述，中山先生也說：「我國數千年歷史之中，最善政體，莫如堯舜。」（演講：〈黨爭乃代流血之爭〉）他認爲堯舜名爲君權，實乃民權。又說：「蓋堯舜之世，亦爲今日之共和政體，公天下於民。」（同上）可見中山先生是很讚賞這種公天下的堯舜共和政體，又周代的周召共和，雖稱貴族共和，但與中山先生所提倡之民主共和，亦不無相通之處。

⑶民主本義　中國古時的政治，一向是重視人民的。所以〈大學〉上說：「民之所好好之，民之所惡惡之。」《書經》上也有「民爲邦本，本固邦寧」，「天視自我民視，天聽自我民聽」的古訓。孟子更是主張「民爲貴，社稷次之，君爲輕」。這種民本思想，中山先生在民權主義中曾予以讚

美。

⑷伊、周訓政　成湯之孫太甲不能修德，伊尹勸戒無效，乃放之於桐，自行攝政，三年之後，太甲悔悟，乃始迎回歸政。再者，周武王崩，成王年幼，周公攝政，管叔、蔡叔製造謠言，謂周公將不利於成王，周公爲了避謠，乃居東三年，王悟，迎周公歸。中山先生創訓政時期，即依伊、周之精神，作訓民之工作。

⑸考、監制度　考試與監察兩權之行使，在中國政治上已形成制度，而外國之所無。所以中山先生說：「此彈劾權（監察權）及考試權，實爲我國之優點。吾人採用外國良法，對本國優點，亦殊不可輕棄。」（演講：〈採用五權憲法之必要〉）

⑹賢能政治　〈禮運篇〉大同段稱：「大道之行也，天下爲公，選賢與能。」孟子主張「賢者在位，能者在職」。

⑺權能區分　諸葛亮輔阿斗，阿斗有權，諸葛亮有能，中山先生引此作權能區分學說的例證。

此外吾國古代的先民自由歌，影響中山先生的論自由。吾國古代的五等爵位（公侯伯子男），影響中山先生的論平等。

㈢與中山先生民生思想有關者：計有：⑴養民思想，⑵均產主義，⑶井田制度等。

⑴養民思想（厚生思想）　《書經》說：「政在養民，……正德利用厚生」，係民生主義的思想淵源。管子更具體的說：「治國之道，必先富民。」「衣食足則知榮辱，倉廩實則知禮節」。孔子主張「足食」與先富後教。降至孟子，他更主張必「使民養生喪死無憾」，乃爲王道之始。這些思想，正是「民生主義，是以養民爲目的」的思想淵源。

⑵均產主義　孔子說：「不患寡，而患不均」，曾爲

中山先生引而論平均地權。(見《文言文三民主義》) 管子、孟子都提倡均地主義, 管子說:「地不平均調和, 政不可正也。」孟子提倡「均田制祿」, 反對「井地不均」。

⑶井田制度　中國最早的土地制度, 就是周朝的井田制度。這種制度的最大特點, 就是既可做到「耕者有其田」, 又可防止兼併。中山先生自認爲平均地權, 乃師井田制之遺意。(見《文言文三民主義》)

⑷王田制與均田制　中山先生認爲王莽想行的井田方法(即王田制), 王安石的新法, 都是民生主義的事實。(〈打破舊思想要用三民主義〉) 又如北魏所行的均田制, 亦與平均地權防止土地集中有關。

⑸國營事業　管子提倡「官山海」, 以興漁鹽之利, 桑弘羊提倡公賣制度, 都可視爲中山先生提倡國營事業的前奏。

⑹王道仁政　孟子認爲賢君制民之產, 必以滿足食、衣、住、用爲目的, 與民生主義的實施辦法完全相符。並說:「養生喪死無憾, 王道之始也。」成湯「子惠困窮」, 是中國最早的社會救濟。文王發政施仁, 必先鰥寡孤獨, 他還善養老, 都是仁政的表現。

⑺大同社會　〈禮運篇〉大同段的經濟思想、社會思想, 乃是中山先生民生主義的目的。

此外像洪秀全所訂的經濟制度, 亦與民生主義有關。

㈣與中山先生哲學思想有關者: 可分: ⑴倫理思想, ⑵道德思想, ⑶太極思想, ⑷以大事小說, ⑸互助思想, ⑹知行學說, ⑺厚生思想等。

⑴倫理思想　倫理思想, 實爲儒家的根本思想, 亦與墨家有關。儒家所提倡智仁勇、忠孝仁愛信義以及「和爲貴」等倫理哲學, 墨子所提倡的「兼愛」「非攻」「貴義」

等，均可視爲 中山先生提倡三達德、八德的思想淵源。而韓愈說「博愛之謂仁」（見〈原道〉），則爲中山先生所引用。

⑵道統思想 中國的道統思想，指黃帝及堯、舜、禹、湯、文武、周公、孔子、孟子，一脈相傳的正統思想而言，中山先生的革命，「就是繼承這個正統思想來發揚光大的。」（見〈三民主義之體系及其實行程序〉）

⑶太極思想 《易經》所謂「太極生兩儀」這個太極，就是指宇宙本體而言。中山先生雖未說出「本體」一詞，但他所用的「太極」，亦含有「最初」、「元始」、「起源」、「來源」的意義。例如他說：「元始之時，太極動而生電子，電子凝而成元素，元素合而成物質，物質聚而成地球，此宇宙進化之第一時期也。」（《孫文學說》）這種宇宙萬物起源論，就是淵源於《易經》上的太極思想。

⑷以大事小說 孟子講王道，講到「以大事小」， 中山先生提倡服務的人生觀，便主張「以巧事拙」。

⑸互助思想 孟子講「出入相友，守望相助」，墨子提倡「兼相愛」、「交相利」。這與中山先生提倡互助道德與互助進化論不無關係。

⑹行而不知說與知難行易說 孔子的「民可使由之」說，及孟子的「終身由之而不知其道」說，可視爲知難行易學說的理論基礎。

⑺民生中心論（利用厚生說） 中山先生講民生史觀時說「民生」是政治的中心，這句民生中心說的話乃受了中國古代重視「利用厚生」的政治思想的影響。

二、有關歐美學說事蹟者

歐美學說事蹟影響中山先生的民族思想、民權思想、民生思想及哲學思想者，可分別列舉如下：

(一)與中山先生民族思想有關者：內分：(1)民族主義，(2)反帝思想，(3)民族自決，(4)世界主義，(5)人口學說。

(1)民族主義　東羅馬帝國滅亡後，歐洲各國產生方言與民族學說、民族戰爭、組成民族國家，因而產生了民族思想，故中山先生說：「羅馬帝國亡，民族主義興。」。

(2)反帝思想（反侵略思想）　西方民族國家興起之後，有的竟變成侵略的帝國主義，於是世界上形成了侵略的民族與被侵略的民族，各弱小民族遂醞釀成一種反帝思想。中山先生主張中國民族自求解放，以及扶助弱小民族共同奮鬪，打倒帝國主義，即受此反帝思想之影響。

(3)民族自決說　第一次世界大戰發生，美國總統威爾遜❶提出「民族自決」口號，中山先生認爲「這種民族自決之說，就是本黨的民族主義。」（見〈三民主義的具體辦法〉）

(4)世界主義　希臘斯多噶派(Stoics)❷倡世界主義，羅馬時代更爲盛行，近代西方人士多提倡世界主義及國際主義。這類世界主義中山先生常在民族主義中講到。

(5)人口學說　馬爾薩斯❸的《人口論》，認爲人口增加，按照幾何級數進行（一、二、四、八），糧食增加，按照算術級數進行(一、二、三、四)，故主張節育，

❶威爾遜（Woodrow Wilson, 1856-1924）

美國的歷史與政治學家。曾任律師、教授、普林斯頓大學校長、紐澤西州州長等，1912 年當選美國第廿八任總統，1916 年連任，1917 年因德國宣布無限制潛艇政策，與德絕交，並宣布參戰。1918 年，於致國會咨文中提出「十四點計劃」，呼籲以民族自決原則，共維世界和平，但爲國會保留，1919 年，獲頒諾貝爾和平獎。著有《美國的憲法政府》(*Constitutional Government in the United States*)、《國家》(*The State*)、《議會政治》(*Congressional Government*)。

❷斯多噶派(Stoics School)

希臘哲學之一派。創始者芝諾，時在公元前四世紀。芝諾講學於雅典之斯多亞（Stoa），或謂斯多亞，義爲畫廊；故亦譯爲畫廊派。斯多噶派重實行，克己禁欲。後傳至羅馬，影響於其國之政治與社會精神者甚大。

❸馬爾薩斯(Thomas Robert Malthus, 1766-1834)

英國的經濟學家，早期從事牧師工作。1805 年任教東印度學院，講授近代史及經濟學。1833 年獲選爲法國道德及政治科學學會會員及德國帝室學會會員，1834 年發起皇家統計學會。著有《人口論》(*An Essay on the Principle of Population*)、《政治經濟學》(*Principle of Political Economy*)。

中山先生則認爲在中國不然，乃在民族主義中倡人口壓迫說。

㈡與中山先生民權思想有關者：內含：⑴自由主義，⑵三權分立說，⑶全民政治等。

⑴自由主義　彌勒(John Stuart Mill 亦譯彌兒或穆勒)❹曾著《自由論》，其所下自由的定義，曾爲中山先生所引用。洛克❺提倡個人自由，保護個人利益，重視人民權利。與中山先生提倡民權主義亦有關係。

⑵三權分立說　洛克的《政府論》兩篇，已有分權原則的創立，至孟德斯鳩著《法意》一書，更確定了立法、行政、司法三分權立的政治制度。中山先生則據此三權分立之原則，而進一步主張五權分立。

⑶天賦人權說　盧梭❻著《民約論》，提倡天賦人權與天賦平等，反對君主專制，提倡民主主義。中山先生雖反對其天賦人權說，却接受了其民主思想。

⑷「全民政治」　威爾確斯(Wilcox)❼著《全民政治》，提倡直接民權，這與中山先生提倡「全民政治」有直接關係。

⑸三權分立說的補救學說　孟德斯鳩所倡的「三權分立」說，有許多學者認爲要加以補救。例如美國學者巴直(Burgess)❽著《自由與政府》，讚賞中國的彈劾權是自由與政府中間的一種最良善的調和

❹彌勒(John Stuart Mill, 1806-1873)

英國哲學家、經濟學家，父詹姆斯彌勒(James Mill)爲名經濟學者。幼承父教，三歲始，即習希臘語，思想受父執友輩邊沁、李嘉圖、聖西門、孔德等大師影響至鉅。十六歲開始寫作，並與友人發起「功利主義者協會」。1826 年始漸脫邊沁主義窠臼。1843 年出版《論理學體系》(*System of Logic*)。1848 年出版《政治經濟學原理》(*Principles of Political Economic*)。1854 年出版《自由論》(*On Liberty*)。1865 年當選國會議員，倡擴大選舉權與婦女解放。1867 年任聖安德諾斯(St. Andrews)大學校長。1873 年逝世。其他著作有《婦女之屈服》(*Subjection of Women*)、《功利主義》(*Utilitarianism*)等。

❺洛克(John, Locke, 1632-1704)

英國哲學家。曾就讀於威斯敏斯特學校和牛津大學，學習期間對傳統課程不感興趣，而被經驗科學和醫學所吸引。1663-1664 年曾撰寫《自然法則論文集》(*Low of Nature*, 未出版)，研究了道德、社會和政治生活的根本原則，然而他最感興趣的還是經驗科學。早在 1668 年就加入皇家學會，因而了解科學的進展。與牛頓是好朋友。畢生致力於其經驗哲學理論，著有《政府論兩篇》(*Two Treaties on Government*)、《人類理解論》(*An Assay Concerning Human Understanding*)、《論教育》(*Some Thoughts Concerning Education*)、《基督教的合理性》(*The Reasonableness of Christianity*)。

❻盧梭(Jean Jacques Rousseau, 1712-1778)

法國的哲學家與作家，出生於日內瓦。1728 年起流浪各地，歷任音樂教師、律師、書記、大使秘書，亦曾寫詩、作曲、寫小說，曾與伏爾太(Voltaire)相交，其思想亦受其影響。1750 年以〈論藝術與科學〉一文，獲徵文首獎，一舉成名。1762 年所著《愛彌兒》、《民約論》相繼出版，震驚思想界。晚年貧困，病逝巴黎。著作尚有《政治經濟論》、《懺悔錄》等。

方法。喜斯羅(Cecil)❾著《自由》一書，主張在三權之外，加一彈劾權，成爲四權並立。以及美國學者丁韙良(William Alexandar Parsons Martin)❿主張用考試方法，以防選舉的流弊。以上三人，對於中山先生提倡五權憲法，亦均有相當的啓示。

㈢與中山先生民生思想有關者：內有：⑴社會主義・⑵自然科學思想，⑶土地單一稅等。

⑴社會主義　中山先生在民生主義第一講中說：「民生主義就是社會主義。」在民生主義第二講中又說：「民生主義究竟是什麼東西呢？民生主義就是社會主義。」可見中山先生的民生主義與西方社會主義的關係是很密切的。例如：聖西門、巴枯寗等倡社會主義，中山先生則以民生主義代替社會主義。英國韋伯夫婦⓫等組織費邊社，推行溫和的社會主義(費邊主義)，中山先生的民生主義，大致與費邊主義同其趨向。吾人如詳細研究中山先生的〈社會主義之派別及批評〉一文，更可瞭解民生主義多淵源於西方的社會主義思想。

⑵自然科學思想　中山先生幼年出國，長期接受科學教育，故對科學的體認甚深，其〈上李鴻章書〉的開頭就說：「文……幼嘗遊學外洋，於泰西之語言文字、政治禮俗，與夫天算輿地之學，格物化學

❼威爾確斯(Delos F. Wilcox, 1873-1928)

美國政治學者，對城市問題甚有研究。1906 年出版《美國城市》、1910 年出版《美洲的大城市》、1911 年出版《城市的法國人》、1912 年出版《全民政治》，此書經廖仲愷譯成中文，分期刊載於民國八年的《建設雜誌》。

❽巴直(John W. Burgess, 1844-1931)

美國政法學者。1876 年應聘哥倫比亞學院授政治學及憲法。1880 年於校內創設政治研究院，爲美國第一個研究學院，此舉促該校升格爲大學。1890 年任政治研究學院院長，以迄退休。著有《自由與政府》、《改造與憲法》。

❾喜斯羅(Lord Hugh Richard Heathcote Cecil, 1869-1956)

英國政治學者，爲薩里斯培侯爵之第五子。1895-1906 年，任格林威治區保守黨國會議員，1910-1936 年任牛津大學之保守黨國會議員，與邱吉爾等結合成下院保守黨中年輕而富獨立性之集團領導者。1915 年加入皇家飛行團爲團員。1936 年任伊頓學院監督。主張四權分立。著有《自由與權威》等書。

❿丁韙良(William Alexander Parsons Martin, 1827-1916)

美國長老教會傳教士。1850 年來中國傳教，熟悉中國方言與官話。1858 年隨美國大使至天津，並續任天津條約譯員，1862 年翻譯「國際法要旨」，爲使國際法傳入中國之第一人。1865 年，受任北京同文館教習，1869 升任總教習，並向清廷講解電報之益，因設置之。1898 年獲賞三品頂戴。1898 年任京師大學堂西總教習。1902 年任兩湖大學堂總教習，1916 年病逝北京。譯著有《格致入門》、《同文津梁》、《西學考略》等。

⓫韋伯(Sidney James Webb, 1859-1974)

英國經濟學家、社會學家、政治家。1885 年爲費邊社(Fabian Society)的創始人之一。1912 年至 1927 年於倫敦大學任教經濟學。著作有《社會主義者的論據》(*Society's tract Facts for Socialists,* 1887)、

之理，皆略有所窺。」可見他早就與實證科學接觸了。蔣中正先生說：「民生主義的本質爲科學。」亦可見民生主義與實證科學的關係。

(3)土地單一稅　美國亨利佐治(Henry George 或譯卓爾基亨利，亨利喬治)⓬著《進步與貧困》，主張土地單一稅，認爲土地應爲社會所公有，中山先生因之而倡土地國有與平均地權。

(4)國家社會主義　俾斯麥⓭推行國家社會主義，一面實施大企業國營，一面注重勞工福利，以防止資本主義之弊害，故向爲中山先生所推崇。例如他在「民生主義與國家社會主義」演講中便說：「德國俾斯麥反對社會主義，提倡國家社會主義，……此兄弟提倡國家社會主義之微意也。」由此可見中山先生提倡國營實業的主張，實與俾斯麥的國家社會主義有關。

又李士特(Friedrich List 1789-1846)⓮主張以國家的基礎，建設鐵路與運河與中山先生的實業計畫，用國家力量發展實業主旨相同。

(5)土地增值稅　約翰彌勒(John Stuart Mill, 1808-1873)主張對全國土地一律加以估價，對其現值予以免稅，將來增值，則收增值稅，地主反對則照價收買，此與中山先生的「平均地權」關係甚密。

《社會主義在英國》(*Socialism in England*,)。

韋伯夫人(Beatrice, nee Potter, 1858-1943)

英國經濟學、社會學家。1909 年提出福利國家的主張，贊成濟貧法(poor law)，1919 年提議煤礦國家化，其著作有《英國的合作運動》(*The Co-operative Movement in Great Britain*, 1891)、《工廠法》(Factory Acts, 1901)以及《我的學徒生涯》(*My Apprenticeship*, 1926)

⓬亨利・佐治(Henry George, 1839-1897)

美國經濟學家。喜閱讀寫作，曾任水手、印刷工、推銷員等。後於舊金山淘金致富，創辦日報，一生從事新聞事業，並曾赴英格蘭、愛爾蘭等地考察土地改革。1879 年著《進步與貧困》(*Progress and Poverty*)一書，主張單一稅制、土地國有化。其他著作有《社會問題》(*Social Problem*)、《政治經濟科學》(*The Science of Political Economy*)等。

⓭俾斯麥(Karl Otto Von Bismarck, 1815-1898)

德國政治家。早年習法律，任律師。1847 年應普魯士國王威廉四世召，任聯合議會議員，次年，革命爆發，率領地主農人入柏林勤王。後歷任普魯士下院議員、駐俄大使等，1862 年，出使法國，旋奉威廉一世召回國，出任首相。以強硬手段任事，先後與丹、奧、法戰爭獲勝，統一日耳曼，締造德意志帝國。1871 年任帝國首任首相，爲孤立法國，曾訂下德、奧同盟、三國同盟、德俄再保條約等。於內政則採行國家社會主義，主張大實業國有，重視勞工福利、反對暴力革命。1890 年，因與威廉二世意見相左，去職。一生聲威顯赫，功業彪炳，有「鐵血宰相」之稱，著有《回憶錄》。

⓮李士特(George Friedrich List, 1789-1864)

美國經濟學家，出生於德國，是德國工業協會的創始者及秘書，該協會以反對德國各邦間的關稅壁壘爲宗旨。1824 年被控具煽動之言論而入獄，1825 年到美此外，第一次世界大戰時，各國實施運輸交通收歸公有；英國首創合作社與配給制；歐美各國實行累進直接稅與安全制度等等；澳洲等地實施土地改革。以上各項，都與民生主義的實施辦法有關。

㈣與中山先生哲學思想有關者：內中包括：⑴進化論，⑵社會史觀，⑶生元有知說，⑷博愛主義，⑸星雲假說等

⑴進化論　十九世紀後半期，達爾文氏⑮著《物種源始》一書，提倡進化論，中山先生也主張進化論，這只須看《孫文學說》第四章便可瞭然。不過中山先生對於達爾文的進化論，仍然有選擇的吸收。克魯泡特金較達爾文小三十三歲，其所著《互助論》，頗受中山先生贊揚。例如在談到人類進化原則時，中山先生提出「互助」；在談到以實業計畫解決世界三大問題時，又說：「後達爾文而起之哲學家所發明人類進化之主動力在於互助，不在於競爭。」（見《實業計畫》結論）可見中山先生對克氏的互助論是有所參考的。

⑵社會史觀　威廉氏⑯曾著《社會史觀》，批判唯物史觀。威廉認為物質不是歷史的重心，社會問題才是歷史的重心。中山先生吸收其理論，在民生主義中批評馬克斯主義。雖然中山先生民生史觀的思想形成於威廉的社會史觀發表之前，但民生史觀思想體系的完成，則顯與社會史觀有

國。成為擁護關稅保護政策的領導者。1831-1845年間被美國派駐於巴登(Baden)、來比錫(Leipzig)、司徒加(Stuttgart)等德國大都市。著有《美國政治經濟學大綱》(*Outlines of American Political Economy*)、《政治經濟學的國家體系》(*National System of Political Economy*)。

⑮達爾文(Charles Robert Darwin, 1809-1882)

英國生物學家，早期學醫，然非其所好。1827年改入劍橋大學習神學，得神學家暨植物學者亨魯斯啓示與鼓勵，研究自然興趣益濃。1831年，乘小獵犬號軍艦赴南太平洋諸島，從事科學觀察，因奠進化論之基。1836年，始整理調查報告，潛心著述。1838年讀馬爾薩斯《人口論》一書，對物種進化方式豁然開朗。1859年，所著《物種源始》(*The Origion of Species, By Means of Natural Selection*)出版，倡生存競爭優勝劣敗之說。

⑯威廉(*Maurice William*, 1881-1973)

俄國人，後入美國籍，十六歲即醉心社會革命，入社會勞工黨。一次大戰時，親睹德法社會主義者均傾歸祖國及俄國發生革命，感馬克斯所謂「物質為歷史重心」謬誤，1919年著《社會史觀》(*The Social Interpretation of History*)一書，闡明人類求生存才是社會進化的定律，歷史的重心。1937年任國民黨美東支部國際宣傳股股長。珍珠港事變後，曾在紐約寓所成立「中山學社」，以闡揚三民主義，促進中美友好為宗旨，1950年曾應邀來臺，受到朝野熱烈歡迎。

關。

⑶生元有知說　《孫文學說》中所講的生元論，以法國圭哇里⑰學說爲依據。中山先生認爲自圭哇里發明生元有知說之後，哲學方面、心理學方面、進化論方面都大有進步。

⑷博愛主義　中山先生提倡博愛，是受了基督教義的影響，又自稱他所提倡的博愛主義與西洋社會主義有關。

⑸星雲假說　康德⑱發明星雲假說，中山先生在民權主義中引之以論地球的進化。如說：「照進化哲學的道理講，地球本來是氣體，和太陽是一體的。始初太陽和氣體都是在空中成一團星雲。」。

三、有關自己的獨見與創獲者

這裡要先說明的是，所謂創見或獨見與創獲，乃含有對各種學說思想之推陳出新而言，或融會貫通之後另有新見而言，不是就「無中生有」或空穴來風而言。知此而後可以談中山先生的獨見與創獲。

㈠有關民族思想者：⑴民族主義基礎說，⑵新八德說，⑶人口壓迫論，⑷次殖民地等。

⑴以民族主義作世界主義的基礎　中山先生認爲世界主義必須以民族主義做基礎，才不致流於空泛，或流於變相的帝國主義、變相的侵略主義。爲了說明這個道理，中山先生還在民族主義第四講裡舉出一個呂宋苦力買彩票的故事，他比喻彩票是世界主義，竹槓是民旅主義，苦力中了頭彩，就丟掉謀生的竹槓，好比我們被世界主義所誘惑，便要丟去民族主義一樣。

⑵新八德說　忠孝仁愛信義和平雖爲固有道德，但將此八個德目聯合起來，稱爲八德，乃中山先生的特見。就舊八德（孝悌忠信禮義廉耻）言，這可稱爲新八德。

⑰圭哇里（Alexis Carrel, 1873-1944）

法國的外科醫生、生物學家。初於里昂大學任醫師，1905年赴美。次年任職於紐約洛克斐勒醫院研究所。1909年，任該所所長，發現生物細胞培養法。1912年，以血管縫合術及臟器移植法獲諾貝爾獎金。著有《人：未知者》（*Man, the Unknow*）、《器官的文化》（*The Culture of Organs*）。

⑱康德（Immanuel Kant, 1724-1804）

德國哲學家，啓蒙運動最重要的思想家之一，其思想融合了笛卡兒的理性主義與由培根開創的經驗主義。1740年入柯尼斯堡大學。從1746年起任家庭教師九年。1755年完成大學學業，取得講師資格，任講師十五年。年四十六被舉爲正教授，其所擔任課程包括了物理學和數學、邏輯學、形而上學、道德哲學、人類學等。終其身僅一遊但澤；未嘗離德國。起居有定律、治學極深邃。著作甚多，最重要者有《純粹理性批判》（*Kritik der Reinen Vernunft*）、《實踐理性批判》（*Kritik der Parktischen Vernunft*）、《賞鑑批判》（*Kritik der Urteilskraft*）等。

⑶濟弱扶傾說　中山先生的特見是被外人壓迫時，要反抗侵略，打倒帝國主義；恢復民族地位之後，不侵略他人，不作帝國主義。相反的，要「濟弱扶傾」，這「濟弱扶傾」四字，雖可找出淵源，但仍可列爲創見。

⑷人口壓迫說　中山先生曾對劉成禺先生說：「政治壓迫與經濟壓迫，他人或已談到，人口壓迫爲我的特見。」他在民族主義第一講中，便提出「人口壓迫」的問題，謂近百年來，列強人口成倍數增加，而我國人口則一直沒有增加，如此下去，則百年後，中國民族將變成少數民族，會有亡國滅種之憂。

⑸次殖民地說　「殖民地」是一通行的名詞，但「次殖民地」這個名詞乃爲中山先生所倡。

㈡有關民權思想者：⑴革命民權，⑵權能區分，⑶五權憲法，⑷均權制度，⑸眞平等說等。

⑴革命民權　中山先生一面批評盧梭的天賦人權說沒有歷史事實做根據，一面提出「革命民權」的理論，認爲民權是時勢和潮流所造就出來的，是經過革命後才能獲得的，所以決不輕授此權於反對民國之人，使得藉以破壞民國。

⑵權能區分　中山先生在民權主義第五講中指出歐美的學者對於「如何改變人民對政府的態度」沒有解決的辦法，因此，他便提出「權能區分」的主張，將政權（權）交給人民，將治權（能）交給政府，如此便可做到「人民有權」「政府有能」。

⑶五權憲法　中山先生認爲歐美的三權憲法還是很不完備，乃創五權憲法，以歐美的行政權、立法權、司法權加上中國的考試權和監察權，連成一個完整的五權憲法制度。

⑷均權制度　中山先生鑒於中外歷史上中央集權與地方分權，各有弊端，且又針對我國幅員廣大，各地情勢不同，爲期中央與地方之間的關係，調節得宜，乃倡均權制度。

⑸眞平等說　中山先生不主張形式化的「假平等」，而提倡「以服務爲目的」的「眞平等」，也就是說人人應有平等的發展機會。能如此，則人類雖有天生聰明才智的不平等，但由於其服務的道德心發達，必可使之平等，這才是眞平等。

㈢有關民生思想者：⑴平均地權，⑵耕者有其田，⑶節制資本，⑷實業計畫，⑸社會價值論等。

⑴平均地權　中山先生根據中國社會實際情形，參考社會主義諸家學說，而創立平均地權的理論（包含耕者有其田及土地國有），其辦法如「地主自報地價」、「照價納稅」、「照價收買」與「漲價歸公」等，均係中山先生融貫西洋各家學說之精華而提出的。

⑵實行耕者有其田　運用和平方法，將地主土地轉移爲耕者所有，這是中山先生的創見。

⑶節制資本　中山先生爲了防止歐美資本家所產生的流弊，乃倡節制私人資本，以防止資本過度集中，而造成資本家壟斷國計民生的現象。這在中國是思患預防之計。

⑷實業計畫　中山先生於民國八年著《實業計畫》，以爲發達國家資本的具體實施。另名《國際共同開發中國實業書》，希望西方以第一次大戰後之機器與人才援華。就「援外」與「援華」言，較馬歇爾計畫⑲與杜魯門計畫⑳都早，可惜當時西方沒有人了解這個偉大的意義。

⑸社會價值論　中山先生因反駁馬克思的剩餘價值論，而創立社會價值論。認爲產品的剩餘價值，不僅是決

⑲馬歇爾計畫（Marshall Plan）
二次世界大戰後，美國爲援助歐洲各國的經濟復興，由國務卿馬歇爾於 1947 年六月五日在哈佛大學發表演說，故名。1948 年 4 月 3 日美國國會通過的援外法案，就是這個計畫的法律形式。主要內容：美國撥款援助西歐各國作爲復興戰後經濟之用，並聲明此計畫須由歐洲國家主動提出，美國的任務爲協助制定，以及量力支持其實施。

⑳杜魯門計畫（Truman Doctrine）
西元 1947 年三月十二日，美國總統杜魯門向國會所提出的「援助希臘和土耳其的經濟和軍事計畫」，世稱「杜魯門計畫」，又稱「杜魯門主義」。

定於勞動者的剩餘價值，且亦決定於社會，是社會每一份子共同努力的結果。此外，錢幣革命，亦爲中山先生劃時代的特見。

㈣有關哲學思想者：⑴心物合一論，⑵民生史觀，⑶知難行易說，⑷社會互助論，⑸革命人生觀。

⑴心物合一論　中山先生對於心物問題的看法既不偏於唯心，也不偏於唯物，而主張心物二者本合爲一，不可分離。這種主張後經蔣中正先生定名爲心物合一論。

⑵民生史觀　中山先生在民生主義第一講中，從批判唯物史觀的錯誤而倡出一種民生史觀的見解，認爲人類求生存(民生)，才是社會進化的原因。也就是說，民生才是歷史的重心。

⑶知難行易說　中山先生爲了破除國人心理上的大敵——「知之匪艱，行之惟艱」說，並鼓勵國人實踐力行，乃創「知難行易」學說。這是中山先生在哲學思想上一大專著。

⑷人類互助的進化論（或稱社會互助論）　達爾文提倡生存競爭論，克魯泡特金提倡生存互助論，中山先生說：「物種進化以競爭爲原則，人類進化則以互助爲原則。」這可稱爲社會互助論。與民生主義中的經濟利益調和說，是異名同義的。

⑸革命的人生觀　蔣中正先生把中山先生「以吾人數十年必死之生命，立國家億萬年不朽之根基」這一段話(詳〈軍人精神教育〉)，名之爲革命的人生觀。

第二節　中山思想的理論體系

民國二十八年五月七日，蔣中正先生在重慶中央訓練團黨政班講「三民主義之體系及其實行程序」，把三民主義的原理和內容，以及實現主義所必需的革命方略，乃至達成最終目的所必經的國民革命程序，講解得極為詳細。並擬定一個「三民主義之體系及其實行程序表」(見附圖)，提綱挈領的表明了中山思想的理論體系。　這一張表大體上分為六部分：(一)是三民主義的原理——就是中山先生思想的出發點，亦就是三民主義的哲學基礎；(二)是主義實行的本身；(三)是革命的原動力；(四)是革命的方略；(五)是革命實行的程序；(六)最後的目的——就是三民主義的實現與國民革命的完成。以下我們就以本表為張本，而根據蔣中正先生的講詞來逐次說明中山思想理論體系的大要。

第一、這張表的最上端標示出三民主義的原理（或哲學基礎)是「民生哲學」。著者按一般哲學原包括宇宙哲學、人生哲學（倫理哲學)、歷史哲學（社會哲學)、政治哲學、認識哲學（方法論）等等，但這裡所講的民生哲學，則以歷史哲學為範圍而以「民生為歷史的中心」為主要見解。

蔣中正先生認為我們要明瞭，中山先生的基本思想，是淵源於中國正統的政治思想和倫理思想。中山先生既確定了「民生為歷史的中心」，便根據這個思想指出我國固有的「天下為公」思想為改造社會的基本法則，與實行革命的最高理想。因為人類生存最大的保障，是全體的生存，不在部份的或個人的發展。中山先生繼承了中國固有的正統思想，認定利他是革命的本務，仁愛是救世的基石，利他和仁愛的極則，無過於天下為公。這張表上「民生哲學」下面這個「公」字。就是天下為公的「公」字。《禮記‧禮運篇》所描述的大同世界，就是天下為公的大同世界，也是中山先生創造三民主義的終極理想。所以，三民主義是以我國固有的「天下為公」的倫理思想與政治思想做基礎

三民主義之體系及其實行程序表

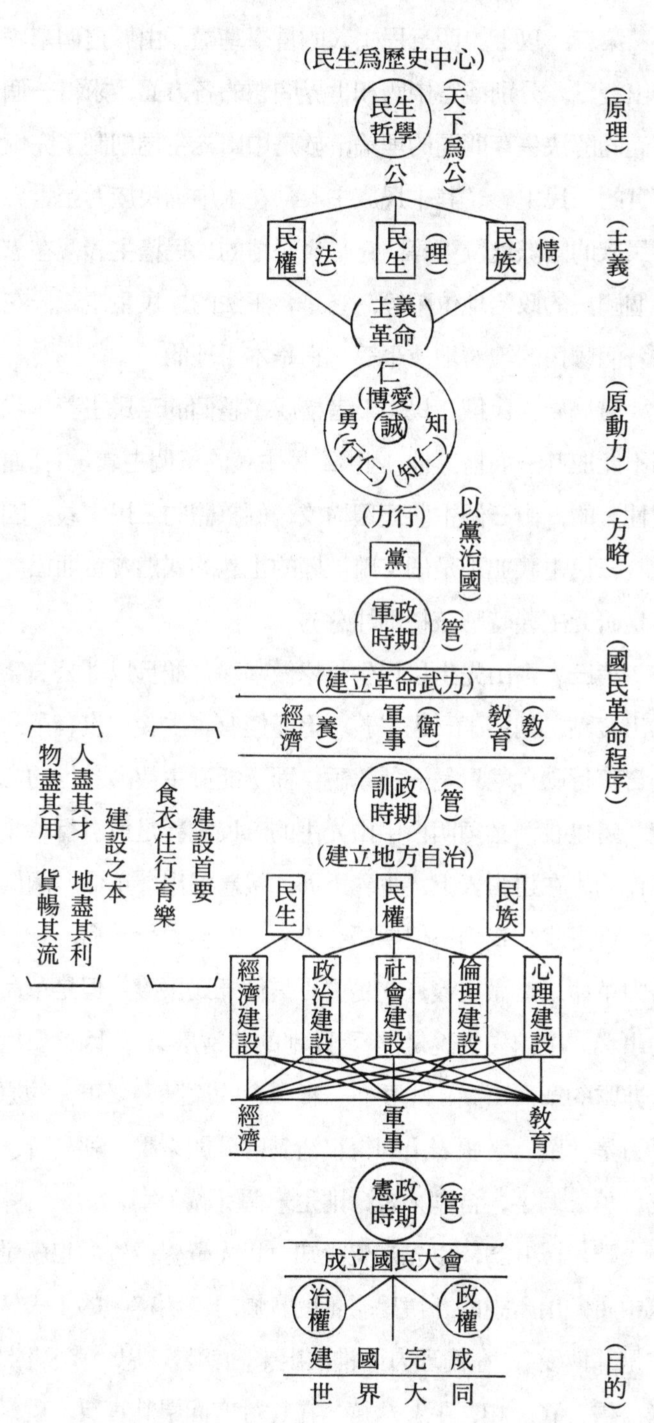

的。

第二、以上說明三民主義的哲學基礎，由於這個基礎作出發點，分別觀察中國和世界問題的各方面，求得一個圓滿的解決生存問題的理論，於是中山先生遂創制了完備切實的三民主義。其中民族主義，在求中國民族乃至世界各民族的國際地位平等，它是發乎情的；民權主義，在求各個國民的政治地位平等，它是合乎法的；民生主義，在求各個國民的經濟地位平等，它是本乎理的。

這民族、民權、民生三者構成了整個的三民主義，我們不能取其一而捨其他，因爲三民主義的三個主義是有「連環性」的，由三個主義連環構成一個整體的三民主義，因此，三民主義並不是個支離破碎的主義的偶然會合而已。這是研究主義時應該特別注意的。

第三、中山先生以民生哲學做基礎，並且以「公」字爲出發點，創造了三民主義。但僅僅有了主義，沒有革命的實際行動，就只是一種學說，而不能發生救國救世的力量，所以我們必須明白中山先生的三民主義是爲實行革命而作的。在這張表上，主義下面，接着提出「革命」兩個字，就是說：我們不但要研究主義，還要力行革命，唯有努力革命以貫澈主義，才是眞正信仰三民主義。但是革命的事業，中山先生說是「驚天動地的非常事業」，因此要擔負非常的革命事業，先要有一種革命的原動力。革命的原動力是什麼，這張表上列得很清楚，分開來說：就是智、仁、勇三個字；合攏來說：則是一個「誠」字。

智是「知仁」，以先知覺後知，以先覺覺後覺，也就是〈中庸〉上所說的「博學、審問、愼思、明辨」的工夫。仁是「博愛」，在倫理方面推演出來，就是「忠、孝、仁、愛、信、義、和、平」八德；在實行方面擧其實質，就是

「天下爲公」的三民主義。勇是「篤行」，就是勇於「行仁」，不懼橫暴。所以說「智者不惑，仁者不憂，勇者不懼」。這智、仁、勇三達德，是革命精神之所由發生，亦革命事業之所由成就；而歸結其總的原動力，則是〈中庸〉上說的「所以行之者一也」的「誠」字。

本來「誠」之一字，有幾種含義：所謂「誠則明矣」，就是說無誠不智，所謂「成己成物」，就是說誠通於仁；所謂「至誠無息」就是唯誠乃勇。至於整個的「誠」字的意義，則是「擇善固執，貫澈始終」的意思。因爲惟有誠乃能盡己之性，盡人之性，盡物之性；唯有誠乃爲物之始終，乃能一往直前，貫澈到底；唯有誠乃能創造，能奮鬥，能犧牲。一切革命先烈之決心成仁，純然是出乎一片至誠，所以說誠是革命的原動力。

有了這個誠字，和智、仁、勇三個字做革命的原動力，還要能夠「力行」。關於「力行」的道理，中山先生講得很多，例如《孫文學說》的創作，其主要用意就是在闡明「知難行易」的道理，並啓示我們革命要「力行」。蔣中正先生更根據中山先生遺教，發表了一篇〈行的道理〉，認爲我們革命不患其不成，只患其不能力行。而行的目的，就是在行仁，也就是在實行三民主義。

第四、明瞭了革命原動力的內容和力行的意義以後，我們就要問「力行」從那裏開始着手？蔣中正先生認爲依據革命的方略，就要有一個「黨」，中山先生創導革命，便以組黨爲入手。因爲「黨」是團結同志，實行革命的總機關，一切革命力量，革命行動，都需要從這個機關裏放射出來。在革命建國時期當中，障礙亟待掃除，民衆尙待喚起；國民既不能全體參加革命救國的事業，而他們的利益不能不有以保障，他們的幸福不能不爲之顧全，乃至整個國家民族的安危不能不有所策畫,所以一切要由黨來負責,所謂「以黨治國」、「以黨建國」,其意義即是以黨來管理一切,由黨來負起責任。黨並不是爲黨員利益而存在,乃是爲國民利益而存在,爲實行革命而存在㉑,所以要完成革命,不可不鞏固黨的基礎,充實黨的力量。

第五、明白了以上各節後,我們就要切實認識什麼是實行國民革命的程序。中山先生把建國的程序分爲三個時期:

㈠建國第一時期,即軍政時期,要行軍法之治。其最基本的工作,是建立革命武力,以掃蕩革命的一切障礙。這裏所謂的武力,實包括軍事(衞)、教育(教)和經濟(養)三者。

㈡建國第二時期,即訓政時期,要行約法之治。其主要工作,是開始實行地方自治,依照民族主義、民權主義與民生主義之需要,推行心理、倫理、社會、政治、經濟等五種建設。這五種建設就是建立地方自治的中心工作。但同時仍是以教育、經濟、軍事三者爲基礎,緊接着軍政時期革命武力的建設,來促成現代化國家的實現。而且,這五種建設是彼此相互關聯,互爲因果的。

㈢建國第三時期,即憲政時期,要行憲法之治。訓政工作完畢之後,要制定憲法,成立國民大會選舉政府,實施政黨政治,開放多黨選舉,並完全依照五權憲法與建國大綱的規定,使政權爲全國人民所共有,治權爲政府五院所分有,試行五院之治,建國大功於焉告成㉒。

第六、我們若能遵照中山先生所訂的革命建國程序,逐步實施,則必能達到三民主義「以建民國」的初步目標。然後,再聯合世界上以平等待我之民族,共同奮鬥,則終必亦能達成三民主義「以進大同」的最高目的,實現「世

㉑許多西方學者認爲,中山先生強調「以黨建國」、「以黨治國」的「黨一國」觀,是受到蘇聯的列寧主義(Leninism)的「黨一國」(party-state)霸權觀的影響。但是這種看法卻忽略了中山先生在建國三程序中,強調要經過軍政、訓政階段而走上憲政階段,也即是在以黨建國、以黨治國的鞏固階段後,必須開放政權,實施憲政民主,走向政黨政治。因此,中山先生的「建國三程序」,自始便與蘇共式的列寧主義,完全不同。因爲後者是根本反對西方式的民主政治與議會政治的,而中山先生則在肯定西方的三權制衡制度之餘,也考慮到三權制度的缺憾,而增加考試與監察二權,以爲補充。另外中山先生也考慮到民主制度絕不是一蹴可幾,必須配合政治文化與國民教育,因此設計出軍政、訓政、憲政此三階段,以漸進的步驟,期望透過訓政程序,開啓民智,啓發人民參政觀念,逐步實施民主,最後才能落實憲政民主,走向和平理性的政黨政治。證諸第二次世界大戰以來民主政治在全球的發展,至今只有二十一個國家持續實施民主,其餘大多數的亞、非、拉丁美洲國家,則因民智未開、黨爭頻仍,或憲政共識未立,而始終未能建立穩定之民主。由此益可見中山先生當年的睿智與先見之明。關於列寧主義的檢討,參見:A.G. Meyer, *Leninism* (Cambridge, Mass., Harvard University Press, 1957); David Lane, *Leninism* (Cambridge: Cambridge University Press, 1981)及 Neil Harding *Lenin's Political Thought*, Vol. 1&2 (New

界大同」的最高理想。

總之，蔣中正先生認爲整個中山先生思想是以「民生哲學」爲其基本原理，以基於「公」的民族主義、民權主義和民生主義爲其主義，而實行主義（革命）的原動力在於以「誠」爲中心的智、仁、勇三達德，至於革命的方略便是力行、組黨。最後，經由國民革命的軍政、訓政、憲政三個程序，達到「以建民國」、「以進大同」的最後目的。這便是中山思想的理論體系。

第三節　中山思想內容概要（重要著述）

中山思想的內容，廣義來說，應該包括中山先生一生所著之《三民主義》、《五權憲法》、《革命方略》，乃至其所發布之宣言、文告、規約、專著、函電、談話、雜著等等，但其中最重要而具代表性的，厥爲《三民主義十六講》、〈上李鴻章書〉、《孫文學說》、《實業計畫》、《民權初步》、《建國大綱》、〈軍人精神教育〉及〈地方自治開始實行法〉等，而蔣中正先生的〈民生主義育樂兩篇補述〉則爲三民主義的補篇，故亦應一併列入中山思想的補充討論範圍之內。

㈠三民主義十六講（或稱演講本三民主義）——民國十三年，中山先生在廣州廣東高等師範學校演講三民主義，自是年一月廿七日至八月廿四日止，每週講一次，計已講民族主義六講、民權主義六講、民生主義四講，此三民主義十六講即爲中山思想之最重要內容。現略述其大要於後。

民族主義共六講，第一講首先解釋主義、三民主義、民族主義的意義，其次說明民族的構成因素、民族與國家的區別，接着便以列強爲例，說明中國人口沒有增加，而列強人口却迅速增加，這實在是中國民族的危機。第二講

York: St. Martin's Press, 1977)。

㉒關於政權（權）與治權（能）兩者的分野，過去有許多批評者質疑其爲七、八十年前的分法，不見得再適用於今天的時代。但是若從當代政治學的角度分析，「政權」實指人民之「權利」(right)，即選舉(election)、罷免(recall)、創制(initiative)與複決(referendum)，其中後三者尤爲當代實施直接民主(direct democracy)之主要內涵。至於「治權」，則實指廣義之政府「權力」(power)，即行政(executive)、立法(legislative)、司法(justice)、考試(examination)與監察(control)。其中考試權與西方之文官(civil service)考選相類，監察權則與北歐、西歐的監察長(ombudsman)制相似。唯應注意者，此處所指之政權、治權，均係專有名詞，與通俗用語「政權」(regime)或「政體」(polity)指涉不同。而「治權」亦非狹義之管轄權，而係包括整個國家(state)機構之權力行使。關於直接民主與罷免、創制、複決等權的關係，參見：Thomas, E. Cronin, *Direct Democracy: The Politics of Initiative, Referendum and Recall* (Cambridge, Mass., Harvard University Press, 1989)。

指出中國民族當時正受到列強天然力與人爲力的壓迫，也即受到列強政治力、經濟力和人口力的壓迫，並舉出具體事例和統計數字來證明這種壓迫的嚴重性。第三講指出民族主義是國家圖發達和種族圖生存的寶貝，並說明我國民族主義消失的原因，在於會黨被人利用，被異族征服（滿淸的統治）、受世界主義的影響等，繼而強調民族主義是世界主義的基礎，用彩票與竹槓的故事來比喩世界主義與民族主義的關係。第四講談到帝國主義，說明列強所鼓吹的世界主義㉓，專以欺騙弱小民族爲能事，所以它乃是變相的帝國主義，變相的侵略主義。最後並指出中國民族愛好和平，和平是中國民族的大道德，也是世界主義的眞精神。第五講指示了恢復民族主義的方法，其法有二：一曰能知，二曰合群；並談到抵抗外侮的方法。第六講提出恢復民族地位，要以恢復民族精神爲前提，其方法是：㈠恢復固有道德，㈡恢復固有智識，㈢恢復固有能力，㈣學習歐美長處。中山先生強調中國強盛之後，要對世界人類負一責任，那就是「濟弱扶傾」，在國際社會擔負起正義王道的角色。

民權主義也有六講，第一講首先解釋民權的定義、民權的作用、民權的演進等，並敍述歐美民權革命的經過，進而提出中國革命採行民權之理由在於：一爲順應世界潮流，二爲縮短國內戰爭。第二講說明歐洲革命爭自由的原因，是因爲受專制的痛苦太深，而中國人民一向有充分的自由，中國人民所受的痛苦亦只是間接的民生疾苦而已，所以中國革命不提倡爭自由（個人自由），而提倡爭取國家自由，實行三民主義。第三講講到平等的理論，中山先生認爲不平等可分爲自然的不平等與人爲的不平等，平等也可分爲眞平等與假平等，我們革命便是要消除人爲的不平等，而達到眞平等。其次，提到平等的精義，在使先知先

㉓世界主義，即 cosmopolitanism，強調天下一家，以謀求全人類之幸福爲其理想，反對偏狹之國家主義（statism）或軍國主義（militarism），並主張打破民族之界限，走向世界融合。但中山先生認爲，在強權鼓吹下的世界主義，往往變質而爲帝國主義（imperialism），亦即變成由強權國家以武力或經濟力侵略他國或弱小民族，並乘機擴張其領土或勢力範圍。一九七〇年代前後崛起於西方的依賴理論（dependency theory），即從帝國主義與殖民地之間的關係出發，討論未開發國家及開發中國家受到已開發國家種種剝削、控制的事實。但是由於依賴理論受到列寧主義及其他左派理論的影響，強調必須盡力擺脫西方已開發國家的經濟及政治宰制，有的依賴理論家並因而同情左翼革命。但中山先生卻強調應該在瞭悟中國的「次殖民地」命運之餘，掌握國家主權，並尋求西方的經濟支援，以協同開發中國的方案，即「實業計劃」，使中國及早走上自力自強、富強康莊之途。此又與依賴理論迥然不同。

覺，後知後覺與不知不覺三種人相調和，發揮服務的道德心，爲國家社會做最大的服務。最後說明歐美古代社會極不平等，故彼等革命要爭平等，中國革命則要實行三民主義，因爲三民主義能實行，才有眞正的平等與自由。第四講則敍述民權發展的歷史與趨勢，民權的發展，自英國清教徒革命後，歷經美國、法國等幾次革命而普及於全世界，成爲現代的世界潮流。但民權在其發展過程中，也曾遭到幾次挫折。至於民權發展的趨勢，則爲直接民權、全民政治㉔。第五講講權能區分，是中山先生在政治學理上的一大發明，他認爲西方民主國家中有一個矛盾，就是人民與政府的關係。人民希望政府有能，來爲人民辦事，但是又怕政府有能之後，變爲專制，壓迫人民，所以又往往對政府多所束縛。若長此下去，則人民與政府之關係，終無改善之一日，於是中山先生便提出了權能區分的方法，使政府具有充分的能，人民具有充分的權，如此，便可以解決上述的問題，並舉例證明權與能必須分開的道理。第六講繼續說明政權與治權的畫分，政權卽人民權，包括選擧權、罷免權、創制權與複決權，應屬之人民；治權卽政府權，包括行政權、立法權，司法權、考試權與監察權，應屬之政府，如此，則政府旣要有充分之「能」爲人民服務，而人民也有充分之「權」來管制政府，旣能實現萬能政府，亦不足以造成專制。

民生主義計有四講，第一講比較民生主義與社會主義，首先解釋民生就是人民的生活，社會的生存，國民的生計，群衆的生命便是。接着敍述社會問題的發生，社會主義的範圍，以及用民生主義代替社會主義的理由。比較了民生主義與社會主義的異同之後，中山先生更以相當多的篇幅來批評馬克斯主義。他認爲馬克斯主義的唯物史觀、階級

㉔直接民權與全民政治，直至二十世紀末，仍爲全球民權發展的主要趨勢之一。不過當代的直接民主實踐經驗除實施罷免、創制、複決與公民投票(plebiscite，即對重大政治問題，以投票方式決定之，複決則係針對某一法案投票之)，另包括社區(community)內的直接參與，以及產業內部的決策參與。後者有時另特稱之爲產業民主(industrial democracy)或經濟民主(economic democracy)。參見：Robert Dahl, *A Preface to Democratic Theory*, (University of Chicago Press, 1956), *A Preface to Economic Democracy*, (University of California Press, 1985)及*Democracy and Its Critics*(Yale University Press, 1989)。此三書均係美國耶魯大學政治系教授道爾所著。

鬥爭論、剩餘價值說等理論都是錯誤的，民生史觀、社會互助（經濟利益相調和）論、社會價值論等理論才是正確不移的眞理。第二講便提出了民生主義的辦法，最重要的卽平均地權與節制資本，實行平均地權的辦法爲地主自報地價，政府照價收稅或收買，漲價歸公。節制資本不但要消極的節制私人資本，更要積極的發達國家資本。最後說明了民生主義的目的，在於國家爲人民所共有，政治爲人民所共管，利益爲人民所共享，造成人人安樂的大同世界。第三講講吃飯問題，首先強調吃飯問題的重要性，其次便提出改良中國農業的方法，在土地制度方面要實施耕者有其田政策；在生產方法方面要注意並改良機器問題、肥料問題、換種問題、除害問題、製造問題、運輸問題及防災問題。第四講講穿衣問題，首先闡明衣服之進化與作用，其次談到衣服的原料如絲、蔴、棉、毛等的改良問題，再提及如何保護本國工業，最後，則認爲要解決民生問題，只有實行民生主義。

㈡上李鴻章陳救國大計書——民國紀元前十八年（清光緒二十年，西元一八九四年）中山先生針對當時的政治社會情勢，向在朝的李鴻章提出治國、強國之道，期借李氏之權位，將此治國強國之道付諸實現，以盡革淸廷之積弊，而致國家於富強之域。

在這篇文章中，中山先生提出了治國的四大綱領，卽：人能盡其才，地能盡其利，物能盡其用，貨能暢其流。這四大綱領不僅是當時謀國者所應注意之治國要項，亦爲今日政府所應追求之目標。

所謂人能盡其才者，在「教養有道，鼓勵以方，任使得法也。」「教養有道，則天無枉生之才；鼓勵以方，則野無鬱抑之士，任使得法，則朝無倖進之徒。斯三者不失其序，則人能盡其才矣。」

所謂地能盡其利者，在「農政有官，農務有學，耕耨有器也。」「農政有官，則百姓勤；農務有學，則樹畜精；耕耨有器，則人力省。此三者我國所當仿效以收其利也。」

所謂物能盡其用者，在「窮理日精，機器日巧，不作無益以害有益也。」「窮理日精，則物用呈，機器日巧，則成物多，不作無益，則物力節，是亦開源節流之一大端也。」

所謂貨暢其流者，在「關卡之無阻難，保商之有善法，多輪船鐵道之載運也。」「無關卡之阻難，則商賈願出於其市；有保商善法，則殷富亦樂於貿遷；多輪船鐵路之載運，則貨物之盤費輕，如此而貨有不暢其流乎？貨流既暢，財源自足矣。」

所以，中山先生在〈上李鴻章書〉中結論說：「夫人能盡其才，則百事興；地能盡其利，則民食足；物能盡其用，則材力豐；貨能暢其流，則財源裕」。故曰「此四者富強之大經，治國之大本也。」

㈢孫文學說──《孫文學說》起草於民國七年，完成於民國八年，全書共分八章。中山先生在本書中，曾從各方面說明「知難行易」之眞理。

第一章以飲食爲證，從飲食之品質，飲食之作用，飲食之消化以及糧食之生產、分配、防飢等問題，證明知難行易。

第二章以用錢爲證，從錢幣的定義、起源，錢幣、契券之作用各方面，證明世人只能用錢而不知錢之爲用，是亦知難行易之一證。

第三章以作文爲證，從文字之功用、起源上說明知難行易，並舉中國文人只能作文章，而不能知文理文法之學爲例，證明知難而行易。

第四章以七事為證，即從建屋、造船、築城、開河、電學、化學、進化七方面舉具體事實以證明知難而行易。

第五章「知行總論」，首先檢討王陽明知行合一學說。其次，中山先生認為中國積弱衰敗之原因，實「知之非艱，行之惟艱」之謬說有以致之。復次，更從心性方面，知行進化三時期，人群三系等，分別論證知難行易心理。在心性方面，中山先生舉孟子之說，(《孟子·盡心章》曰：「行之而不著焉，習矣而不察焉，終身由之而不知其道者，衆矣。」以證明「知難行易」在心性方面也可實行。在知行進化三時期方面，中山先生以為世界人類之進化，當分為三時期：第一期由草昧進文明，為不知而行之時期；第二期由文明再進文明，為行而後知之時期；第三期為科學發明以後，為知而後行之時期。在人群三系方面，中山先生以為人類可分三系：其一為先知先覺者，為創造發明；其二為後知後覺者，為倣效推行；其三為不知不覺者，為竭力樂成。若有先知先覺者之創造發明，而無後知後覺者之倣效推行與不知不覺者之竭力樂成，則一切事物皆無由成也。

第六章「能知必能行」，闡明革命建設之不行，乃誤於黨人以為知易行難所致，並舉例說明訓政工作與宣誓典禮之必要，然黨人却皆不知之，亦可見知難行易道理的正確。

第七章「不知亦能行」，謂「不知而行」乃人類進化必要之門徑，中國若能本「不知亦能行」之精神而致力於「行」，則必能一躍而致於隆盛。

第八章「有志竟成」，則舉十次革命經過，以證明知難而行易。

㈣實業計畫——《實業計畫》一書又名《國際共同開發中國實業計畫書》。原為英文，民國九年譯成中文，分期發表於《建設雜誌》，民國十年成書。在此《實業計畫》書中，中山先生指出我國爲世界大國，資源豐富，但多未開發，故主張歡迎外人到中國投資，實行國際合作，開發富源。

實業計畫共分六大計畫，依照其總綱規定，中心工作共有下列十項（或稱十大綱領或稱十大目標）：㈠開發交通，擬修鐵路十萬英里，碎石路一百萬英里。修濬新舊運河，疏導長江黃河及其他河流湖泊，以利交通，而興水利。增設電報電話線路，構成郵電網。㈡開闢商港，在沿海北中南部各建設一大洋港口及其他漁港商港。㈢在鐵路中心及終點並商港地，設新式市街，各具公用設備。㈣水電的發達。㈤設冶鐵製鋼並造士敏土（水泥）之大工廠，以供上列各項之需。㈥發展礦業。㈦發展農業。㈧興辦蒙古新疆的水利，以便灌溉。㈨於中國北部及中部建造森林，以調和氣候雨量，而免水旱天災。㈩移民於東北、蒙古、新疆、青海、西藏。

六大計畫中，第一計畫是以北方大港爲中心，開發中國北部富源。第二計畫是以東方大港爲中心，開發中國中部富源。第三計畫是以南方大港爲中心，開發中國南部富源。第四計畫完全是發展鐵路的計畫。第五計畫在述明日常生活必需且使生活安適之工業，即食衣住行及印刷工業等五種。第六計畫則完全是談發展礦業。中山先生在自序裡告訴我們：「此書爲實業計畫之大方針，爲國家經濟之大政策」，「此後中國存亡之關鍵，則在此實業發展之一事」。日後政府實施之「十大建設」等計劃，均受其影響，應該仔細的加以研讀。

㈤民權初步——本書成於民國六年，是中山先生關於社會建設的第一部典範。蔣中正先生說：「《民權初步》是專講集會議事種種法則的經典，其直接目的在使一般國民能夠熟諳這種法則，以習練初步民權的運用，其間接的目的，則在藉此養成一般國民重秩序，守紀律，有組織的習性，從而團結人心，增強民力，造成有組織的現代社會。」（〈三民主義之體系及其實行程序〉）這也顯示了民權初步的重要意義。

民權初步共分五卷二十章一百五十八節。首卷論集會，詳述臨時集會之組織法，永久社會之成立法，議事之秩序及額數，會員之權利義務等問題。卷二論動議，討論，停止討論之動議，表決，表決之復議等問題。卷三是講的修正案，論修正之性質與效力，修正之方法，及修正案之例外事件。卷四在動議之順序部份，論述附屬動議之順序，散會與擱置動議，延期動議，付委動議，委員及其報告。卷五論述權宜及秩序問題。中山先生稱民權初步這本書，好像軍隊的操典和化學的公式一樣，並不是瀏覽誦讀之書，乃習練演試之書。所以我們研究民權初步，不是瀏覽閱讀求其了解而已，一定要實地演習，訓練我們開會議事的方法，養成組織的能力與重秩序守紀律的精神㉕。

㈥建國大綱——《建國大綱》於民國十三年四月十二日公布，全文共二十五條，爲實行三民主義的方法和步驟，是政治建設的具體方案，一切政治建設均以建國大綱爲基礎，因此特顯重要。

中山先生在〈制定建國大綱宣言〉中說：「建國大綱第一條至第五條，宣布革命之主義及內容，第五條以下，則爲實行之方法與步驟。其在六、七兩條標明軍政時期之宗旨，務掃除反革命之勢力，宣傳革命之主義。其在第八條以至第十八條，標明訓政時期之宗旨，務指導國民從事於革命建設，先以縣爲自治之單位，於一縣之內，努力除舊布新，以深植人民權力基本，然後擴而充之，以及於省。如是則所謂自治，始爲眞正之人民自治，異於託自治之名，

㉕內政部於民國四十三年五月十九日公布試行，五十四年七月廿日正式公布施行的「會議規範」，可謂爲「民權初步」的具體化、條文化。該規範共有條文一百條，分「開會」、「主席」、「出席人列席人及代表人」、「發言」、「動議」、「討論」、「修正案」、「表決」、「付委及委員會」、「復議及重提」、「權宜問題、秩序問題及申訴」、「選舉」、「其他」等十三項，內容比較簡明，爲研究議學（或民權初步）者必讀之書籍。

以行其割據之實者。而地方自治已成，則國家組織始臻完密，人民亦可本其地方上之政治訓練以與聞國政矣。其在第十九條以下，則由訓政遞嬗於憲政所必備之條件與程序。總括言之，則建國大綱者，以掃除障礙爲開始，以完成建設爲依歸，所謂本末先後，秩然不紊者也。」這便是建國大綱的大要。

㈦軍人精神教育——本文是中山先生於民國十一年一月在桂林對滇贛粵軍演講的講辭，內容共分五課，第一課講精神教育的概論，說明精神教育之要旨，精神之定義和軍人之精神。第二課是講智，智卽有聰明，有見識之謂，其根本須合乎道義；宇宙之範圍，皆爲智之範圍，其來源包括天生、力學與經驗三者。至於軍人之智，則在乎別是非、明利害、識時勢、知彼己。第三課講仁，仁卽是博愛，其種類有救世、救人、救國三種，宗教家捨身救世，慈善家樂善好施，愛國志士爲國犧牲，其性質皆爲博愛。至於軍人之仁，其目的則在實行三民主義，以成救國救民之仁。第四課講勇，勇卽不怕之謂。勇之種類有發猛之勇、血氣之勇與無知之勇，是皆小勇，惟成仁取義，方爲大勇。軍人之勇，在於長技能、明生死，此方能鼓起勇氣，以從事於革命事業，爲革命軍人。第五課講決心，欲發揮光大軍人精神之智仁勇三要素，必須要有決心。而從事革命事業，非成功，卽成仁。成功則造出莊嚴華麗之國家，成仁則共殉光輝之主義，均有無量之價値與光榮。這部書是中山先生指示修養革命人格最爲精要、最有系統的遺教。

㈧地方自治開始實行法——〈地方自治開始實行法〉撰於民國九年，爲中山先生指示國人應如何來辦理自治的具體規範。文中首先指示地方自治，當以一縣爲充分之區域，如不得一縣，則聯合數村而附有縱橫二三十里之田野者，亦可爲一試辦區域。其志向當以實行民權、民生兩主義爲目的。

其次，地方自治開始時，應試辦下列六事：㈠清戶口；㈡立機關；㈢定地價；㈣修道路；㈤墾荒地；㈥設學校。

以上自治開始之六事，若能辦之有成效，則當逐漸推廣及於他事。此後之要事爲地方自治團體所應辦者，有農業合作、工業合作、交易合作，銀行合作，保險合作等事，此外更有對於自治區域以外之運輸交易，當由自治機關設專局以經營之。

最後中山先生指出，地方自治團體，不止爲一政治組織。亦爲一經濟組織。近日文明各國政府之職務，已漸由政治而兼及於經濟矣㉖。中國古代之政治，亦講究「敎養兼施」，故中山先生主張吾人應「取法乎上，順應世界之潮流」，速辦地方自治，以謀求全國人民之幸福。

㈨民生主義育樂兩篇補述——蔣中正先生於民國四十二年十一月十四日發表了〈民生主義育樂兩篇補述〉一文，這是三民主義的補充。

蔣中正先生說：「民國十三年，總理在廣州講演三民主義。民族主義六講，民權主義六講，都已講完，民生主義只講了四講，第一講是講民生主義的原理，第二講是講平均地權和節制資本兩個辦法，第三講以下，總理預定要講民生四大需要，食衣住行。但是他只講了食與衣兩節，就沒有再講下去了。住與行兩大問題和解決的辦法，從實業計畫裏可以看出一個輪廓，做我們研究的基礎。但是我們從總理在民國十三年以前關於民生主義的演講和論著裏，可以看出民生問題，除食衣住行之外，還有育和樂，……所以我們如果不把育樂這兩個問題，和衣食住行這四個問題，一併提出研究，就不能概括總理的民生主義的全部精

㉖七十年來，由於福利國家(welfare state)與民主社會主義(democratic socialism)思潮的影響，世界各國之政府職能，的確如同中山先生當年所洞察的，由政治而兼及於經濟。同時國際間所普遍接受的人權(human right)思想，也由一般的政治自由權利，擴及經濟上的生存權，包括不虞匱乏的自由、免於飢餓的自由等範疇。另外，有鑑於中央政府職能的過分擴張，影響到地區人民的權益與福祉，因此在西方社會也開始重新走向分權化(decentralization)一途，地方自治的重要性，亦頗受重視。

神與目的之所在。」(序言)

蔣中正先生又說:「我們在這反共抗俄戰爭中，要恢復中國國家爲自由獨立的民主國家，必須有計畫，有步驟，重建中國社會爲自由安全的社會，來做這獨立民主的國家的基礎。所以民生主義的社會政策之研究和確立，刻不容緩。而育樂兩篇的補充，也就成爲重要的工作了。」(序言)

所以，民生主義育樂兩篇的補述，不但是爲了要完備民生主義的內容，而且也是爲了要建立一個自由安全的社會。也正因爲如此，蔣中正先生的這篇補述，應該補充進「中山思想」的範疇。

育樂兩篇補述，分別討論育和樂的問題。育的問題，包括生育問題、養育問題和教育問題。在生育問題方面，蔣中正先生主張「鄉村與城市人口均衡發展」、「人口數量方面的增加與品質方面的提高並重」等。對於養育問題方面，蔣中正先生則提示應從兒童、疾病殘廢、鰥寡孤獨、老年及喪葬等方面，分別考察其癥結所在，並提出其解決方法。對於教育問題方面，蔣中正先生指陳過去教育的缺點，在於升學主義、形式主義和孤立主義，並指出今後解決問題的方法。

樂的問題，包括心理的康樂與身體的康樂。所謂康樂應注意下列四點：一爲身心的平衡；二爲情感與理智的和諧；三爲城市的健康；四爲閑暇與娛樂。而要增進國民康樂，首先要注意康樂的環境，其次要同時解決心理康樂與身體康樂上的問題，也即要從改進音樂、戲劇、電影等之創作發展，以增進國民的精神娛樂品質，並從訓練射擊、駕駛、國術等方面，以培養國民的康樂技能。

最後，蔣先生在結論中指出，民生主義的最高理想爲世界大同，民生主義的建設，則是從小康進入大同的階梯，革命建國的事業，應該踏著這個階梯向前邁進。

第四章　中山先生思想的演進

本章研究中山先生思想之演進，首先敍述中山先生講著三民主義之經過，其次敍述民族、民權、民生、哲學四種思想之演進。

第一節　中山先生講著三民主義的經過

一、三民主義思想之完成（三民主義的創立）

或許有人以爲興中會宣言中有「興大利以厚民生」，就是談民生主義；其實，這裡祇談到「民生」，並未談到民生主義。因此興中會誓詞，僅規定爲「驅除韃虜，恢復中華，建立合衆政府」，祇以民族主義與民權主義爲範圍。等到中山先生在倫敦蒙難之後，留住倫敦，常到英倫博物館中的圖書館閱讀有關社會主義圖書，並與英國名流學者往來，才深知歐洲民族主義與民權主義雖已獲得解決，而社會問題尚未解決，社會主義正在應運而起，爲解決複雜的社會問題而努力。中山先生爲了要在中國防患于未然，爲了要在民族、民權兩問題之外，同時解決社會問題，故提倡民生主義以代替社會主義。至是，三民主義思想乃告完成。

二、四大綱與民報發刊詞

民國前八年（一九〇四年）中山先生改訂致公堂章程，即提出了「「驅除韃虜，恢復中華，建立民國，平均地權」四大主張，內中「平均地權」就是代表著民生主義，「建立民國」代表民權主義,「驅除韃虜恢復中華」,則代表民族主義。

次年(民國前七年)七月中國同盟會在東京成立,發表宣言時揭舉四大綱,即上述的四大主張。

同年十二月二十一日《民報》在東京創刊,中山先生親撰〈民報發刊詞〉,詳述民族主義,民權主義及民生主義在世界發展的經過。這可視爲中山先生論三民主義的[illegible]篇著作。

民國紀元前六年十月中山先生在東京《民報》創刊一週年大會講「三民主義與中國前途」,除分述民族主義、民權主義及民生主義的要義外,更講到五權憲法,他認爲將來中國憲法,除採取西方的三權分立外,還要加上中國固有的考試權與糾察權(監察權)。

民國紀元前一年中山先生在東京富士樓講「中國應建設共合國」,首先鼓吹民族主義,其次講到中國革命應建立民主共合國(即共和國,republic),不應採取君主立憲。亦卽主張「取法乎上」。此係因爲當時《新民報》主張君主立憲反對民主共和,故有此主張。

三、強調民生主義及其與社會主義之關係

民元時期,中山先生與黃克強先生等到處演講,均強調民生主義。

民國元年四月,中山先生在上海同盟會講「民生主義之眞義」,其中說到:「三民主義者,同盟會唯一之政綱也……今滿洲政府已去,共和政體已成,民族、民權之二大綱已達目的,今後吾人之所急宜進行者,卽民生主義是也。」又說:「必民權主義實施,而後民生主義可以進行。」這也就是說民權主義應爲民生主義的前提。

民國元年四月一日,中山先生在南京同盟會講「實行

❶基本上,俾斯麥在普魯士所實施的是一套社會政策,一般視爲西方社會政策之鼻祖,其中包括1883年起實施的醫療保險法、意外事故保險法(1884)及傷殘保險和老年年金保險(1889),實施這些社會政策的目的,是制止社會主義的混亂局面,但由政府實現社會主義中合理的要求,藉以挖除社會民主黨的發展基礎。因此俾斯麥一方面實施社會政策,另

社會革命」，除詳述平均地權之辦法外，並談到資本問題，他說：「一面圖國家富強，一面當防資本家壟斷之流弊，此防弊之政策，無外社會主義。本會政綱中，所以採用國家社會主義政策。」此處應特別注意的是，民國元年，中山先生在各地演講民生主義，嘗謂民生主義即國家社會主義，蓋彼時因見德國俾斯麥實行國家社會政策，將鐵路、電氣、水道等事業收歸國營，已有成效，故中山先生以國家社會主義來比民生主義，這裡要注意的是，我們不能把以後希特勒的國社黨所行的主義亦拿來相比❶。

又民國元年中山先生在廣州上海各地一再講平均地權及修築鐵路之方法，蓋彼時他想從事全國鐵路建設工作，而不欲再作政黨領袖。

是年十月十五日中山先生在上海對中國社會黨講「社會主義之派別及批評」，除詳敘社會主義之派別及其理論外，還講到平均地權之方法及社會福利事業，並以大同世界作結。此篇講演連續三日之久，內容豐富，立論精彩，具有豐富之學術價值，凡研究三民主義者均應詳細閱讀。

四、文言文三民主義之撰著

民國八年中山先生在上海撰《孫文學說》時，寫了一篇《文言文三民主義》，內分緒論，民族主義，民權主義及民生主義。

緒論中講到，何謂三民主義？中國革命何以必須行三民主義？民族主義中講到民族主義之發達，民族主義之目的。民權主義中講到，何謂民權？共和思想之由來，民權發達之趨勢，國人忽視訓政之錯誤。民生主義中則講到何謂民生主義？民生問題之起因；並且談到，「以民生主義消弭社會革命」，對于解決資本問題之方法，則未及詳述，看文氣似未寫完即行擱置❷。

一方面則鎮壓社會民主黨人及工會運動。至於希特勒的國家社會主義(national socialism)，則係納粹主義(Nazism)的同義語。國家社會主義鼓吹極端偏狹的種族主義(racism)、白人沙文主義(即白人至上論)、一黨(one party-state)專政，最後則形成極權統治。在社會主義方面，則主張實施廣泛的福利計劃、混合經濟體制，並且對傳統的統治階級採取敵視態度。另外，它也敵視工人運動，但卻容許私有制繼續存在。

應該特別注意的是，納粹與另一種形態的國家社會主義(state socialism)完全不同。後者係指國家(state)廣泛的介入經濟發展、生產所有制（即實施國有化政策)，並影響經濟運作。過去費邊主義者(Fabians)將此種國家社會主義界定爲：重要產業的國有化(nationalization)，以及由國家廣泛的主導社會福利政策。另外也有人將共黨統治下的國家解釋爲實施國家社會主義，因爲在此種無遠弗屆的國家機器控制下，社會主義政策是完全由國家或黨國(party-state)所主導的。爲了區分以上兩種不同意涵與英文原名的社會主義，有時將前者national socialism譯爲「民族社會主義」，後者state socialism則譯爲「國家社會主義」；不過在此處依照過去約定俗成的譯法，我們仍保留前者過去的譯名——國家社會主義。不過讀者應特別注意此兩種稱謂的實際指涉，是完全不同的。

❷此稿存于上海中山先生住宅，抗戰時期，被日軍刼去，經郭鎮華先生至日本設法取回。

五、各種演講中所述及的三民主義

民國十年七月中山先生講五權憲法，詳論四種政權與五種治權。

民國十年十二月七日，中山先生在桂林對七十六團體成員講「三民主義爲造成新世界之工具」，說到「這三民主義，和美國大總統林肯所說的民有、民治、民享三層意思，完全是相通的。」又說：「三民主義就是平等自由的主義。」這裡指出了三民主義的一種定義。

民國十一年十一月在桂林對北伐軍講「軍人精神教育」，亦談到三民主義，如說：「此三種主義皆爲平等自由主義……雖各分立，仍須同時提倡。民族主義，打破種族上不平等之階級也……民權主義者打破政治上不平等之階級也……若夫民生主義，則爲打破社會上不平等之階級也。」這裡分別指出了三民主義的目的。

民國十二年一月二十九日發表〈中國革命史〉，首列革命之主義，分將民族主義、民權主義及民生主義之要點加以敍述。

同年十二月二日中山先生在廣州講「打破舊思想要用三民主義」。在民生主義方面，曾說：「像周朝所行的井田制度，漢朝王莽想行的井田新法(按指王田制度言)，宋朝王安石所行的新法，都是民生主義的事實。」這是演講本《三民主義》所未講到的。

民國十三年一月，中國國民黨召開第一次全國代表大會，在發表宣言前，各代表對于民生主義的解釋發生歧見，中山先生乃在大會講「民生主義之說明」，對于民生主義與社會主義和共產主義之關係，做了詳明的分析。

民國十三年四月四日中山先生在廣州女師講「女子要明白三民主義」，在民生主義方面，則特別強調要實施社會福利事業。

六、演講本三民主義問世

民國十三年一月二十七日起至八月二十四日止，中山先生鑒於過去所講的三民主義，缺乏完整性，現爲宣傳所需，必須詳細講述，乃在廣東高等師範學校（後來的中山大學)，正式演講三民主義，計民族主義和民權主義各講了六講，民生主義只講了四講(共計十六講卽十六次)，因赴昭關督師北伐，聲討曹吳，暫時停止。後因北方政變，曹吳垮臺，段祺瑞被推爲臨時執政，電請中山先生共商國是，中山先生遂攜帶演講資料北上。準備於抵達北平後，續講民生主義，可惜到達北京之後，因患重病，不幸于民國十四年三月十二日逝世，以致民生主義尙未講完，只講到食衣兩問題爲止。

民國十三年十二月，中國國民黨中央宣傳部，將中山先生十六講之《三民主義》印單行本問世，一時各省市公私出版界，爭相翻印，遂風行于海內外了。

第二節　中山思想的分期

關於中山思想的演進，可從民族、民權、民生及哲學思想四方面來研究。

一、民族思想之演進

第一時期爲推翻滿淸。第二時期爲合漢、滿、回、藏爲一家，實行種族同化，對滿淸不以復仇爲事。第三時期爲對內中國境內各民族一律平等；對外抵抗強權侵略，取消不平等條約，中國民族自求解放。第四時期爲聯合以平等待我之民族，並扶助全世界各弱小民族，打倒帝國主義、濟弱扶傾，以求各民族一律平等，完成大同之治。

第一時期:

①中山先生十一歲愛聽洪楊故事,以洪秀全第二自命,因而啓發了民族思想。

②中法戰敗之年，中山先生立下了傾覆清廷的志願。

③興中會成立於一八九四年，即以驅除韃虜，恢復中華爲誓詞。同盟會（一九〇五年）所宣佈之四大綱，仍以此兩句爲前二綱。

第二時期:

④中山先生於民元卽宣布對滿淸不以復仇爲事，要使漢、滿、蒙、藏合爲一家。又在手著本《文言文三民主義》中指出民族主義之消極目的爲傾覆滿淸,其積極目的爲「漢族當犧牲其血統、歷史、與夫自尊自大之名稱，而與滿、蒙、回、藏之人民，相見以誠，合一爐而冶之。」

民元大總統宣言對內行政方針第一項卽爲「民族之統一」，又民元同盟會及民元國民黨政綱都有「勵行種族之同化」之一項。

第三時期:

⑤民族主義本以打破種族上不平等爲目的。民國成立後，軍閥受帝國主義之卵翼，割據稱雄，影響統一，中山先生乃決志打倒帝國主義，取消不平等條約。民國十二年中國國民黨政綱中，主張「改正條約」，十三年政綱，更明言取消「不平等條約」。

第四時期:

⑥建國大綱第三條規定對內扶植弱小民族，對外抗禦侵略強權，並修改各國條約。又第一次全國代表大會宣言云:「民族主義有兩方面之意義:一則中國民族自求解放,二則中國境內各民族一律平等。」

⑦演講本三民主義中，指出人口、政治、經濟三大壓

迫後，要團結四萬萬同胞，實行扶弱抑強，「對于弱小民族要扶持他，對于世界列強要抵抗他。」並主張於民族地位恢復以後，要「濟弱扶傾」，要以固有的和平道德做基礎，完成大同之治。

⑧中山先生遺囑中，主張聯合世界上以和平待我之民族，共同奮鬥；又主張廢除不平等條約。

二、民權思想之演進：

第一個時期爲推翻君主專制，建立合衆政府。第二時期爲提倡訓政、五權憲法。第三個時期爲主張地方自治，護法、北伐，打倒軍閥，建立完全民國。第四個時期提倡權能區分，直接民權，全民政治，革命民權。

第一時期：

①中山先生幼時一再赴檀香山，對於美國式的民主政治，頗有良好印象。乙酉（一八八五年）立志傾覆清廷，同時要建立民國。民權主義思想由是而奠基。

②一八九四年興中會成立，其入會誓詞除「驅除韃虜，恢復中華」外，還要「創立合衆政府」。

第二時期：

③一九〇四年訂定的致公堂宗旨及一九〇五年同盟會所宣布的四大綱，都有「建立民國」一項。而《民報》所標明之六大主義（卽六大主張），其第二項卽爲「建設共和政體」。又《民報》與《新民報》論戰的主要題目之一，卽爲「民主共和勝於君主立憲」。

④同盟會曾規定建國程序的三時期：第一期爲軍法之治，第二期爲約法之治，第三期爲憲法之治。換言之，第一期爲軍政時期，第二期爲訓政時期，第三期爲憲政時期。

⑤中山先生在《民報》週年紀念日，講三民主義與中國民族之前途，既講到三民主義，亦講到五權憲法。

第三時期：

⑥民元同盟會所宣布之九條政綱中，第一條爲完成行政統一，促進地方自治。民元國民黨五條政綱中第二條爲「發展地方自治」。可見中山先生對於地方自治之提出，爲時甚早。民九著地方自治開始實行法，則詳言各種應做工作。

⑦民三中華革命黨四條政綱中，第一條爲推翻專制政府，第二條爲建設完全民國。這裡以討伐袁世凱爲目標，亦是以後打倒軍閥的張本。民六護法運動及後來北伐，仍以此兩條爲宗旨。

第四時期：

⑧民三中華革命黨成立，其規定國民權利，即含有「革命民權」之意。民十三中國國民黨第一次全國代表大會宣言，對於革命民權的意義，更有詳細之說明。

⑨《建設雜誌》創刊後曾論及全民政治，主張實行選擧、罷免、創制、複決四權。民八手著〈文言文三民主義〉曾提到四種政權。民十一中山先生講中華民國建設之基礎，講到直接民權與間接民權，全民政治，五權分立等。民十三演講本三民主義對於權能區分，言之更爲詳細。

三、民生思想之演進

第一時期主張平均地權及土地國有，及耕者有其田。第二時期主張實行社會政策，節制私人資本，發展國營事業，即發達國家資本，同時注意解決食衣住行等民生問題。第三時期提出限田政策，工業民主制❸。第四時期詳論節制私人資本、平均地權辦法及耕者有其田之理由，並批判馬克思主義。此外，則爲育樂兩篇的補述。

第一時期：

①中山先生於倫敦蒙難後，完成了三民主義思想，也

❸工業民主(industrial democracy)，亦稱之產業民主或經濟民主，是指產業中之生產者或工人，擁有該產業之所有權，或得以參與或管理該產業之營運。其中參與之方式有多種，有的包括對重大決策進行直接投票，有時則以選擧代表間接參與方式實施之。至於對所有權之控制，最徹底的方式是完全由工人所控制，取消資方，所有重大決策均由工人或工人所選出之代表決定（如南斯拉夫的「生產民主制」）。另外也有以合作社(cooperative)方式，工人認股方式進行者。在西方許多國家，則以員工認股，參與董事會之形式實施之，藉以增強工人對產業之認同。工業民主的理念近年來已成爲全球之風潮，但實施的方式與幅度則差異甚夥。

就是民生主義思想之創立。

②一九○四年及一九○五年所提出的平均地權，即爲民生主義的第一個方法。以後平均地權與土地國有兩名詞常混合運用，《民報》六大主張第三項即爲「土地國有」。又《民報》與《新民報》論戰，亦以土地國有爲主題。

③一九○七年　中山先生曾說，不耕者不得有尺寸土地(章太炎語)。又民元中山先生與袁世凱談話，曾主張耕者有其田。

第二時期：

④就政綱言，民元同盟會僅列「採用國家社會政策」爲政綱，又民元國民黨僅列「採用民生政策」爲政綱。因爲國人不知實行民生主義之重要，故中山先生於此時到處宣傳民生主義，尤其是平均地權之方法。

⑤民元中山先生講三民主義四大綱，其一爲資本，他說：「國民須自謀生活，以免受富豪之挾制」，此即含有節制資本之意。又講民生主義之眞義時，亦「反對少數人佔經濟勢力壟斷社會財富」。

⑥民八中山先生手著《文言文三民主義》，討論平均地權之方法，資本主義之弊害，鐵路海運收歸公有之必要等。

⑦民元至民八似較重視發達國家資本，即只重視國家社會主義之措施。一次大戰結束，中山先生即發表〈國際共同發展中國實業計畫書〉(簡稱〈實業計畫〉)，可以說這段時期，特重發展國營事業。並在實業計畫中講衣、食、住、行等工業。(〈民生主義〉中亦講到)。

第三時期：

⑧民十二中國國民黨政綱經濟項中：(甲)規定平均地權的辦法，並提到限田政策。(乙)規定鐵路、鑛山、森林、水利及其他大規模之工商業國營，並提倡工業民主制。民

十三政綱對於提倡平均地權與國營事業都有提及，但並未超過上列範圍。

第四時期：

民十三發表之演講本三民主義，除詳述平均地權之辦法外，對於節制私人資本，解決食、衣等問題，亦提出許多辦法，並批評馬克思主義。又民十四發表之建國大綱則以建設之首要在民生，對於食、衣、住、行特別重視。

⑩民十三年八月中山先生在廣州農民運動講習所，始詳講「耕者有其田」。同年講演三民主義時，在講食的問題中，亦講到耕者有其田。

此外，民國四十二年蔣中正先生發表民生主義育樂兩篇補述，詳述解決育樂問題的辦法。

四、哲學思想之演進

第一時期所重視的爲政治哲學與達爾文進化哲學；第二時期爲知行學說（知難行易說）與人類互助論；第三時期爲三達德、民生史觀、服務道德觀與人生觀及心物合一論。

第一時期：

①據林百克先生❹在中山先生傳記中指出，中山先生最早要推翻滿清，以「天命靡常」作宣導。良以滿清以爲他們佔據神州是奉天之命，故中山先生談「天命靡常」，其意思是說天命無常，江山可以隨時易主。可見中山先生最早的哲學思想，表現在政治哲學方面。

②進化論可視爲科學，但中山先生則視爲哲學。他幼時「雅癖達爾文學說」，可知進化哲學也是中山先生最早重視的哲學思潮。

第二時期：

③民國八年中山先生倡立知難行易學說，書名《孫文

❹林百克（P.M.W.Linebarger）

1907至1925年曾任中山先生法律顧問。1925年至1930年曾任南京國民政府法律顧問。其著作有：

1. *Sun Yat-Sen and the Chinese Republic,* 1924.
2. *Our Common Cause With China Against Imperialism and Communism*,1927.
3. *The maker of Modern China and His Three Principles*,1929.
4. *The Gospel of Sun Chung-Shan*,1932.

其子林百樂(Paul Myron Anthony Linebarger,1913-1967) 1926至1930年曾隨其父在上海南京就學。1933年畢業於華盛頓大學。1936年獲約翰霍浦金斯大學博士。其博士論文爲「孫逸仙的政治學說」(*The Political Doctrines of Sun Yat-Sen*, 1937)。曾在Harvard, Duke, Michigan, Johns Hopkins等大學任教。其著

學說》這是純哲學的書籍。書中以人類互助論評達爾文的競爭論。

第三時期：

④在道德哲學方面，中山先生於民十講軍人精神教育時，提倡三達德，民十三講民族主義時，提倡八德。

⑤中山先生於民十在〈軍人精神教育〉中講到心物本合爲一，後來國民黨黨內取名爲心物合一論。

⑥在人生觀方面，中山先生於民十講軍人精神教育時，講及成仁取義的人生觀(亦稱革命的人生觀)，民十三講民權主義時，提倡服務道德與服務的人生觀。講民生主義時，於駁斥唯物史觀中創立了民生史觀。

作有：

1. *Government in Republic of China*,1938.

2. *The China of Chiang Kei-shek*：*A Political Study*, 1941.

3. *Psychological Warfare*：*A Practical Guide*,1947.

民國五十四年，國父百年誕辰紀念，林氏應邀來台，國立政治大學頒贈名譽法學博士學位，林氏發表學術演講：「孫文主義的世界性」(The Universality of Sunyatsenism,)獲得國內學者一致稱讚。

參考書目

一、臺灣

胡去非　《孫中山先生傳》(商務人人文庫，第九二二，九二三號)

鄭照等　《孫中山先生感憶錄》(文星叢刊一三二)

賀嶽僧　《孫中山先生年譜》(紀念中華民國建國六十週年史料彙刊之五)

《孫中山先生演說全集》(近代中國史料叢刊第六七輯第一種)

《孫中山自由民主言論彙編》(文星叢刊一二九)

崔書琴　《孫中山和共產主義》(文星叢刊一三四)

王家鴻譯　《孫中山傳》(臺北，商務，1968)

周金聲　《孫中山先生經濟思想》(臺北，1968)

于右任等　《國父九十誕辰紀念論文集》(臺北，中華文化出版事業委員會，1955-56)

張鐵君　《國父元學思想發微》(臺北，幼獅，1965)

黃少游　《國父五權憲法與現行憲法》(臺北，幼獅，1965)

史鼎新　《國父外交政策》(臺北，幼獅，1966)

李宗黃等　《國父地方自治之理論與實踐》(臺北，1965)

曾祥鐸編　《國父百年誕辰紀念論文專輯》(臺北，1965)

《國父年譜》(臺北，中央文物供應社，1965)

《國父百年誕辰論文集》(臺北，中央文物供應社，1965)

《國父全集》(臺北，中央文物供應社，1965)

張其昀　《國父全書》(臺北，國防研究院，1963)

陳健夫　《國父全傳》(臺北，大西洋圖書公司，1964)

楊幼炯　《國父的政治學說》(臺北，幼獅，1965)

周開慶　《國父的經濟學說》(臺北，幼獅，1965)

陳叔渠　《國父的軍事學說》(臺北，幼獅，1966)

湯承業 《國父革命宣傳志略》二册（中研院三民主義研究所，1977）

周夢照 《國父思想》（臺北，1969）

崔垂言 《國父思想申論》（臺北，幼獅，1965）

陳固亭 《國父與日本友人》（臺北，幼獅，1965）

傅啓學 《國父孫中山先生傳》（臺北，中央文物供應社，1965）

王德昭 《國父革命思想研究》（臺北，中國文化研究所，1962）

羅香林 《國父之家世與學養》（臺北，商務，1974）

羅時實 《三民主義與當代政治趨向》（臺北，華岡，1974）

陶懷仲 《三民主義的比較研究》（臺北，三民，1976）

黃季陸等 《研究中山先生的史料與史學》（臺北，中華民國史料研究中心，1982）

吳相湘 《孫逸仙先生傳》（臺北，時報，1982）

周道濟、孫震、馮滬祥合著 《三民主義研究》（臺北，中央文物供應社，1984）

《中華民國中山學術會議論文集》（臺北，中央文物供應社，1984）

《孫中山先生與近代中國學術討論集》（臺北，中央文物供應社，1985）

陳春生編 《國父思想論文選集》（臺北，學生，1987）

珠海書院編 《孫中山與中國現代化國際學術會議論文集》（香港，珠海書院，1987）

李進軒 《孫中山先生革命與香港》（臺北，文史哲，1989）

呂芳上 《革命之再起——中國國民黨改組前對新思潮的回應》(1914-1924)（臺北，中研院近史所專刊㊼，1989）

二、大陸

胡顯中 《孫中山經濟思想》（上海，上海人民出版社，1985）

中山大學歷史系孫中山研究室等編 《孫中山全集》（一至十二卷）（北京，中華書局，1986）

廣東省孫中山研究會編 《孫中山研究》（第一輯）（廣州，廣東人民出版社，1986）

《回顧與展望——國內外孫中山研究述評》（北京，中華書局，1986）

金仲及等編 《孫中山研究文集》（1949-1984》（成都，四川人民出版社，1986）

劉楓、曹均偉 《孫中山先生的民生主義研究》（上海，上海社科院，1987）

中國孫中山研究學會編 《孫中山和他的時代——孫中山研究國際學術討論會論集》（北京，中華

書局, 1989)

三、外國

Bergère Marie-Claire, *La Bourgeoisie et la Rèvolution de 1911*, (Paris: Mouton, 1968)

Bernal, Martin, *Chinese socialism to 1907*, (Ithaca: Cornell University Press, 1976)

Ch'en, Jerome, *Yuan Shih-k'ai,* 1859-1916, (Stanford University Press, 1972)

Des Forges, Roger V., *Hsi-liang and the Chinese National Revolution*, (New Haven: Yale University Press,1973)

Esherick, Joseph W., *Reform and Revolution in China: the 1911 Revolution in Hunan and Hubei*, (Berkeley: University of California Press,1976)

Friedman, Edward, *Backward toward Revolution: the Chinese Revolutionary party*, (Berkeley: University of California Press, 1974)

Gasster, Michael, *Chinese Intellectuals and the Revolution of 1911: the Birth of Modern Chinese radicalism*, (Seattle: University of Washington Press, 1969)

Jansen, Maurice, *The Japanese and Sun Yat-sen,* (Cambridge. Harvard University Press,1954)

Leng Shao-Chuan and Norman D. Palmer, *Sun Yat-sen and Communism,* (New York 1960.)

Lewis, Charlton M., *Prologue to the Chinese Revolution*, (Cambridge, Mass: Harvard University Press, 1976)

Liew, K.S. *Struggle for democracy: Sung Chiao-jen and the 1911 Chinese Revolution*, (Berkeley: University of California Press, 1971)

Linebarger, Paul, *Sun Yat-sen and the Chinese Republic,* (New York, The Century Company, 1925)

Lingbarger, Paul, *The Political Doctrines of Sun Yat-sen.* (Baltimore, Johns Hopkins Press, 1937)

Price, Don C., *Russia and the Roots of the Chinese Revolution,1896-1911*, (Cambridge, Mass.: Harvard University Press, 1974.)

Rankin, Mary Backus, *Early Chinese Revolutionaries: Radical Intellectuals in Shanghai and Chekiang, 1902-1911*, (Cambridge, Mass.: Harvard University Press, 1971.)

Rhoads, Edward J.M., *Merchant Associations in Canton, 1895-1911,* (in CCTW, 97-117)

Schiffrin, Harold, *Sun Yat-sen and the Origins of the* 1911 *Revolution,* (Berkeley and Los Angeles, 1968)

Schiffrin, Harold, *Sun Yat-sen: Reluctant Revolutionary*, (Boston: Little, Brown, 1980)

Sharman, Lyon, *Sun Yat-sen: His Life and Its Meanings,* (New York: John Day, 1934)

Wilbur, Martin, *Sun Yat-sen: Frustrated Patriot,* (New York, Columbia University Press,1976)

Wong, J.Y., *The Origins of An Heroic Image: Sun Yat-sen in London, 1896-1897*, (Oxford: Oxford University Press,1987)

Wong, J.Y., ed., *Sun Yat-Sen: His International Ideas and International Connections*, (Australia: Wild Peony Press,1987)

Wright, Mary C., ed., *China in Revolution: the First Phase, 1900-1913,* (New Haven: Yale University Press, 1968)

Wu, John C., *Sun Yat-sen*: *The Man and His Ideas,* (Taipei, Commercial Press, 1971)

Young, Ernest P., *The Presidancy of Yuan Shih-k'ai: Liberalism and Dictatorship in Early Republican China*, (Ann Arbor: University of Michigan Press, 1977)

Cheng, Chu-Yuan, *Sun Yat-sen's Doctrine in the Modern World*, (Boulder: Westview,1989)

Robert Miles, *Racism*,(N.Y.: Routledge,1989)

Roy E.H. Meller, *Nation, state and Territory,* (N.Y.: Routledge, 1989)

第二篇

民族主義

第五章　民族思想概說

本章要研究的問題是：一爲民族構成的要素（五大要素與民族意識），二爲民族與國家，三爲民族主義的定義和目的，四爲民族自決與民族同化，五爲中華民族的來源、成長與發展。

第一節　民族構成的要素

普通研究三民主義把五大要素作爲民族構成的客觀要素，民族意識作爲民族構成的主觀要素，下面分別研述：

一、構成民族的五大要素

㈠五大要素

中山先生在演講本三民主義的民族主義第一講中，指出民族構成的要素有五：

⑴血統——世界各民族的主要區別由於血統。中山先生說：「中國人黃色的原因，是由於根源黃色血統而成。祖先是什麼血統，便永遠遺傳成一族的人民。所以血統的力量是很大的。」

⑵生活——相同的生活方法，可以形成相同的文化。中山先生說：「謀生的方法不同，所結成的民族也不同。像蒙古人逐水草而居，以游牧爲生活，什麼地方有水草，便游牧到什麼地方，移居到什麼地方。由這種遷居的習慣也可結成一個民族，蒙古之所以能夠忽然強盛，就本於此。

……蒙古民族之所以能夠那樣強盛的原因，是由於他們人民的生活是游牧，平日的習慣便有行路不怕遠的長處。」

⑶語言——共同的語言，亦可以造成共同的文化。所以，中山先生說：「如果外來的民族得了我們的語言，便容易被我們同化，久而久之，遂同化成一個民族。再反過來，若是我們知道外國語言，也容易被外國人同化。如果人民的血統相同，語言也同，那麼同化的效力，便更容易。所以語言也是世界上造成民族很大的力量。」

⑷宗教——很多民族由於有共同的宗教而結合。中山先生說：「大凡人類奉拜相同的神，或信仰相同的祖宗，也可結成一個民族。宗教在造成民族的力量中也很強大。像阿拉伯和猶太兩國已經亡了許久(民國十三年語)，但是阿拉伯人和猶太人至今還是存在。他們國家雖亡，而民族之所以能夠存在的道理，就是因爲各有各的宗教。大家都知道現在的猶太人，散在各國的極多，……猶太民族的天質是很聰明的，加以宗教之信仰，故雖流離遷徙於各國，猶能維持其民族於永久。阿拉伯人所以能夠存在的道理，也是因爲他們有謨罕墨德的宗教❶。」

⑸風俗習慣——風俗習慣對於民族的影響甚大。中山先生說：「如果人類中有一種特別相同的風俗習慣，久而久之，也可以自行結成一個民族。」

㈡**民族意志**：又中山先生在手著《三民主義》講民族主義的範圍（按此地所謂範圍與要素同義）時說：「民族主義之範圍，有以血統宗教爲歸者，有以歷史習尙爲歸者，有以語言文字爲歸者，夐乎遠矣。然而最文明高尙之民族主義範圍，則以意志爲歸者也。」如瑞士之民族，則合日耳曼、義大利、法蘭西三國之人民而成者也❷。這裡要注意兩點：㈠中山先生在此除講血統、宗教、習尙、語言外，

❶猶太人(Jews)目前在全球各地共約一千三百萬人，其中約四百萬人居於以色列，七百萬人居於美國，其餘則散居世界各地。在以色列的猶太人，多說希伯萊語(Hebrew)，在東歐的則多說意底緒語(Yiddish)，在其他地區則多說當地語言。猶太人的主要認同標準爲信仰猶太教(Judaism)，由於信仰者漸少，因此猶太人總人口數亦在下降之中。至於阿拉伯人(Arabs)則廣及阿拉伯半島、北非、中東等地，根據1975年的統計，全球以阿拉伯語爲國語的人口約有一億兩千萬人，但在宗教儀式上使用阿拉伯語者，則多達六億多人。

❷瑞士爲中歐小國，國土面積4萬1千平方公里，人口六百四十八萬人(1982年)，原爲羅馬帝國之一省，11世紀後成爲神聖羅馬帝國領土，13世紀後爲哈布斯堡家族控制，經過多次戰爭，1499年獲得完全獨立。在瑞士的多元民族中，德裔人數最多，佔65%，法裔佔18%，義裔則佔12%另外還有羅曼什人(Romansh)，說一種古代的羅馬語，人口僅佔1%。法語、義語及德語(係瑞士德語，一種德語方言)均爲瑞士之國語。

還講到文字和民族意志。㈡有人以此民族意志，稱爲民族意識，指爲中山先生曾講民族意識之根據。其實此處所講民族意志是否與民族意識同義，還是值得研究的問題。

二、民族意識

㈠何謂民族意識？中山先生講民族構成的要素時，雖然並未講民族意識，但他說過：「迨中國同胞發生強烈之民族意識並民族能力之自信，則中國之前途可永久適存於世界。」(〈中國之鐵路計畫與民生主義〉)

如果我們要問何謂民族意識？先問何謂意識？按意識這個名詞乃英文 Consciousness 的譯名。Consciousness 可譯爲意識，亦可譯爲自覺，覺悟，覺醒，其意思是感覺得到，或簡稱覺得。所謂民族意識 National Consciousness，就是指民族自覺，民族覺悟，或民族覺醒而言。倘若一個民族有了民族意識，或民族覺醒，就對內言，他們就認識了個人與民族的密切關係，同民族間的分子與分子間的密切關係；就對外言，亦認識自己民族與其他民族的區別，以及誰是友好民族？誰是敵對民族？

㈡民族意識與民族主義：民族意識與民族主義有何關係呢？中山先生在民族主義第六講中說：「從前失去民族精神，好像是睡著覺，現在要恢復起來就要喚醒起，醒了之後，才可以恢復民族主義。」這就是說，要恢復民族主義，先要喚醒民族意識；換句話說，民族意識就是恢復民族主義的先決條件。

㈢民族意識與五大要素：民族意識與民族構成的五大要素，關係至爲密切。因爲同血統，同生活，同語言，同宗教，同風俗習慣的人，可以產生民族意識，反過來說，因爲有了民族自覺(民族意識)，更會找到同血統，同生活，同語言，同宗教，同風俗習慣的民族，團結起來，共禦外悔。有人說，民族意識是構成民族的主觀條件，五大要素是構成民族的客觀條件。著者則以爲民族意識是構成民族的主觀原因，五大要素，是民族構成的客觀原因。

第二節　民族與國家

一、民族與國家的區別

㈠自王道霸道方面（造成的原因方面）來區分：中山先生說：「英文中民族的名詞是『哪遜』Nation。『哪遜』這個字有兩種解釋；一是民族，一是國家……本來民族與國家，相互關係很多，不容易分開；但是當中實有一定界限。我們必須分別，什麼是國家？什麼是民族？」用什麼方法來分別呢？中山先生接著說：「最適當的方法，是民族和國家根本上是什麼力造成的。簡單的分別民族是由於天然力造成的，國家是用武力造成的。用中國的政治歷史來證明，中國人說，王道是順乎自然，換句話說，自然力便是王道，用王道造成的團體，便是民族。武力就是霸道，用霸道造成的團體，便是國家。」（〈民族主義〉第一講）❸

現在我們要追問的是：何謂王道主義？何謂霸道主義？

孟子說：「以力假仁者霸，霸必有大國。以德行仁者王，王不待大，湯以七十里，文王以百里。以力服人者，非心服也，力不贍也；以德服人者，中心悅而誠服也，如七十子之服孔子也。」照孟子的看法，王道尙德，霸道尙力；王道重仁義，霸道重功利；王道純乎自然，霸道則不免涉及「勉強」。

著者還要補充說明的是：孟子與管子及荀子同是講王道主義與霸道主義，而內容稍有不同。

❸ 民族（nation）與國家（state），簡而言之，民族是一群因血統、語言、宗教、風俗習慣，歷史傳統、生活方式相同，而結合在一起的人群。而國家則意指擁有特定領土、主權、法律制度及維持法治力量的獨立政治結構。換言之，「民族」爲一種心理與文化概念，而「國家」則爲一種政治與法律概念。通常民族與國家可以各自生存，亦即民族可以缺乏國家的情況下生存，如當代以前的猶太人和當代的吉普賽人。而且一個民族可以構成一個國家，如日本和波蘭；也可能構成好幾個國家，如英國協中的澳、紐、加拿大、英國等「英語民族」。以及由日耳曼民族所組成的德國與奧地利。當然，也有許多國家是由許多民族所構成，如南斯拉夫有廿二民族，蘇聯有一百餘民族。另外，有的民族則係因國家而形成，如「美國人」即係由多元民族因同化而形成新的民族意識，最後變成新的民族。因此，有時候係先有民族而形成國家（如十九世紀的歐洲），而當今（二次大戰以後）許多開發中國家，則係先有國家而後形成新的民族。中山先生在此處的解釋，主要是針對前一種情況而說的。

管子兵法篇云:「明一者皇, 察道者帝, 通德者王, 謀得兵勝者霸。」這裡論王霸, 固與孟子的看法相同; 但是他相桓公, 霸諸侯, 主張存亡國, 繼絕世, 使天下諸侯, 皆服桓公,「喜其愛而貪其利, 信其仁而畏其武。」故管子的霸道主義是恩威並施, 德力並顧的。

荀子大略篇云:「君人者隆禮尊賢而王, 重法愛民而霸, 好利多詐而危。」王制篇又云:「臣諸侯者王, 友諸侯者霸, 敵諸侯者亡。」認為知霸道者, 必能「存亡繼絕, 衛弱禁暴。」他所講的霸道主義與管子相似, 與孟子稍異, 而中山先生論王霸, 則以孟子學說為準則。

㈡自要素方面來區分: 構成民族的要素有二: 一為血統、生活、語言、宗教和風俗習慣, 二為民族意識。至於構成國家的要素普通列為三項: 一人民、二土地, 三主權❹。中山先生亦有此見解。他說:「……國家以三種之要素而成立: 第一為領土。國無論大小, 必有一定之土地為根據, 此土地即為領土。第二為人民。國家者, 一最大之團體也; 人民即為其團體員, 無人民而僅有土地, 則國家亦不能構成。第三為主權。有土地矣, 有人民矣, 無統治之權力, 仍不能成國。此統治權力, 在專制國則屬於君主一人; 在共和國, 則屬於國民全體也。」(〈軍人精神教育〉)

二、國家起源問題

關於國家起源問題, 計有自然創造說(互助說), 社會契約說, 武力征服說等等。㈠亞里斯多德認為人是社會的動物, 亦是政治的動物, 生下來就需要互相結合, 組織社會, 營共同的生活, 故由夫婦而家庭, 由家庭而村落, 由村落而城市, 便組成了國家。他說:「國家是自然的創造。」(亞氏著《政治學》第一篇) ㈡霍布士(H. Hobbes)認為原始時代, 人們因私慾發達而常起鬪爭, 後來為防止鬪爭,

❹一般政治學者往往會增列第四項, 即政府。晚近有少數人士在大西洋、太平洋等海洋中買下一島嶼, 訂定一國名, 並自稱擁有主權, 要求國際承認其為主權國。但因其幅員 (領土) 太小, 又無政府組織, 故仍無法合乎國家之構成要件。另外關於主權(sovereignty)的解釋, 一般均強調此係指在某一地區範圍內之最高權威(authority), 亦即在此一區域內得行使權力, 並要求民衆受其統治與管轄。因此每一國家均強調其主權不容侵犯, 國際應尊重之, 而所有國內政黨亦必須遵守之。例如法國第五共和的憲法中 (自1958 年起實施) 即在第四條中規定, 所有政黨與團體必須尊重國家主權與民主的原則。

大家立契約共同遵守，於是產生了國家。㈢休謨(D. Hume)❺認為武力是產生國家的原因，現在繼續存在的國家，不是由篡奪而來，就是由征服而來，絕沒有由人民自己同意而來的，因此他反對社會契約說。㈣管子謂「國之所以為國者，體民以為國。」何謂體民以為國？指禁暴安良，興利除害而言；㈤韓愈認為聖人出而擔負保民養民教民的工作，便組成了國家。(詳〈原道〉一文)

中山先生對於國家起源的見解有四：㈠〈民族主義〉中說：「民族是自然力(王道)造成的，國家是武力(霸道)造成的」。㈡〈中國存亡問題〉中說：「論國家的起源，大抵以侵略人之目的，或以避免人侵略之目的而為結合，其侵略固為戰爭，即欲避免人之侵略，亦決不能避去戰爭。」㈢《孫文學說》中稱：「物種進化以競爭為原則，人類進化則以互助為原則。」「社會國家者，互助之體也，道德仁義者，互助之用也。」如就避免或抵抗人之侵略言，亦離不開互助。㈣〈民權主義〉中說：「人同獸爭的野蠻時代，國家的組織沒有完全，人民聚族而居，靠一個有能的人來保護。在那個時候人民都怕毒蛇猛獸來侵害，所以要奉一個有能的人，負保護的責任。……能夠打毒蛇猛獸的人，就是當時很有能幹的人，……大家都奉他做皇帝。」我們推而言之，凡是能除害興利的人，大家就奉他為皇帝，以完成國家的組織。除害興利，除會打的外，中山先生認為「對人民能服務而有功勞的人，大家亦奉他做皇帝，如燧人氏能發明火食，神農氏能發明醫藥，有巢氏能發明造屋，軒轅氏能發明製衣等。」

由上面四項來看，中山先生所謂民族是由自然力造成的，近乎亞里斯多德的自然創造說；所謂以互助化競爭，近乎霍布士的社會契約說，亦與亞里斯多德互助說發生關

❺休謨，或譯休姆(David Hume, 1711-76)，為18世紀蘇格蘭的經驗哲學家、歷史學家。他將哲學視為歸納的、實驗的人性科學。他不認為有超過經驗的知識，並試圖以牛頓的科學方法為楷模，描述心靈是如何獲得知識的。在政治思想方面，他反對社會契約說(即社約論)，他認為所謂靜默同意(tacit consent)的標準是不適切的，大多數的人都不可避免的會受到文化、語言、習慣等之束縛，而政府則會強制的行使司法裁制權。他也指出，任何有關合法性(legitimacy)和政治義務(political obligation)觀念的基礎，必須是基於效用(utility)原則。休謨出身於蘇格蘭的破落貴族之家，早年在愛丁堡學習法律，1734年赴法習哲學，曾任英國駐法大使館秘書、代辦等職，1767年升任副國務大臣，兩年後辭職。著有《英國史》六卷、《人性論》、《人類理智的研究》、《道德原理研究》。一般認為，他對德國哲學家康德的批判哲學及法國哲學家孔德的實證哲學，均有直接影響。

係；所謂國家是武力造成的，與休謨的武力說相似；至于中山先生以保民養民作爲國家起源的因素，乃受了中國傳統學說的影響，與管子的「體民以爲國」，亦與韓愈在〈原道〉中所講的養民教民保民說有關。

這裡要說的是，西洋提倡國家武力說者，多贊成武力征服，中山先生則反對侵略，反對帝國主義，只贊成自願的民族同化。

第三節　民族國家的意義

民族國家(National State)的意義，最簡單的說，是由一個民族單獨地組織一個國家，可以叫做民族的國家。這是近代民族主義思想萌發與民族獨立運動產生以後才有的觀念和主張❻。

國家的構成要素之一是人民，國家內的人民必有其血統遺傳與生活文化的特性，也就是國家內的人民必有其民族性，不過在近代民族主義運動尙未普遍開展之前，沒有受到人們特別注意。近代民族主義萌芽於十五世紀中葉的歐洲，中山先生說：「余維歐美之進化，凡以三大主義：曰民族、曰民權、曰民生，羅馬之亡，民族主義興，而歐美各國以獨立。」(《民報》發刊詞) 羅馬於西元前二十七年建立帝國以後，到西元三九五年，分爲東西兩部。西元五世紀前後屬於東日爾曼族的哥德人，漸漸滲入西羅馬帝國，西羅馬帝國曾經利用他們保衛疆土，對抗匈奴人，在西元四七六年，東日爾曼的民族領袖 Odovacar 篡奪了西羅馬末帝的帝位❼，後者乃告滅亡，歐洲大陸乃有東哥德、西哥德、勃根第、法蘭西等王國的建立，但還沒有民族主義的觀念。各蠻族的王國，以所征服的土地做爲諸侯的采邑，

❻根據陳其南先生的分析，民族主義代表著一種對於國家和政體如何構成之原則的強烈情感。近代民族主義是針對帝國主義政權擴張和殖民政策而產生，其目的在要求民族獨立，建立新的獨立國家，並擁有自主權力。這種民族主義運動，崛起於二次世界大戰前後的第三世界地區，英文稱之爲nationalism，但精確的說，應稱之ethnic-nationalism，較適當的譯名應係「民族國家論」。

至於中山先生的「民族主義」則與上述的「民族國家論」相異極夥。中山先生提倡民族主義的用意在「推翻滿清帝制，重建新中華」，而不是以帝國主義列強爲直接革命對象，也不是要在滿清之外，另建一個「民族國家」，因此一般人多視辛亥革命爲民主革命或共和革命，而非「民族革命」。在本質上，這是同一國家之內的政治革命，亦即推翻舊政體，建立新政體。因此中山先生的「民族主義」與「民族國家論」實不相同。參見，陳其南著《關鍵年代的臺灣》(臺北：允晨，1988) 頁20-22。

❼ Odovacar(鄂多亞克，西元約434-493)爲西羅馬帝國所僱之傭兵領袖，西元476年，廢黜西羅馬皇帝奧古斯都魯(Romulus Augustulus)奪取義大利的統治權，此一事件被視爲西羅馬帝國滅亡的標誌。

形成了封建制度，歷史也進入了中世紀。再到西元一四五三年，奠都於君士坦丁堡的東羅馬帝國又被土耳其人建立的鄂圖曼帝國所滅亡，於是中世紀也告一結束。在此一時期先後，歐洲大陸上許多疆域與今日大致相同的國家開始形成。近代民族意識產生於十字軍東征，而十字軍東征的結果，刺激了商業的發達與中產階級的興起，資本勢力日益雄厚，由於操縱金融，也獲得了政治地位，這些新興的商業資本勢力，要求剷除封建割據，冀有統一的國家以有助於商業的進一步發展，於是資助了民族王國的產生，民族主義也隨之發生。但是建立民族國家的普遍要求却還要延遲到法國大革命以後；法國的大革命不僅在政治上造成了重大的影響，其後拿破崙稱帝並進而企圖征服其歐洲鄰國的戰爭，也促成了近代德意志與意大利的統一。依照民族本身的意願，在其所生存的領域內建立其自己國家的民族國家運動，才開始被世界所承認。而民族國家發展成爲世界各民族建立國家的通則，則要等到第二次世界大戰結束，亞非各殖民地人民的民族自決與民族獨立運動來完成。

第四節　民族主義的定義和目的

一、民族主義的定義

民族主義是什麼？這裡有幾個答案：

㈠民族主義就是國族主義：中山先生說：「什麼是民族主義呢？按中國歷史上社會習慣諸情形講，我可以用一句簡單說話，民族主義就是國族主義。」❽又說：「民族主義就是國族主義，在中國是適當的，在外國便不適當。」何以如此說？「因爲中國自秦漢而後，都是一個民族造成一個國家，外國有一個民族造成幾個國家的，有一個國家可以包

❽此處所指之國族主義，約略等同於英文所指的nation-statism而與ethnic-nationalism（民族國家論）不同。「國族主義」強調一個民族構成一個國家，尤以中國爲然，但在許多外國則不然。至於「民族國家論」則強調本民族的優秀發達與榮耀，往往變成某種程度的種族優秀論。

括幾個民族的。」並舉英國爲例，證明一個國家可以包括幾個民族❾。

㈡民族主義即是民族之正氣之精神：中山先生說：「中華民族者，世界最古之民族，世界最大之民族，亦世界最文明而最大同化力之民族也，然此龐然一大民族則有之，而民族主義則向所未有也。何謂主義（編按：疑似何謂民族主義之誤）？即民族之正義精神也。惟其無正義，無精神，故一亡於胡元，再亡於滿清，而不以爲恥，反謂他（疑漏一「人」字）父，謂他人君，承命爲謹，爭事之恐不及，此有民族而無民族主義者之所謂也。」（中山先生手著本《三民主義》）

㈢民族主義是國家圖發達和種族圖生存的工具：中山先生說：「我們鑑於古今民族生存的道理，要救中國，想要中國民族長遠存在，必要提倡民族主義。」「如果再不提倡民族主義，中國便有亡國滅種之憂。」故說：「民族主義是國家圖發達和種族圖生存的寶貝。」這救亡圖存的民族主義，不僅能行於中國，亦可施之於世界。故又說：「民族主義是人類圖生存的寶貝。」或「人類生存的工具。」（〈民族主義〉第三講）

㈣民族主義是求中國自由平等的主義：中山先生說：「甚麼是民族主義呢？就是中國和外國平等的主義，要中國和英國、法國、美國那些強盛國家都是一律平等的主義。」（〈女子要明白三民主義〉）又說「民族主義是對外打不平的。」（〈救國救民之責任在革命軍〉）又認爲要恢復國家自由，必須實行民族主義。所以林森先生說：「民族主義是求中國自由平等的主義。」（〈民族主義的眞義〉）

㈤民族主義是求世界各種族平等的主義：中山先生說：「民族主義即世界人類各種族平等，一種族不爲他種族

❾英國民族是在長期歷史過程中形成的。其中包括英格蘭人（English），蘇格蘭人（Scottish）、威爾斯人（Welsh）和北部愛爾蘭人（Irish），根據1984年統計，共有5623萬人，其中英格蘭人佔八成以上。

所壓制。」(〈要改造新國家當實行三民主義〉)林森先生認爲「三民主義的民族主義,則爲天下大同主義,而非狹隘的國家主義,內求中國之自由平等,外求一切被壓迫民族主義的解放。」❿(同上)

合起來說,民族主義就中國說,就是國族主義,是求中國自由平等的主義;一般說來,民族主義是民族之正義與民族之精神,民族主義是國家圖發達和種族圖生存的寶貝,是人類求生存的工具,是求世界各種族平等的主義。

二、民族主義的目的

民族主義的目的是什麼?簡答之,在求中國之國際地位平等,詳言之,可分爲㈠消極的目的與積極的目的,㈡對內的目的與對外的目的及對國際的目的,㈢初步的目的與終極的目標。

㈠關於消極目的與積極目的者:什麼是消極目的和積極目的呢?消極目的在於推翻滿清;積極的目的在於各族的同化。中山先生在手著本《三民主義》中說:「夫漢族光復,滿清傾覆不過只達到民族主義之一消極目的而已。從此當努力猛進,以達到民族主義之積極目的也。積極目的爲何?卽漢族當犧牲其血統,歷史,與夫自尊自大之名稱,而與滿蒙回藏之人民,相見以誠,合爲一爐而冶之。以成一中華民族之新主義。如美利堅之合黑白數十種之人民,而冶成一世界之冠之美利堅民族主義,斯爲積極之目的也。」⓫

㈡關於對內對外對國際之目的者:民族主義對內的目的,在求中國境內各民族一律平等,對外中國民族自求解放,卽求中國之自由獨立,對國際求世界各國之國際地位平等。自另方面看,對國內言,各民族一律平等,而不爲他族所壓迫;就對外言,所謂中國民族自求解放,卽應打

❿解放(liberation)是指一個人擺脫外在或內在的束縛,其中包括政治、經濟、社會、文化甚至精神等不同層面。當代的解放運動主要表現在兩個不同的領域:第一,將個人從非理性或壓制性的禁忌或習慣中解放出來;第二,推翻壓抑個人自由的政治體制或社會約制。此處所指的解放主要是在第二層面。

⓫根據1984年的統計,在美國的2億3千6百萬人口中,白人佔81%,黑人佔12%,印地安人佔0.6%,亞裔人口1.5%。在宗教背景方面,40%信仰基督教(Protestantism),30%信仰天主教(Catholicism),3.2%信仰猶太教(Judaism),的確凸顯了多元化的色彩。

倒帝國主義，解除不平等條約的束縛；就對國際言，打破各民族間的不平，世界各被壓迫民族全體解放。

甲、就對內對外的目的言：中國國民黨第一次全國代表大會宣言有云:「民族主義有兩方面之意義：一則中國民族自求解放,二則中國境內各民族一律平等。」這兩個意義,可視之對內對外的兩個目的。單就對中國言，所謂中國民族自求解放，就是求中國之自由獨立。

建國大綱第四條載:「其三爲民族。故對國內之弱小民族政府當扶植之，使之能自治；對於國外強權侵略，政府當抵禦之。」亦可視爲對內對外的兩個目的。就對國內言，要扶助各少數民族，使之自治，而平等相處；就對外言，所謂抵禦強權，就是要打倒帝國主義。

乙、就對國際的目的言：中山先生是主張世界上各民族一律平等，各弱小民族一律解放。中山先生說:「民族主義即是掃除種族的不平。」（民國十年十二月講知難行易）戴季陶先生認爲「中山先生所主張的被壓迫民族的聯合,在理論上,並不限于亞洲,是包括全世界的弱小民族而言。」戴先生又在民生哲學系統表中之民族主義項下列了三條:⑴中國民族自求解放，⑵中國境內各民族一律平等，⑶世界被壓迫民族全體解放。他所增第三條是就對國際而言。

㈢關於初步目的與終極目的者：中山先生認爲三民主義能促進中國之國際地位平等，政治地位平等，經濟地位平等。所謂中國之國際地位平等或中國之自由獨立，就是民族主義的初步目的。

〈中國革命史〉中稱:「對於世界諸民族，務保持吾民族之獨立，發揚吾國固有之文化，且吸收世界之文化而光大之，以期與諸民族並驅於世界，以馴至於大同。」所以世界大同是民族主義的終極目的。

㈣民族自決與民族主義的目的：威爾遜提倡民族自決，中山先生亦提倡民族自決(詳后)。按民族自決爲民族主義的目的，這種目的可在各方面運用：⑴對內求中國境內各民族一律平等，即求國內之民族自決；⑵對外中國民族自求解放，即求整個中國民族之民族自決；⑶對國際求全世界各被壓迫民族之全體解放，即求世界各弱小民族之民族自決。

第五節　民族自決與民族同化

一、民族同化

㈠何謂民族同化：儒家認爲「諸侯用夷體則夷之，夷狄進于中國則中國之。」孟子雖然只主張「用夏蠻夷」，不主張「夏變于夷」，但就所謂「諸侯用夷禮則夷之」來看，就是說用夷禮的諸侯則變爲夷狄了；就所稱「夷狄進於中國則中國之」看，就是說明夷狄用中國禮就變爲中國人了。這裡的「禮」，可看作禮儀，禮節，法規，生活方式及風俗習慣等。簡稱之，也就是文化。中國人採用夷狄文化，則爲夷狄所同化，夷狄採用中國文化，則爲中國所同化。就這一步來看，所謂民族同化，簡稱之，可說是同其禮俗，詳言之，可分爲血統的溝通(通婚)，宗教的傳佈，風俗習慣（歷史習尙）與生活方式的互換，語言文字的交流，以及民族意志的發展等等。⓬

有人把民族文化，分爲強迫的同化與自願的同化兩種；但著者以爲所謂強迫的同化，如日本治臺初期的皇民化，乃是一種民族壓迫或民族侵略，不能看作直正的民族同化。

㈡中山先生對于民族同化的見解：民國元年，國民黨宣言，所宣佈的政綱，內中第三項即爲「勵行種族同化。」

⓬同化(assimilation)是指民族傳統相異的個人或群體被融入主導文化的過程。通常被同化者不是外來移民，就是少數民族。最成功的同化經驗是美國的歐洲白人移民，經過兩三代以後，他們均已同化而爲「美國人」。但不同膚色、體格的民族之間的同化卻非常困難，如在美國的非洲黑人移民和亞裔黃種移民，雖然經過了好幾代，在觀念及思考方式上，均已「美國化」，但仍然不易進入社會的主流，甚至面臨持續性的種族歧視。基本上，徹底的同化是非常少見的。

民國八年中山先生手著本《三民主義》，指出民族主義之目的有二：一爲消極目的，即推翻滿清；二爲積極目的，即民族同化。並舉瑞士、美利堅爲例，以證明各族人民可以同化爲一個較大的民族(詳前)。民元臨時大總統宣言主張，「合漢滿蒙回藏苗諸地爲一國，合漢滿蒙回藏苗諸族爲一人，是曰民族之統一。」可見中山先生提倡民族同化的目的，在于組織一個統一的中華民族。⓭

㈢蔣中正先生對民族同化的見解：蔣中正先生認爲我們中華民族是多數宗族（指民族言）融合而成的，這融合的力量是文化的同化，不是武力的征服(詳前)。故中山先生曾指出中華民族是最富有同化力之民族。（見手著本《三民主義》）過去同化了四夷五胡，今後合漢、滿、蒙、回、藏、苗等族于一爐而冶之，當然沒有問題。

㈣蔣中正先生論中華民族同化之經過：蔣中正先生在《中國之命運》中說：「秦漢時代……中國西北沙漠草原地帶的宗族，于其侵犯則禦以武力，于其歸順，則施以文治。同時由於生活的互賴，與文化的交流，各地的多數宗族，到此早已融和爲一個中華大民族了」。西晉遭五胡之亂，「黃河流域爲匈奴、鮮卑諸族所割據，……但莫不襲中國的衣冠，行中國的政教，隋唐大一統的局面，實爲魏晉南北朝四百年間，民族融合的總收穫。」宋代北方的「契丹（遼）和女眞（金）都是中國北部與東部方面生活未能完全同化的民族……他們雖先後入據中原，但他們仍先後浸潤于中原文化之中。蒙古的興起，與契丹女眞事同一例。……因而自忽必烈以下的宗支，亦同化於中華民族之內，滿族入據中原，其宗族之同化與金相同。故辛亥革命以後，滿族與漢族實已融爲一體，更沒有歧異的痕跡。」

二、民族自決

⓭但是在後來中國大陸的民族同化過程中，卻出現諸多弊端，而且並不成功，多次民族紛爭事件爆發，其中尤以漢族與藏族、回族、維吾爾族之間的衝突，最爲嚴重。目前中國大陸一共有54個少數民族，佔大陸十一億人口中的6.7%，但分佈面積甚廣，約佔大陸總面積50-60%，在少數民族中，人口最多的是廣西雲南一帶的壯（僮）族，有1,337萬人，最少的是東北的赫哲族，僅有1,500人，（1985年）。至於人口超過一百萬的，則共有15個民族，依次是：①壯族（廣西、雲貴）；②回族(寧夏、陝甘一帶，約720萬人）；③維吾爾族（新疆一帶，約595萬人）；④彝族(四川、雲貴，545萬人）；⑤苗族（兩湖、雲貴、四川，503萬人）；⑥滿族（東北、內蒙，約430萬人）；⑦藏族(西藏、青海、四川等地，約422萬）；⑧蒙古族(蒙古、新疆、東北、341萬人）；⑨土家族（兩湖，283萬人）；⑩布依族(貴州，212萬人）；⑪朝鮮族(東北，176萬人）；⑫侗族(貴州，湖南，142萬人）；⑬瑤族(兩廣、雲貴、湖南，140萬人）⑭白族(雲南，113萬人）；⑮哈尼族（雲南，105萬人）。

㈠何謂民族自決：一個民族的對內對外一切主張和行動，不受外人干涉，叫做「民族自決」；一個殖民地要求自由獨立，解除其他民族的約束和控制，亦叫「民族自決」，賈捐之〈棄珠崖議〉說：「欲與聲教則治之；不欲與者，不強治也。」這亦含有讓各小民族自決的意思。

㈡中山先生對於民族自決的見解：中山先生是最重視民族自決的。他認為威爾遜總統在第一次世界大戰時提倡民族自決，各弱小民族大表歡迎，但戰後召開和平會議，英法意等國，用種種手段，騙去威爾遜的主張，各弱小民族不能自決，而且較以前更受壓迫。(〈民族主義〉第四講) ⓮

民族自決與民族主義的關係，前已言之。所謂中國境內各民族一律平等，就是對內求弱小民族的自決；所謂中國民族自求解放，是對外求民族自決，所謂全世界各弱小民族一律解放，就是求世界各弱小民族之民族自決。由此，可知威爾遜提倡民族自決，中山先生亦提倡民族自決。

三、民族同化與民族自決有無衝突

或許有人以為中山先生一面提倡民族自決，一面提倡民族同化，難免不無衝突之處。其實不然，因為民族同化是文化的融和，不是武力的征服；是自願的，不是勉強的。在民族自決的原則下，實行民族同化，是並不矛盾的。如夏威夷、阿拉斯加之參加美利堅共和國，乃是自願的，不是勉強的。故中國國民黨第一次全國代表大會宣言稱：「國民黨敢鄭重宣言承認中國內各民族之自決權，於反對帝國主義及軍閥之革命獲得勝利後，當組織自由統一之（各民族自由聯合的）中華民國。」⓯

⓮威爾遜(Thomas Woodrow Wilson, 1856-1924)總統的主張，是在一次大戰之後瓦解當時的三大帝國（即德國、奧匈帝國和奧圖曼土耳其帝國），並由民族自決方式建立民族國家(nation states)、實施非武裝化、公開外交(open diplomacy)、以仲裁方式解決民族爭端，以及建立國聯(League of Nations)組織以保障國際和平。但不幸的是，在1919年的巴黎和約中，（在凡爾賽-Versailles召開，會期是從1月18日起），列強雖然接受了建立國聯的原則，卻完全背離了威爾遜的「十四點方案」，戰敗國被迫割地賠款，中國更被迫割讓山東給日本，消息傳回，在中國掀起了著名的五四運動。換言之，弱小民族非但未能自決，反而更受壓迫。而威爾遜個人更因談判溝通能力不足，未能說服國會支持美國加入國聯，他乃決定旅行全國發表演說，籲請公衆支持。但是由於他健康不佳，經不起奔波勞累，終因腦血栓而導至半身不遂。最後美國仍然未參加國聯，導致威爾遜和平理想原則的破產。1920年12月，威爾遜獲頒諾貝爾和平獎，三年多後，在1924年2月3日辭世。

⓯根據此一原則，中華民國的政治體制，應該較接近於聯邦制，亦即各地方擁有充分之自主權，而且加入聯邦之原則係自由聯合而非強迫加入。

第六節　中華民族的成長和發展

一、中華民族的來源

㈠中山先生論中華民族的來源：中華民族那來的呢？中山先生說：「百姓民族（中國民族）是由北方搬進來的，過葱嶺到天山，經新疆以至於黃河流域。照中國文化的發源地說，這種議論似乎是很有理由的，如果中國文化不是由外國傳來，是由本國發生的，那麼照天然的原則來說，中國文化應該發源於珠江流域。不應該發源於黃河流域。因爲珠江流域氣候溫和，物產豐富，人民很容易謀生。是應該發生文明的。但是考究歷史，古時候的堯舜禹湯文武，都不是生在珠江流域，都是生在西北。珠江流域在漢朝還是蠻夷，所以中國文化是由西北方來的，是由外國來的。中國人說人民是百姓，外國人說西方古時有種百姓民族，後來遷移到中國，把中國原來的苗子民族或消滅或同化，才成爲中國今日的民族。」（〈民族主義〉第三講）

中山先生上面的見解，受了誰的影響呢？主要是受了法國學者拉克伯里的影響。

拉克伯里(Terrien Lacouperie)研究中國文化來源，寫了一本《中國古代文明西源論》，（*Western Origin of the Early Chinese Civilization*,1894)，斷言中華民族乃自西亞細亞的巴比倫遷至中土。他認爲中國古代文化係從巴克族(Bak)傳來，巴克族便是後來的漢族。這族最初的酋長名叫奈亨臺(Nokunte)，卽漢音「乃黃帝」。奈亨臺在公元前二三〇〇年左右，曾率領族人進入新疆，更沿塔里木河，崑崙山脈進入甘陝交界地帶。並且中國「百姓」的「百」字，卽由巴克族的「巴」字音轉而來。這學說一出，當時中外學者都一致贊同，而且在中國已成爲淸末民初一種最流行的解說。中山先生於民國十三年講演民族主義，那時「北京人」的化石尙未發現，中山先生接受「西來的」論證，乃是極爲自然的事。這並非是中山先生本身硏究的錯誤，實因受當時學術硏究發展的進度所限制，我們不必勉强的接受這種受時空環境限制的解釋觀點。

㈡北京人與中華民族：民國十八年(公元一九二九年)我國學者在北京附近房山縣周口店所發現的原始人頭蓋骨化石，幾經硏究，知道他是約在五十萬年前左右的遺骨，係介乎人與猿之間的一種原始型的人類祖先。學者稱這種原始人爲中國猿人北京種，簡稱爲「北京人」。這就是說，在五十萬年以前，中土已有原始人的存在，而這種原始人，就是在中國本土發祥的。自從周口店發現原始人頭蓋骨化石之後，不久又在該地的上洞，發現舊石器時代初期的遺物和眞人骨骼化石，年代約在七八萬年前左右，這可說是「北京人」後裔的遺蹟。而在周口店「北京人」發現的前後，在察哈爾的宣化、陝西的楡林、黑龍江的海淖拉、廣西的武鳴等地，都有舊石器時代遺蹟的發現，其所代表的年代，爲一二萬年前至五六萬年前不等。至于新石器時代遺蹟的發現，則更爲普遍了。總之，由「北京人」時代，而舊石器時代，而新石器時代，從其遺蹟遺物加以分析，都可證明與中國古代的器物和人類，是有其傳演淵源的。雖說仰韶的彩繪陶器，和中西亞的史前陶器相彷彿，祇能說明中西文化很早就有交流的關係。事實上，由「北京人」時代，以至舊石器時代，新石器時代，乃至于有史時期，在中國本土以內，都有人類，由發祥而擴展，「生生不息」的在演進，這就是中華民族的來源。從以上的分析，可知中華民族的先代，應係發源于中國本土，並非遠從西方的西亞細亞遷徙來。因此所謂「西來說」根本發生動搖。中山先生于民國十三年講演民族主義時，贊成「西來說」，當時「北京人」與上洞老人的骨頭，以及新舊石器時代的遺蹟遺物，尙未發現。民國十四年三月十二日中山先生逝世，距「北京人」的發現尙有四年，因此亦無修改其意見的機會。但是自「北京人」以及新舊石器時代許多遺物相繼在中土發現之後，許多學者均相率放棄「西來說」。如羅素在所著《中國文化論》一書內，卽指出「中華民族實發源於本土，非外來之民族。」。

二、中華民族的成長與發展

㈠古代中國民族的構成：蔣中正在《中國之命運》一書中指出：「就民族成長的歷史來說：我們中華民族是多數宗族融和而成的。融和於中華民族的宗族，歷代都有增加，但融和的動力，是文化而不是武力，融和的方法是同化而不是征服。在三千年前，我們黃河、長江、黑龍江、珠江諸流域，有多數宗族分佈於其間。自五帝以後，文字記載較多，宗族的組織，更斑斑可考。四海之內，各地的宗族若非同源於一個始祖，卽是相結以累世的婚姻。《詩經》上說：『文王孫子，本支百世』，就是說同一血統的大小宗支。《詩經》上又說：『豈伊異人，昆弟甥舅』，就是說宗族之間，血統相維之外，還有婚姻的聯屬。古代中國的民族就是這樣構成的。」這裡所講的宗族，是指國內各民族而言。

㈡各族融和與發展：正因為融和的動力是文化而不是武力，融和的方法是同化而不是征服，故各族自然化除民族界限而歸于一體。如蒙古，由周代的玁狁，秦漢的匈奴，已開內附與同化之端。自此以後，突厥之在初唐，契丹之在晚唐與兩宋，蒙古之在明清，皆迭有內附與同化的歷史。新疆則春秋時代，秦國稱霸西戎，繼之以漢代之通西域。

唐代之定天山，而成之以元淸兩代的開拓。這兩個區域，歸化中國的期間，皆綿亙至二千餘年之久。西藏則自吐番改宗佛教，元代則隸於宣政院，淸代則隸于理藩院，其同化亦超過一千三百年以上。至於東北，則比其他邊區之內向更早，肅愼的內附，始於周代，漢族的開發，盛于兩漢，中經隋唐宋元明，都是漢族與東胡共存的區域。迄于淸代，則農工商業的經營，更全賴漢族的努力，卽滿族亦同化於中華民族之中。」因此，能維繫中華民族五千年歷史于不墜，而成爲世界人口最多的國家。

三、中華民族構成的基礎

蔣中正指出在中國領土之內，各宗族的習俗，各區的生活，互有不同。然而合各宗族的習俗，以構成中國的民族文化，合各區域的生活，以構成中國的民族生存，爲中國歷史上顯明的事實。這個顯明的事實，基于地理的環境，基于經濟的組織，基于國防的需要，亦基于歷史上的共同命運。

㈠以地理的環境而論：中國的山脈河流，自成完整的系統。試由西向東，加以鳥瞰：由亞洲屋脊之帕米爾高原，北路沿天山阿爾泰山脈以至于東三省，中路沿崑崙山脈以至于東南平原，南路沿喜馬拉亞山脈以至于中南半島。在三大山脈之間，有黑龍江，黃河、淮河、長江、珠江諸流域。中華民族的生存發展，卽在這幾個流域之間，沒有一個區域可以割裂，可以隔離，故亦沒有一個區域可以自成一個孤立的局面。

㈡以經濟的組織而論：在上述的完整山河系統之下，各個區域各有其特殊的資源與特有的土壤，所以各區域的生活，或爲狩獵，或事游牧，或進于農工，或宜于礦冶，或專于魚鹽；其分工基於自然的條件，其交易出于生活的必需。故遠在鐵路輪船發明使用之前，彼此之間，商業往來，卽至爲繁密。此經濟共同生活，亦卽爲政治統一以至于民族融和的基礎。

㈢以國防的需要而論：上述的完整山河系統，如有一個區域受異族的佔據，則全民族全國家，卽失其自衞上天然的屏障。河淮江漢之間，無一處可以作鞏固的邊防。所以臺灣、澎湖、東北、內外蒙古、新疆、西藏，無一處不是保衞民族生存的要塞。而這些地方的割裂，卽等同中國國防的撤除。更由立國的資源來說，東北的煤鐵與農產，西北的馬匹與羊毛，東南的鋼鐵，西南的鎢錫，無一種不是保衞民族生存的要素。這些資源的喪失，亦卽爲國基的毀損。

㈣以共同的命運論：至于各宗族歷史上共同的命運之造成，則由于我們中國固有的德性，足以維繫各宗族內向的感情，足以感化各宗族固有的特性。四隣的「朝貢」，中國常答以優厚的賜與，從沒有經濟侵略的企圖。四隣的戰爭，中國常保持「繼絕世，擧廢國」的大義。所以四隣各族，其入據中原部份，則感受同化。其和平相處的部份，則由朝貢而藩屬，由藩屬而自治，各以其生活的需要與文化的程度爲準衡。（摘自《中國之命運》）

第六章　民族問題與民族主義

本章要討論的是(1)民族問題的根源，(2)殖民帝國主義的擴張，(3)共產帝國主義的侵略。並附錄民族主義與帝國主義。

第一節　民族問題的根源

這裡我們要講到：(1)民族紛爭的根源，(2)我國當今的民族問題。另外有關民族精神消失的原因，則見第七章。

一、民族紛爭的根源

二十世紀人類，面臨著三大問題，曰民族、民權、民生。此三大問題，並非始自今日，而是自歐洲文藝復興之後，卽已存在。西元二十七年，渥大維(Octavius)❶戰勝了其他政敵，接受了元老院的「奧古斯都」(Augustus)封號，建立了羅馬帝國。及中世紀末，羅馬帝國式微，方言文學興起，各民族對於自己的歷史、文化有了認識，也由此認識而產生了信仰，於是被壓迫的民族才有以共同血統、語言和共同歷史文化爲原則，結成民族國家，這種民族國家思想，後來就演變成了民族主義。民族主義和以大帝國名義征服並統治其他民族的帝國主義是不相容的，它要反抗帝國主義的征服與統治，求得民族的自由與國家的獨立，於是就起了民族紛爭。所以中山先生說：「羅馬之亡，民族主義興，而歐美各國獨立。」(〈民報發刊詞〉) 到了十八世

❶渥大維(Gaius Octavius, 63 B.C.—14 A.D.)

羅馬皇帝，凱撒之甥孫、養子和繼承人。凱撒被刺後，與雷比達(Lepidus)、安東尼(Antony)三分領土。後因與二人不和，將二者兼併，統一羅馬。公元前13年，征服埃及，復以武力擴張羅馬在歐洲之版圖。前27年，元老院奉之爲「奧古斯都」(Augustus)，其義爲「至尊」，兵權政權集於一身，自任元老院首席，其統治亦稱「元首政治」(principatus)，是爲羅馬帝制之始。

紀的產業革命，更促進了殖民地運動的發展。歐洲的一些新興民族國家，爲了經濟上和政治上的理由，乃用政治的、經濟的及軍事的手段，進行侵略，這些原來反對帝國主義的國家，本身至此竟也成了帝國主義者，於是被壓迫民族又掀起了民族革命，反對這些殖民帝國主義的侵略，以解決自己民族的問題。由此可知，沒有帝國主義就沒有民族壓迫，沒有民族壓迫也就沒有民族革命，民族問題的根源，就在於帝國主義的侵略。

二、現今的民族問題：

過去的民族問題在於帝國主義的侵略，當今面臨的問題又是什麼呢？自中共竊據大陸以來，中華民族所面臨的危機，較之過去任何時期都嚴重。誠如蔣中正先生說：「今天的中華民族情勢，其危機遠超過於五十年前的當時……。我們堂堂中華青年，如果再不及時興起，則亡國滅種的悲劇，就在你們的面前。」（民國四十年青年節告全國青年書）現就人口、政治、經濟三方面來說明我國現今的民族危機。

⑴人口方面　中山先生當年所說的人口壓迫，是天然淘汰的力量，中共竊國後則以人爲的力量，肆意屠殺同胞，有計劃的毀滅我民族。據統計，自三十八年迄今，在中共清算鬥爭之下直接被屠殺的同胞，已超過六千六百多萬❷，至於遭迫害而自殺、餓死的，更難以計數。一些不願與中共合作，或中共認爲「成分不純淨」的份子，更被中共送去「參軍」，在它侵略的戰爭中充當礮灰。其視人命如草芥的作爲，是任何中國人都無法容忍的。

⑵政治方面　二十多年來，中共政權由所謂「四個階級聯合專政」而共產黨一黨專政，更進而毛澤東個人獨裁，實行其無法無天的暴力統治，大陸同胞在他的奴役和壓迫下，不但失去了一切自由（沒有言論自由，也沒有不言論

❷另據大陸學者譚健（中國社會科學院政治學研究所研究室主任、高級研究員）的分析，自中共建黨以來，一共殺戮了一億三千萬人，另外因爲政治運動而遭株連迫害的人數，則高達兩億人，總計有三億兩千萬人受到牽累，甚至死亡，總數佔全中國人口近三分之一，殘暴程度遠超過史達林和希特勒時代。見 Tan Jian, *"China Must Eradicate Totalitarian Rule and Implement Democratic Politics ——New Thoughts on Political Reform in Mainland China,* Second International Conference on Democracy and Social Justice,Orienda,CA,U.S.A,June 24-27,1990.

的自由）和政治權利，我國「以民爲本」的政治傳統，悉遭破壞。

⑶經濟方面　中共政權僭立後，卽以暴力沒收了地主土地和資本家財產，改變了生產制度與方式，實行其所謂共產，結果是「全國人民共貧」的「共慘」。中共壓榨人民的勞力，剝削人民的血汗，以供少數幹部揮霍，官倒之風無以遏止，中共政權更不顧人民的生活而發展核子武器，及打腫臉充胖式的「援助」世界各地共黨，發動侵略戰爭。這些人禍，加上接連不斷的天災，使得大陸各地時常發生饑荒，經濟日益蕭條，人民衣食短缺，生活常臨困境。

第二節　殖民帝國主義的擴張

這裏我們要講到：⑴帝國主義的意義，⑵殖民帝國主義的擴張，⑶殖民帝國主義的沒落。

一、帝國主義的意義

何謂帝國主義？因人因時而有不同的看法，現在就中山先生的看法，列寧的解釋，及我們今天應有的看法加以比較。❸

㈠中山先生的看法：什麼是帝國主義？中山先生的答覆是：「用政治力去侵略別國的主義，卽中國所謂勤遠略。這種侵略政策，現在名爲帝國主義。」（〈民族主義〉第四講）我們的文化進步甚早，政治思想甚高，到了漢代就有反對走帝國主義的老路，其中最有名的〈棄珠崖議〉，就是漢元帝時賈捐之所提。賈氏以爲海南島（珠崖）人民，「欲與聲教則治之，不欲與者不必治也。」這就是反對用政治和軍事的力量，去侵略弱小民族的明證。

㈡列寧的解釋：列寧著有《帝國主義論》❹，他從資本

❸一般而言，帝國主義(imperialism)是指某國家在其本國領域之外違反當地人民的意願對其實施控制的政策。通常這些統治國爲了本身的利益與發展，剝削其從屬國或殖民地的物質、經濟及社會資源，並進行廣泛的政治、社會及文化控制，使這些國家或地區長期受其宰制。

❹列寧《帝國主義論》(Imperialism: The Highest Stage of Capitalism)，是列寧最主要的著作之一，書成於瑞士，在1916年寫完，次年出版，旨在對馬克思的《資本論》(The Capital)做一補充。列寧強調經濟獨佔在世界經濟中的新角色，他指出，由於資本主義國家致力於追求新市場及殖民地，其間引發的競爭差異，必將導向戰爭，而幾乎沒有任何一個資本主義國家可以倖免。列寧並且強調，帝國主義強權間不可能形成友善關係，帝國主義戰爭是不可避免的。列寧進一步指出，由於對工人的剝削帶來了大量的利益，因此資本家與財富壟斷者將會賄賂工人領袖及部分工人，造成工運內部無法團結。但是，由於帝國主義所加重的階級矛盾，不可避免的將導致資本主義的崩潰。但是由於資本主義各國在經濟與社會發展上的不平衡，因此有的國家的無產階級革命條件將會較早趨於成熟，因此，無產階級革命不會在全球各地同時成功。但是，除非世界各地的社會主義革命均已成功，否則不應解除革命武裝，而社會主義只有經由革命才能成功，革命卻是不能沒有武力的。這也造成了以後成立的共產主義政權，始終無法擺脫窮兵黷武的本質。

主義出發，去下帝國主義的定義，認爲帝國主義是資本主義發展的最後階段。他認爲資本主義發展到了最高峯，要向國外找原料，要向國外推銷商品，便要侵略弱小民族，把弱小民族的地區當做殖民地，便變成帝國主義了。列寧專就經濟侵略一例來下帝國主義的定義，實過於武斷。按資本主義的發展興盛，乃是十八世紀中葉工業革命以後的事，即論其發生，祇可溯源於十五六世紀的商業革命。但帝國主義早在羅馬時代就已經存在了，列寧自己也承認「建立在奴隸制度上的羅馬，曾進行殖民政策，實現帝國主義。」可見帝國主義先於資本主義而存在，而不是「資本主義發展的最後階段」。再者，帝國主義之所以爲帝國主義，在於「侵略」。如果不侵略，資本主義並不是帝國主義；如果實施侵略，則社會主義也是帝國主義。故帝國主義與型態的資本主義之間並無必然的因果關係。列寧所了解的只是一個時期一種帝國主義，實屬以偏概全。

㈢帝國主義的種類和定義：列寧分帝國主義爲羅馬式的帝國主義、封建式的帝國主義、資本主義式的帝國主義，而視共產主義爲反帝國主義的先鋒。時至今日，我們對於列寧的看法要加以修正，而且要從史實上找出帝國主義的種類。

⑴羅馬式的帝國主義　採用軍事力量和外交力量。

⑵封建主義式的帝國主義　採用軍事力量和外交力量。

⑶資本主義式的帝國主義　採用經濟力量和政治力量。

⑷法西斯蒂式的帝國主義　採用軍事力量和特務力量。

⑸共產主義式的帝國主義（大斯拉夫主義或稱新殖民

主義）採用文化力量（思想戰）和特務力量及顚覆手段，有時亦用軍事力量。

從以上各種史實，我們對於帝國主義可以下一個新的定義，就是無論用軍事（武力）、政治（外交）、文化、經濟或特務力量去侵略其他國家，攫取殖民地的都叫帝國主義。從前列寧視西方資本主義國家爲帝國主義，現在許多人則視蘇俄爲社會主義的帝國主義❺了。尤其是從中國被侵略的觀點來看，截至民國卅四年止，帝俄與蘇俄先後侵奪我中國的領土，共計五百八十八萬三千八百平方公里以上，幾乎佔了我國固有領土三分之一以上的面積。所以俄帝實爲中國的世仇和大敵。（詳〈反共抗俄基本〉）

❺按照馬列主義的理論，社會主義政權是自資本主義崩潰，無產階級以革命武力手段而建立的，本應擺脫帝國主義的問題。但事實上蘇聯卻透過第三國際及國際共黨運動，控制各國共產黨人，並輸出暴力革命，成爲另一種帝國主義，亦即「社會主義的帝國主義」，以有別於「資本主義的帝國主義」。

二、殖民帝國主義的擴張

這裏論擴張的原因、方式與實際情形等。

㈠殖民帝國主義擴張的原因：近代帝國主義者向外擴張的原因，在各國都大致相同，總不外下列諸端：

⑴商人的願望　產業革命後，商人希望獲得殖民地爲他們的製品新闢市場，同時也可以獲取原料，而且在本國的權力保護之下，可作開礦及其他種類的投資。這種經濟的動機，可說是引起帝國主義擴張的最主要原因。

⑵國家主義者的願望　少數激烈的愛國者（國家主義者）爲使自己的國家增加更多的土地，提高國家的地位與聲望，乃主張對外侵略。這就是在近代的國家主義者往往實行軍國主義，最後終於轉變爲帝國主義的原因。

⑶某些區域之佔領，乃國防所必需的藉口　例如日本的兼併朝鮮，即以本國的安全爲藉口。

⑷傳教精神的變質　有的殖民工作係基於使落後民族得以開化或基督教化的願望，不幸這一類的動機往往爲自私的貪慾所利用。例如比利時王利俄波爾德宣稱，他希

望把基督教文明的幸福帶給中非洲在黑暗中的尼革羅人，而事實上他所帶給他們的是不幸與痛苦，而這種不幸與痛苦，却可以為國王本人及與國王相關的商人帶來大量的利益。

㈡殖民帝國主義擴張的方式：殖民帝國主義擴張的方式有三：一為直截了當地控制其政治與領土，即以之為「殖民地」；二為間接統治其地使之變為保護地區；三為畫分由列強各享特殊利益的「勢力範圍」。擴張的手段則有軍事（武力）、政治（外交）、文化、經濟或特務等，種類不一而足，而且這些手段並不單獨行之，往往是兩種以上的綜合運用，以達其擴張的目的。

㈢殖民帝國主義擴張的情形：十九世紀末期和二十世紀初期，殖民帝國主義的興起，成為世界史上最顯著的事實。一八七〇至一九一四年間，可以稱為殖民帝國主義的時代。歐洲列強大事向外擴張，在短短三十年間，歐人殖民帝國的擴建，超過了一千萬平方英里的面積和接近一億五千萬的人口，亦即控制了全球五分之一的土地和十分之一的人口。

參與帝國主義活動最主要的國家有英、法、德、意、美諸國。而小小的比利時，其本身還是於一八三〇年才建立的「新」國家，卻在非洲剛果地區取得了九十萬平方英里的土地，而其歐洲的本土不過一萬一千七百七十五平方英里而已。俄國雖未從事海外拓殖(因無出海港)，不過它在烏拉山脈以東以及中東和遠東皆大事擴張，尤其是在波斯、印度、中亞一帶。

在列強之中，擴張領土最多是英國。中山先生在民族主義第四講說：「撒克遜人所擴充的領土，西到北美洲，東到澳洲、紐西蘭，南到非洲。所以說佔世界上領土最多的是撒克遜民族。」按過去有「英國無落日」或「日不落國」之說，意思是全球每日晝光所照之地，都有英國領土。此外，法國在非洲與越南建立了它的殖民地；德意志單是在非洲所佔有的土地，即達一百萬平方英里；日本也曾併吞了臺灣朝鮮，並在中國的滿州建立了它的勢力範圍，而且具有征服整個亞洲的野心；美國則於一八九八年美西戰爭後兼併了波多黎各與菲律賓，並使古巴成爲其保護國，另取得薩摩亞群島的一部，均屬擴張的行動。

各國的競相擴張，乃造成了若干衝突和摩擦。除普、奧和普、法戰爭外，幾乎所有十九世紀的重大國際衝突，皆與歐洲以外的殖民競爭有關。在衝突和摩擦之外，各國間也有某些妥協和讓步，這又由兩種方式表現之：一爲「領土的瓜分」，如非洲即曾遭英、法、德、比、西、葡、意等七國的瓜分；另一方式爲「勢力範圍」的畫定，如中國即曾由英、法、日、德、俄五國在其領土內畫分勢力範圍，而淪於「次殖民地」的地位。

三、殖民帝國主義的沒落

第一次世界大戰後，反對帝國主義與要求民族獨立自主，成爲全世界弱小民族一致的要求。潮流所至，除了存在於歐洲的民族問題，如波蘭、芬蘭、立陶宛、拉脫維亞、愛沙尼亞、南斯拉夫、捷克斯拉夫等都得到解決外，（其中立陶宛、拉脫維亞、愛沙尼亞三國，於二次大戰中又爲俄國所併吞，而淪入鐵幕），在亞非二洲，埃及、波斯、阿富汗、伊拉克、敍利亞等國，也獲得了獨立，特別是曾被稱爲亞洲兩大病夫的中國和土耳其也掀起了民族復興運動。等到二次大戰後，亞非民族大都掙脫了帝國主義的枷鎖而成立新興國家。殖民帝國主義於此乃成爲一歷史名詞，但不幸國際共黨繼之而起，實行新的帝國主義的侵略，使得世界民族問題，益形複雜而嚴重。此一現象，直到一九八九年共產主義全面自東歐退卻之後，才漸趨緩和。

第三節　共產帝國主義的侵略

這裏要研究的是：⑴共產帝國主義的興起，⑵共產帝國主義的侵略。

一、共產帝國主義的興起

一九一七年十月，俄國的布爾雪維克黨人在彼得格勒武裝暴動，推翻了二月革命後所成立的克倫斯基❻政府而取得政權，領袖爲列寧等人。列寧取得政權後，對內實施無產階級專政，推行激烈的經濟改革與社會改革。對外爲了赤化世界，乃於一九一九年三月二日在莫斯科組織共產國際（第三國際）❼，翌年召集第二次代表會，製訂「二十一條款」要求各國共黨成爲它的支部，必須忠實地執行其政策和決議，其第十四條並規定各國共產黨必須保衛蘇俄祖國，遂使共產國際成了蘇俄侵略擴張的工具。至一九四三年六月十日，史達林爲爭取西方國家的援助，宣告解散「第三國際」，但蘇俄侵略的本質與策略，毫不改變，並且有增無已，日益猖獗。

民國十年，在第三國際的指使下，中國共產黨在上海成立❽。此實爲蘇俄侵華的一重要工具，從此中共卽成爲蘇俄的應聲蟲與中華民族的家賊。及抗戰軍興，中共更進行襲擊國軍，打擊政府的工作，假借「抗日」之名，擴大其武裝叛亂力量。至抗戰結束，中共得到蘇俄的支持，乃全面叛亂。民國卅八年底，中國大陸全部淪陷，此實爲二十世紀以來最大的悲劇。中共竊據大陸後，對內實行共產集權暴政，殺害同胞，破壞民族歷史和文化，對外始則出

❻克倫斯基(Aleksandr F. Kerensky 1881-1970)俄國的溫和社會黨人，曾在1917年的二月革命後出任總理，但旋即在同年的十月革命中爲布爾什維克(Bolsheviks)所推翻。克倫斯基係律師出身，曾經常常爲沙皇時的政治犯做辯護。1912年起，他出任俄國議會(duma)的議員，領導社會民主黨人，並在1917年二月革命後出任臨時政府的司法部長和國防部長。七月七日後，接任總理。他支持俄國參戰（第一次世界大戰），並宣布成立俄羅斯共和國(Russian Republic)。但是他反對布爾什維克(意爲共黨內之多數派)的暴力革命。十月革命後，列寧當權，克倫斯基在1918年五月離俄赴法，1940年轉赴紐約，直到1970年逝世。他出版過《布爾什維克的前奏》，《俄國的歷史轉捩點》，《克倫斯基回憶錄》等書。

❼第三國際(Third International，或Comintern)，1919年3月成立於彼德格勒（現名列寧格勒）。目的係促進世界各地的共產革命，並將俄國革命經驗輸出世界各地。列寧將其視爲「世界革命的總指揮部」。1943年因二次大戰期間需爭取英、美支持，蘇聯乃決定結束此一組織。取名第三國際的原因，係因在它之前已出現第一國際(1864-76)，第二國際(1889-1914)等共黨國際組織。請參看，鄭學稼著，《第三國際史》(三卷)（臺北，商務，1977）及段家鋒著《第二國際史》(臺北，商務，1987)。

❽中共於民國十年七月成立（究竟是那一天，仍有爭議)於上海。推動和指導中共組黨者，係第三國際代表馬林。當時的支持者，

賣國家民族，先爲蘇俄侵略世界的工具，繼而不斷在世界各地製造紛亂，進行滲透分化與顚覆的侵略政策。與蘇俄一樣成爲世界人類的禍害。

二、共產帝國主義的侵略

下面要研究它的⑴侵略的方式與步驟，⑵侵略的實際情形。

㈠侵略的方式及步驟：西方研究共產主義的一些學者，把共產帝國主義的建立，分爲七個方式：一是併呑鄰邦。二是設置傀儡政府。三是保留對方之獨立，而實際上使其唯命是從。四是脅迫所有共產集團國家，隨時隨事表示聯合陣線，以對付非共產世界。五是在非共產國家之中培植扶助共產黨，以擴大其帝國範圍。六是成立外圍組織做其「第五縱隊」。七是誘惑落後國家，脫離西方貿易關係而專與蘇俄來往。至於其侵略的步驟，則可分爲滲透、分化、顚覆及控制四步。儘管其在各地侵略的程度有所不同，其目標則是一致的，必須全面控制此一國家或地區，進而征服整個世界。

㈡侵略的實際情形：蘇俄是共產帝國主義的始祖。它在二次大戰期間卽將波羅的海三小國——愛沙尼亞、立陶宛、拉脫維亞全部併入其版圖。部分領土被蘇俄納入版圖的，如東捷克、東普魯士北部、波蘭東部、芬蘭部分省份❾、羅馬尼亞部分省份❿，中國的唐努烏梁海地方等。其政權被俄共控制的，則有捷克、波蘭、匈牙利、保加利亞、東德等國。至於現之南北越、北韓與高棉，均爲蘇俄或中共的傀儡⓫。

中共是蘇俄一手扶植成長的，而今其侵略氣焰與手段却更勝於蘇俄。牠雖未直接併呑其他國家，却在世界各地製造叛亂，點燃戰火，並設置傀儡政府。韓戰因中共的加

僅有一小群的知識份子。到了民國十二年十月間鮑羅廷抵達廣州，協助中共黨員以個人身分加入國民黨後，才逐漸壯大發展。民國十六年，國民黨決議淸共，中共勢力才受到扼阻。參見，鄭學稼，前揭書，中册，第13，14章。

❾ 1939 年 11 月 30 日,蘇聯軍隊入侵芬蘭，芬蘭人民奮勇抵抗，在森林中以雪地部隊浴血抗戰，但終告戰敗，失去科瑞利亞(Karelia)等地，約佔全芬土地面積十分之一。1947 年，在巴黎和約中，芬蘭正式失去科瑞利亞及礦區帕特沙摩(Petsamo)，芬蘭從此並走上中立化之途。

❿羅馬尼亞東部的比薩拉比亞(Bessarabia)地區，於十九世紀初爲俄國所掠奪，1918 年,該地居民趁俄國內戰而宣告獨立，與羅馬尼亞合併。一次大戰後，蘇聯趁戰爭機會奪回此地,並在 1940 年 8 月成立摩達維亞(Moldavia)社會主義共和國，二次大戰期間，羅馬尼亞人又一度奪回此地,但在 1944 年重又爲蘇聯佔領。摩達維亞共和國目前有面積三萬三千平方公里，人口四百餘萬人，是蘇聯十五個加盟國共和國中次小者（最小者爲亞美尼亞）。一九八九年以後，摩達維亞人紛紛要求獨立，重新併歸羅馬尼亞，並爆發嚴重的種族紛爭。

⓫但自 1989 年下半年後,由於戈巴契夫的開放政策，東歐、蒙古及中南半島各共黨國家，紛紛尋求獨立

入而擴大，越南、高棉的淪入魔掌，爲中共與俄共狼狽爲奸所造成。此外，緬共的叛亂、菲共的猖獗、泰共的活動等，多由中共所策動和接濟的。中共的勢力，還遠伸至南美及非洲等中小國家，許多自由民主國家內部也常有受其訓練的毛派共產黨的非法活動⑫。我們可以說，只要有中共存在的一天，世界便無一日安寧。

自主，已逐漸擺脫蘇聯帝國主義的控制。共黨集團已瀕臨瓦解。

⑫毛派(Maoist)共產黨，即信奉毛澤東思想，主張激進的游擊革命，不斷鬥爭，並進行思想改造的極左翼共產黨。此類共產黨，多以革命共產黨(revolutionary communist party)之類的稱呼出現，強烈反蘇，以有別於一般的共產黨。此類共產黨之成員多係在中共文革時期(1966-76)，對大陸情況不了解，並抱持激進幻想的西方革命青年，以及在亞、非、拉丁美洲等地，主張農村及都市游擊革命的激進份子。在文革結束，中共開始實施部分政經改革之後，這類毛派共黨逐漸與中共脫離關係，並繼續堅持暴力鬥爭之路綫。此類政黨包括：美國革命共產黨、英國革命共產主義同盟、斯里蘭卡勞動人民黨、瑞士紅旗共產黨、馬來西亞共產黨、菲律賓共產黨、依索匹亞人民革命黨、以色列革命共產黨聯盟、孟加拉共產黨、秘魯革命共產黨等。

第四節　民族主義的提出

一、民族主義發生的時代背景

每一種主義的發生，均有其存亡的時代背景。三民主義思想的發生，有兩種因素：一爲世界潮流所至，一爲中國環境所需。乃中山先生「順應世界之潮流，體察中國之環境」而創立的。關於民族主義發生的時代背景，前面已經詳言。

二、民族主義的提出

三民主義中最早發生的是民族思想。中山先生最初於中法戰爭之時，決志傾覆滿清，即以民族主義爲號召，此可由興中會宣言中見之：「近之辱國喪師，強藩壓境；堂堂華夏，不齒於鄰邦。文物冠裳，被輕於異族；有志之士，能無撫膺！……乃以庸奴誤國，荼毒蒼生，一蹶不興，如斯之極。」興中會誓詞稱：「驅逐韃虜，恢復中華，建立合衆政府」，其中一、二句，卽代表民族主義或民族革命。至於「民族主義」一詞的出現，當始自民國前八年的〈手訂致公堂新章〉，該文說：「原夫致公堂之設，由來已久，本愛國保種之心，立興漢復仇之志，聯盟結義，聲應氣求，民族義賴之而昌…。」

民族主義的提出，其最初意義只是對內的，那就是推翻滿清，使「國內各民族一律平等」，民族平等之目的在結合一個強大的中華民族的國族團體。中山先生說：「國內各民族得平等之結合，以組織自由統一的中華民國，……國民黨之民族主義所要求者卽在於此。」(〈中國國民黨第一次全國代表大會宣言〉)

民國建立後，中山先生見滿清之宰割政策，已爲國民革命運動所摧毀，而列強之帝國主義則包圍如故，瓜分之說，變爲共管，易言之，武力的掠奪，變爲經濟的壓迫而已。因此，「國民黨之民族主義，其目的在使中國民族自由獨立於世界。」(〈中國國民黨第一次全國代表大會宣言〉) 於是，此時的民族主義的意義，乃變爲對外的，卽「中國民族自求解放」，要達此一目的就必須打倒帝國主義，取消不平等條約，求得中華民族國際地位的平等。

民族獨立、民族平等（兼及內外）的目標達成後，是否民族主義的目的卽達成？中山先生並不以完全恢復中國在世界上的平等地位爲滿足，他還希望中國能努力促進世界大同的實現。他說：「中國如果強盛起來，我們不但是要恢復民族的地位，還要對於世界負一個大責任，…我們要先決定一種政策，要濟弱扶傾，才是盡我們民族的天職。我們對於弱小民族要扶持他，對於世界的列強要抵抗他。」(〈民族主義〉第六講) 因此，「世界大同」才是民族主義的最後理想，要達成此一理想，則須聯合全世界弱小民族共同對帝國主義者做有組織的奮鬪，使被壓迫民族全體解放。

附錄　民族主義與帝國主義（中山先生的觀點）

㈠歐洲民族與帝國主義及世界戰爭：歐洲民族往往視弱肉強食爲天演公例，視強權卽公理，重視霸道，忽視王道，故常常走向帝國主義，而引起世界戰爭。中山先生說：「歐洲民族都染上了這種主義（指帝國主義）所以常常發生戰爭，幾乎每十年必有一小戰，每百年必有一大戰。其中最大的戰爭，就是前幾年的歐戰(第一次世界大戰)，這次戰爭可以叫做世界的大戰爭。何以叫做世界的大戰爭呢？因爲這次戰爭擴充，影響到全世界，各國人民都捲入漩渦之中。」（〈民族主義〉第四講）

第一次世界大戰爲什麼會發生呢？第一是帝國主義（列強）互爭雄長，第二是要解決殖民地問題。中山先生指出，這次大戰爭所以構成的原因，一是撒克遜民族和條頓民族互爭海上的霸權。因爲德國近年來強盛，海軍逐漸擴張，成爲世界上第二海權強國，英國要自己的海軍獨霸全球，所以要打破第二海權的德國。英德兩國都想在海上爭霸，所以便引起戰爭。二是各國爭領土。東歐有一個弱國叫土耳其。土耳其百年以來世人都說他是近東病夫，因爲內政不修明，皇帝很專制，變成了很衰弱的國家。歐洲各國都要把他瓜分，百餘年來不解決。歐洲各國要解決這個問題，所以發生戰爭，故歐戰的原因，第一是白種人互爭雄長，第二是解決世界的問題。

㈡第一次世界大戰是帝國主義的戰爭：歐戰起後，「在戰爭之頭一、二年，都是德、奧二國獲勝，法國的巴黎，和英國的海峽幾乎被德、奧二國軍隊攻入，條頓民族便以爲英國必亡。英國人便十分憂慮，見得美國的民族是和他們相同，於是拿撒克遜民族的關係去煽動美國。美國見得和自己相同民族的英國，將被異族的德國滅亡，也不免物傷其類，所以加入戰爭去幫助英國，維持撒克遜人的生存。」（〈民族主義〉第四講）可見第一次世界大戰本可視爲民族主義的戰爭，撒克遜民族與條頓民族的民族戰爭。但他們的民族主義已走向帝國主義，所以仍叫帝國主義的戰爭。

㈢帝國主義不容許民族自決：歐戰發生之初，各弱小民族認爲是帝國主義的戰爭，都存觀望態度，不願捲入漩渦，美國威爾遜總統爲了引起弱小民族的興趣，便大聲疾呼，提出十四點宣言，並強調「民族自決」，他說將來消滅德國的強權，世界各弱小民族，都有自由自主的機會。這種主張，馬上被世界各弱小民族所歡迎。「所以印度雖然被英國滅了，普通人民是反對英國的，但是有好多小民族，聽見威爾遜說這回戰爭是爲弱小民族爭自由的，他們便很喜歡去幫英國打仗。安南雖然是被法國滅了，平日人民痛恨法國的專制，但當歐戰時仍幫法國去打仗，也是因爲聽到威爾遜的主張是公道的原故。他若歐洲的弱小民族像波蘭、捷克斯拉夫、羅馬尼亞，一齊加入協商國去打同盟國的原因⑬，也是因爲聽見威爾遜所主張的『民族自決』那一說。」（〈民族主義〉第四講）如果沒有威爾遜的號召，世界各弱小民族不會參加協商國這一面去打德國的，可見民族自決這個口號，是多麼感人，多麼爲弱小民族所歡迎。

威爾遜的主張如能實現，眞乃弱小民族之福，也是世界人類之幸。不幸的是，當戰爭進行的時候，英國、法國都贊成「民族自決」這個富有號召力的主張，可是等到德國被打敗了，英國、法國和意大利覺得威爾遜所主張民族開放，和帝國主義利益的衝突太大，所以到要和議的時候，便用種種方法騙去威爾遜的主張，弄到和議結局所定出的條件，最不公平。世界上的弱小民族不但不能自決，不但不能自由，並且以後所受的壓迫，比從前更要厲害。」

㈣民族主義是帝國主義的喪鐘：巴黎和會雖不容許「民族自決」，很多殖民地雖仍無法解放，但各弱小民族都自求解放，要求「民族自決」，如中山先生說：「安南、緬

⑬協商國，即協約國（The Allies 或 Allied Powers）。1914 年歐戰爆發，聯合對抗同盟國（Central Powers）（德、奧、匈、土、保）的各國，包括英、法、俄、葡、日、義等。其餘反對同盟國的國家，則稱爲「同盟國之與國」（而非「同盟國家」），包括美國及本文所提及的小國在內，共 27 國。到了第二次大戰爆發，反對德、美、日的國家則稱之爲「同盟國」（英文同字，但中文譯名剛好相反），包括中、義、法、俄、英，而德、義、日三國則稱「軸心國」（Axis Powers）。

第七章　民族精神消失的原因

本章要討論的是：⑴三大壓迫，⑵不平等條約的束縛和影響，⑶中國民族主義（民族精神）消失（喪失）的原因等。

第一節　三大壓迫

我們中華民族的危險，究竟在什麼地方呢？中山先生于民國十三年演講三民主義時指出了下列三種壓迫：㈠人口（天然力）壓迫。㈡政治壓迫。㈢經濟壓迫。

中山先生警告我們說：「此後中國的民族，同時受天然力，政治力，和經濟力的三種壓迫，便覺得中國民族生存的地位非常危險。」

一、人口壓迫

㈠人口壓迫的危險——中山先生對劉成禺先生說：「政治壓迫與經濟壓迫，他人或已談到，人口壓迫爲我的特見。」民族主義第一講中稱：「我們現在把世界人口的增加率，拿來比較比較；近百年來之內，在美國增加十倍，英國增加三倍，日本也是三倍，俄國是四倍，德國是兩倍半，法國是四分之一。」

我們的人口今日究竟有多少呢？「從前有一使位美國公使，叫做『樂克里耳』（W. W. Rockhill 1854-1914 美國人，曾任駐華公使）❶，到中國各處調查，說中國的人口最

❶樂克里耳（William Woodvill Rockhill, 1854-1914）美國外交官，生於費城。曾任駐華公使。曾兩度赴蒙古及西藏探險。後曾出任助理國務卿(1894-97)，駐希臘、羅馬尼亞、賽爾維亞公使(1897-99)。義和團事件後以特使身分訪華(1900)。除了駐節中國的經歷外(1884-86；1905-09)，他亦擔任過駐俄大使(1909-11)及駐土耳其大使(1911-13)。

多不超過三萬萬。我們的人口到底有多少呢？在乾隆的時候，已經有了四萬萬，若照美國公使調查則已減少四分之一，就說是現在還是四萬萬，以此類推，則百年之後中國的人口恐怕仍是四萬萬。」

人口不增加有什麼危險呢？中山先生說:「到一百年以後，如果我們的人口不增加，他們的人口增加到很多，他們使用多數來征服少數，一定要吞併中國。到了那個時候，中國不但是失去主權，要亡國，中國人並且要被他們民族所消化，還要滅種。」

㈡中山先生對于馬爾賽斯之批評——講到人口問題，不得不講馬爾賽斯的人口論。

按馬爾賽斯(Thomas Robert Malthus 1766-1834)爲英國之著名經濟學家，于一七九八年發表人口論，謂人口的增加爲幾何級數(一、二、四、八、十六……)，糧食的增加爲算術級數（一、二、三、四、五、……）每二十五年增加一倍，假定自一九〇〇年算起，有一個國家人口數爲千萬人，糧食剛好夠用，算至一九七五年，人口增至八千萬人，而糧食只夠四千萬人食用，另四千萬人卽有挨餓之虞，因此他主張限制人口的出生。後來山額夫人❷提倡節育，更主張用各種人爲方法去減少生育。

中山先生對于「馬爾賽斯」學說的人口論有什麼批評呢？民族主義第一講稱:「百年前有一個英國的學者，叫做馬爾賽斯。他因爲憂慮世界上的人口太多，供給的物產有限，主張減少人口，曾創立一種學說，謂:『人口增加是幾何級數，物產增加是算術級數。』法國人因爲講究快樂，剛合他們的心理，便極歡迎馬氏的學說，主張男子不負家累，女子不要生育。他們所用減少人口的方法，不但是用種種自然方法，並且用許多人爲的方法……因爲馬爾賽斯的學

❷山額夫人(Magaret Lousie Sanger, 1879-1966)美國生育計劃運動的創始人。生於紐約。原係職業護士，1914年創辦生育控制的雜誌《婦女反叛》(The Woman Rebel)，1915年因郵寄生育控制的資料而遭法院起訴。1916年在紐約市布魯克林區(Brooklyn)創設全美第一個生育控制診療所；1921年，籌辦美國第一次生育控制的會議。其後領導美國生育控制聯盟(American Birth Control League, 1921-28)，並在日內瓦舉辦國際計劃生育會議。1953年起，擔任國際計劃生育協會主席。著有《母親需知》(1917)，《爲生育控制而戰》(1931)及《山額夫人自傳》(1938)。

說宣傳到法國之後，很被人歡迎，人民都實行減少人口，所以弄到今日（民國十三年語）受人少的痛苦，都是因爲中了馬爾賽斯學說的毒。」由此可知，國父對馬爾賽斯人口政策的主張便不贊成在中國實行。

二、政治壓迫

㈠政治壓迫與失地概況——中山先生指出我國近百年來，受了列強的政治壓迫，以致失地甚多，擧其要者，計有：

㈠黑龍江、烏蘇里江。

㈡伊犂河流域、霍罕和黑龍江以北諸地。

㈢安南、緬甸。

㈣高麗、臺灣、澎湖列島。

㈤威海衞、旅順、大連、青島、九龍、廣州灣。

此外上海、天津、漢口、九江、廣州、鎭江、厦門、營口等處，還有租界。

至於其他影響主權的損失，尙有領事裁判權，關稅協定權，軍艦行駛停泊權，海關稅務管理權，內河航行權，沿海貿易權等，這裡未能詳論。

㈡政治壓迫的手段——政治壓迫亦叫政治侵略，其侵略「有兩種手段：一是兵力，一是外交。」中山先生認爲列強用兵力隨時可以亡中國，依他估計：日本在十天以內，便可以亡中國，美國在一個月之內，英國、法國在兩個月之內，都可以亡中國。如此說來，「世界上無論那一個強國，都可以亡中國，中國到今還能夠存在的理由，不是中國自身有力可以抵抗，是由於列強都想亡中國，彼此都來窺伺，不肯相讓，各國在中國的勢力，成了平衡狀態，所以中國還可以存在。」他們如用外交力量，「祇要用一張紙和一枝筆，彼此妥協，便可以亡中國。至於用妥協的方法，祇要各國的外交官，坐在一處，各人簽一個字，便可以亡中國。如果英、法、美、日幾個強國，一朝妥協之後，中國也要滅亡。」（見〈民族主義〉第五講）所以中國此時是「國際中最低下的地位，人爲刀俎，我爲魚肉，我們的地位在此時最爲危險。」（見〈民族主義〉第一講）這是就民國十三年的情形而說的，亦是中山先生用心至苦的警惕語。以後我們自知發憤圖強，整軍經武，與日本打了八年，還沒有失敗，反之倒使日本無條件投降，這是中山先生警惕的效果，亦是提倡民族主義，振起民族精神的效果。

三、經濟壓迫

㈠經濟壓迫的方法——經濟壓迫亦可叫做經濟侵略。其侵略的方法，可分爲多種，如以低價進入洋貨（實行關稅協定，不讓我國行保護稅），吸收原料，在中國開設銀行，發行紙幣，吸取低利存款，以高利貸放，辦理國際滙兌，利用航行權，取得出入口運費，在租界及割讓地收取各種賦稅，地租，操縱地價，利用權力作特種營業（如設南滿鐵路公司等），投資投機事業（如樹膠的投機，馬克的投機等）。此外，尙有戰敗賠款（如甲午賠款于日本者二億五千萬兩，庚子賠款于各國者九億兩），尙有藩屬之利益之被剝削，僑民之利益之被剝削，更是屈指難數。

㈡經濟損失的統計——中山先生在民族主義第二講中指出，我國近百年來受到列強的經濟壓迫，損失甚大，估計如下表：

⑴海關損失……………………………每年五億元。

⑵由于外國銀行的損失…………………每年一億元。

⑶航權損失（中國的運費）……………每年一億元。

⑷租界割地的賦稅地租地價………每年四至五億元。

⑸特權營業………………………………每年一億元。

⑹投機事業及其他……………………每年幾千萬元。

合計每年損失在十二億元以上。

中山先生當時（民國十三年）警告我們說：「此每年十二萬萬元之大損失，如果無法挽救，以後只有年年加多，斷沒有自然減少之理。所以今日中國已經到了民窮財盡之地位了，若不挽救，必至受經濟之壓迫，至於國亡種滅而後已。」（〈民族主義〉第二講）

以上當然是就民國十三年以前的情形說的，至於目前臺灣經濟狀況，則另當別論。

㈢經濟壓迫與政治壓迫之比較——經濟壓迫與政治壓迫那樣厲害呢？中山先生認為「經濟較政治壓迫力厲害。」因為政治壓迫力是有形的，看得見的，容易見得痛癢而引起反抗。經濟力的壓迫是無形的，不易生感覺，不覺痛癢。此說明了經濟力壓迫，比政治力壓迫，更為厲害。

㈣次殖民地與三種壓迫——中山先生講經濟壓迫時，發明了一個新名詞，就是「次殖民地」。何謂「次殖民地」。照一般人的看法，以為我國自清末到民初，受到列強的壓迫，已經成了「半殖民地」。中山先生認為這個「半殖民地」的名詞，是自己安慰自己而已。其實中國所受過的列強經濟力的壓迫，不只是半殖民地，比較全殖民地還要厲害。比方高麗是日本的殖民地，安南是法國的殖民地，高麗人做日本的奴隸。安南人做法國的奴隸。我們動輒以亡國奴三字譏誚高麗人、安南人，我們只知道他們的地位，還不知道我們自己所處的地位，實在比不上高麗人、安南人。這是說我們比殖民地還不如，那能叫半殖民地呢？

中山先生接着說：「故叫中國做半殖民地是很不對的。依我定一個名詞應該叫做『次殖民地』。這個『次』字是由於化學名詞中得來的，如次亞燐是。藥品中有屬於燐質而低於一等者名爲亞爀，更低於亞爀者爲次亞爀。……中國人從前只知道是半殖民地，便以爲恥辱，殊不知實在的地位，還要低過高麗、安南(民國十三年語)，故我們不能說是半殖民地，應該說是次殖民地。」

中山先生講完了三種壓迫之後，警告我們說：「我們同時受這三種力的壓迫，如果再沒有辦法，無論中國領土是怎麼樣大，人口是怎麼樣多，百年之後，一定是要亡國滅種的……因爲中國幾千年以來，從沒有受過這三個力量一齊來壓迫的。故爲中國民族的前途着想，就應該設一個什麼方法，去打消這三個力量。」用什麼方法來打消呢？就是要振起民族精神，防止人口銳減，加強政治建設與經濟發展，以求自力更生，後來居上。換言之，就是要求三民主義之實現。

第二節　不平等條約的束縛與影響

所謂「不平等條約」。雖非國際法的專門名辭，但其意義，殊爲確切。簡言之，凡條約中規定締約國一方面享有片面特權，另一方面負有片面義務，而根據國際公法，此種片面特權與片面義務，不是一般國家所應享有或擔負者，即爲「不平等條約」。

一、各種不平等條約之簽訂

清末因對外戰爭失敗，除割地賠款外，還與列強簽訂了很多的不平等條約，擇其重要者，計有：

(一)南京條約——清廷因鴉片戰爭失敗，於一八四二年八月二十九日與英國簽訂南京條約，除賠款一千二百萬元，開放廣州、廈門、福州、寧波、上海五處爲通商口岸，割讓香港外，復規定：(1)英國人在華犯罪，由領事依照英律處理，民事訴訟，英人爲被告案件，亦由領事處理，是爲領事裁判權之始。⑵通商各口，由地方官知會領事，指定地畝房屋專備英國人民之用，此項專區爲租界之始。⑶議定關稅稅則，其稅率按貨價値百抽五爲比例，間亦有値百抽十者，爲協定關稅之始。

㈡馬關條約——甲午戰敗後，於一八九五年二月二十三日與日本訂立中日馬關和約，其要點如下：⑴中國承認朝鮮獨立。⑵賠款二萬萬兩。⑶割讓遼東半島（包括旅順口）及臺灣、澎湖列島。⑷給予最惠國條款。⑸開放沙市、重慶、蘇州、杭州爲通商口岸。⑹准日本輪船駛入內河。⑺日本人民在內地購貨，或將貨物運往內地，得暫行存棧，不必納稅。⑻日人得在中國通商口岸任便從事各項製造，乃開外人在華設廠之先例。

㈢辛丑和約——因義和團事件，而引發的英、美、法、俄、日、德、奧、義八國聯軍之役，在聯軍陷入北京後，淸廷求和，於一九〇一年九月七日與各國訂立辛丑和約，其重要條款如下：⑴劃北京東交民巷爲使館界，許其駐兵設警，由外人自行管理，華人不得居住。⑵自北京至山海關，沿鐵路，准許各國駐兵保護。⑶撤除大沽口及北京與海口一帶砲臺。⑷北河、黃浦修濬權，由中國與各國會同辦理。

此外，不平等條約尙多，這裏未能備述。

二、不平等條約之內容

不平等條約範圍廣泛，性質複雜，有爲條約所規定者，有爲曲解條約文字而成爲慣例者，然其損害我國主權，則無二致。其中協定關稅一項已於民國十八年取消外，玆就其所產生之特權，計有下列十五項：

㈠領事裁判權——領事裁判權又叫治外法權，即在華外人不受中國法庭與法律之約束❸。

㈡租界——分爲兩種，一爲外國政府向中國政府租得整塊土地，再由該國領事分租其僑民（如漢口英租界天津比租界）。二爲外國僑民在中國政府指定租界內，直接向中國地主租用土地，其土地所有權仍屬原地主，且向中國政府納契稅（如上海公共租界及法租界）。

㈢租借地——租借地與租界不同，前者（澳門除外）有一定期限，後者則否。自一八九八年德國租我膠州灣後，各國援例要求，租得土地。租借地內之法權與行政權，概由承租國行使之。

㈣使館區——北平使館區，係一九〇一年拳匪亂後，我國與八國簽訂辛丑和約劃定者。該約規定使館區內：「⑴外兵常川駐守；⑵可自行設防；⑶獨由使館管理；⑷中國人民不得居住（事實上中國人民亦可居住）；⑸界內並由使館自設警察。」

㈤駐兵權——依照辛丑和約之規定，外國軍隊，可在北平使館區及北平、天津、山海關之間十二處，分別駐防。又租界以內，亦有外國軍隊常川駐屯，如上海租界，即爲一例。

㈥軍艦游弋停泊權——外國軍艦在我沿海沿江，任意行駛停泊，不受限制。

㈦限制中國駐軍設防條款——根據不平等條約規定，中國境內若干地點，不得駐兵及設防，其最著者，如辛丑和約第八款規定：「大沽砲臺及有礙京師至海道之各砲臺，一律削平。」

㈧內河航行權——天津條約規定，外國船隻可以在我國內河自由航行，且可由外籍水手，爲之領航。

㈨沿岸貿易權——由廣州至上海與天津沿海地帶，外

❸治外法權（exterritoriality）亦適用於駐在某一東道國的外交使節團，亦稱之爲「外交豁免權」。此種特權的對象包括大使、公使、代辦及其家屬及隨員。當這些成員涉及刑事及民事糾紛時，東道國應免除其刑，可宣布爲「不受歡迎人物」，將其遣送回國，或請其本國將其召回。治外法權的範圍通常及於外交使節團的房屋及庭園，將其視爲派遣國本國之領土，並且不得加以侵犯。

人均可自由貿易。

㈩口岸設廠製造權——外國人在中國各口岸設立工廠，我政府無管轄之權。

⑪用人限制權——我國海關郵政及鐵路高級人員，因條約或借款合同關係，須聘用外人充任。

⑫整理河道條款——辛丑和約第十一款及附件十七規定，由外國襄辦改善北河及黃浦江兩水路，並於上海設立黃浦河道局，遂開國際共管之例。

⑬電訊權——外國在華使舘或兵營，多有無線電臺之設置，以與其本國互通聲息。此與我國交通行政大有妨害。

⑭鐵路經營及礦山開採權——關於外國或其人民根據條約或合同，在中國經營鐵路及開採礦山，情形殊不一致，大都對我國權，有所侵害。

⑮最惠國條款——中國以往與外國所訂最惠國條款，多屬片面性質，卽條約中規定中國對各該簽約國負有此項義務，並不能享有同等權利，且更多不以通商航行爲限者。

三、不平等條約之影響

中國與列強訂立不平等條約後，計發生下列不利影響：

㈠對於政治和法律的影響——⑴在政治方面：帝國主義以各種威脅和利誘的手段，勾結軍閥取得特權，更助桀爲虐，破壞中國政治的統一。而北平的使舘區，東北的鐵路附屬地，津滬的租界，實爲干涉內政的策源地，保僑護商又爲其干涉內政的口實，其干涉地方事件的實例，更是層出不窮。⑵在法律方面：由於外人治外法權的行使，破壞了中國法律的威信與尊嚴，損害中國人民守法的習慣。而尤其是租界巡捕房對於華人的虐待，更屬慘無人道。

㈡對於經濟的影響——不平等條約對中國經濟的影響，以外國租界與駐兵區域爲根源。協定關稅與治外法權，可以說是列強經濟侵略的兩翼。而內河航行權、沿海貿易權、口岸設廠權、鐵路建築權、礦產開採權、以及銀行紙幣的發行權，更助長他們經濟侵略的影響，使中國經濟受到莫大的損失，乃至於整個國民經濟陷於畸形的狀態。

㈢對於社會的影響——中國在不平等條約壓迫之下，在社會組織方面：家族鄉社的組織分解，自治的精神喪失，互助的道德淪亡，一切公共設施與事業，皆歸廢弛。在社會風氣方面：國民的日常生活，陷溺於頹風惡習之中，以私利定是非，以私慾定善惡，刁頑者得勢於鄉里，狡獪者橫行於都市，社會風氣的敗壞，可說到了極點。

㈣對於倫理的影響——由于租界流風之所至，一般人對於倫理觀念，大多忽略與鄙視，於是父子、夫婦、兄弟、朋友、尊卑長幼之間，鄰里鄉黨之際，不復有相親相愛之心，更失其互助合羣之誼，遇事惟物質利益是圖，無道德標準以自律，逆倫反常，眞不知廉恥爲何物。

㈤對於心理（文化）的影響——可分三方面來說明：⑴就宗教來說：因爲教會獲得不平等條約的憑藉，享有特殊的權利，又不注意中國國民的民情，視外人傳教爲文化侵略，甚至加以反對與仇視，糾紛時生，演變成爲外交問題。⑵就文化來說：中國國民對於西洋的文化，由拒絕而屈服，對於固有文化，由自大而自卑，屈服轉爲篤信，極其所至，自認爲某一外國學說的忠實信徒。⑶自學說思想來說：五四以後，自由主義與共產主義的思想，流行國內，其他各種學說思想，如雨後春笋，各立門戶，認爲西洋的一切都是好的，有的甚至以帝國主義的立場爲立場，以帝國主義者的利益爲利益。

四、不平等條約之廢除

自三十一年十二月八日至三十二年十月十日。日本軍閥在侵華戰爭失望後，又發動太平洋戰爭，使東西戰場，打成一片，中國與美英等友邦比肩作戰，共同維護人類正義與世界和平。一九四一年八月十四日美英兩國共同發表聯合宣言（即所謂大西洋憲章）❹，揭櫫八項原則，對於各國領土主權一項，特別重視。其後二十六聯合國家亦發表宣言，一致表示接受，於是此一大西洋憲章，遂成爲世界憲章，此二宣言的主要內容，與我國廢除不平等條約的主張，若合符節。我國外交方面，以機會成熟，乃發揮全力，促其實現。於是美、英兩國政府於民國三十二年國慶日，同時宣佈放棄在華不平等特權，荷、比、挪威、巴西等國，亦相繼採取同樣步驟，從此我國百年來所受不平等條約之束縛，完全解除，而中山先生畢生所提倡的廢除不平等條約主張，亦大功告成。

第三節　中國民族主義消失的原因

嚴格一點說，在中山先生以前，中國人很少講民族主義，但如就民族思想與民族大義言，中國人亦富有這種思想。如管子尊王攘夷，孔子著春秋，嚴夷夏之防，孟子主張用夏變夷，不主張用夷變夏，以及周防玁狁，漢討匈奴，唐逐突厥，宋禦金遼，朱元璋反元，鄭成功抗清、洪秀全起義，都是富有民族思想之明證。惟此項民族思想，未能匯爲凝固堅強之民族主義，一遇其他思想與理論之侵襲，即潰不成軍，致無法收拾！

中山先生在〈民族主義〉第三講沉痛的指出：「依我的觀察，中國的民族主義是已經失去了，這是很明白的，並且不只失去了一天，已經失去了幾百年。試看我們革命以前，所有反對革命很厲害的言論，都是反對民族主義的。

❹大西洋憲章（Atlantic Charter）係在二次大戰期間，由英國首相邱吉爾及美國總統羅斯福所發表之一項共同聲明，因係在北大西洋上之美國軍艦奧古斯塔號會談，故名。當時美國尙未參戰。此一憲章揭示了八項內容：
㈠兩國均不追求領土擴張政策。
㈡非經有關民族之同意，不改變其領土現況。
㈢尊重各民族自由選擇其政府形式之權利。並要求被剝奪主權與自治權之民族，應恢復其權利。
㈣努力促使所有國家取得世界貿易和原料供應的平等待遇。
㈤促進各國合作，提高勞動標準，促進經濟進步與社會安全。
㈥保證國際和平與安全。在納粹覆亡後，使所有民族都能安居樂業，免於恐懼與飢饉。
㈦促進公海自由航行。
㈧擯棄暴力，解除潛在侵略者的武裝。
此一宣言不僅有利於反納粹同盟的形成，而且爲戰後聯合國的形成打下了基礎。聯合國宣言中即刊載了大西洋宣言的要點。

再推想到幾百年前，中國的民族思想，完全沒有了。」他並列舉很多事實，如幾百年來的書籍，都是對滿清的歌功頌德，保皇黨的保護大清皇帝，反清復明的會黨，亦變成了擁清保皇的組織，以證明「中國的民族主義完全亡了」。

依中山先生的看法，民族主義的消失，計有下列三種原因：㈠會黨被人利用，㈡被異族所征服，㈢講世界主義太早(或稱世界主義的影響，又稱世界主義的流毒)。除以上三項外，有人更加上㈣家族與宗族觀念過於發達，㈤中國人民不能團結(是一盤散沙)，現在依中山先生見解，只討論前三項：

㈠被異族所征服——中山先生說：「中國的民族主義既亡，今天就把亡的原因拿來說一說。此中原因是很多的，尤其以被異族征服的原因為最大。凡是一種民族征服別種民族，自然不准別種民族有獨立的思想。好比高麗被日本征服了，日本現在就要改變高麗人的思想，所以高麗學校裡的教科書，凡是關於民族思想的話都要刪去。由此三十年後，高麗的兒童，便不知有高麗了，便不知自己是高麗人了。從前滿洲對待我們也是一樣。所以民族主義滅亡的頭一個原因，就是被異族征服。征服的民族，要把被征服的民族所有寶貝，都要完全消滅。滿洲人知道這個道理，從前用過了很好的手段。」(〈民族主義〉第三講)

究竟用過那些手段呢？

第一是開博學鴻詞科：康熙入踞中國，知道「馬上得天下，不可馬上治天下」。於是除普通科舉外，又開博學鴻詞科，把明朝有學問的智識份子，幾乎都網羅到滿洲政府之下，做了滿洲政府的順臣。

第二是著《大義覺迷錄》：中山先生稱「在康熙、雍正時候，明朝遺民排滿之風還是很盛，所以康熙、雍正時候便出了多少書，如《大義覺迷錄》等，說漢人不應該反對滿洲人來做皇帝。他所持的理由，是說：『舜是東夷之人，文王是西夷之人，滿洲人雖是夷狄之人，還可以來做中國的皇帝』。」由此便可見康熙、雍正是想用勸導和宣傳的方法去消除漢滿界限。

第三是大興文字獄：中山先生認爲「康熙、雍正，還忠厚一點。到了乾隆時代，連滿漢兩個字都不准人提起了，把史書都要改過，凡是當中關於宋元歷史的關係和明清歷史的關係，都通通刪去。所有關於記載滿洲、匈奴、韃靼的書，一概定爲禁書，通通把他消滅，不准人藏，不准人看。因爲當時違禁的書，興過了好幾回文字獄之後，中國的民族思想，保存文字裏頭的，便完全消滅了。」（以上見〈民族主義〉第三講）

按照講演本三民主義原文，滿清的手段，只有上列各項，但亦有人把滿清的手段分爲下列四項：

第一是鎮壓手段，如大興文字獄，

第二是籠絡手段，如開科舉和特科（博學鴻詞科），

第三是欺騙手段，如刪改和焚燬民族思想的書籍，

第四是麻醉手段，如宣傳世界主義。

㈡講世界主義太早（或稱世界主義的遺毒）——中國古代學者多講世界主義，而不講民族主義，如《禮記・禮運篇》講大同，講天下爲公，〈大學〉講平天下，〈中庸〉講懷諸侯，《孟子》講達則兼善天下，《春秋》講「遠近大小若一」（不分夷夏）……中山先生說：「中國在沒亡國以前是很文明的民族。很強盛的國家，所以常自稱爲堂堂大國，聲教文物之邦，其他國家都是蠻夷。以爲中國居世界之中，所以叫自己的國家做中國，向稱大一統，所謂『天無二日，民無二王』所謂『萬國衣冠拜冕旒』，這都是由於

中國在沒有亡國以前已漸由民族主義，而進於世界主義。」（同上）。因此康熙認爲舜是東夷之人，文王是西夷之人，東西夷之人都可來中國做皇帝，滿清人自亦可以做中國的皇帝。這是他的世界主義，而擁護滿清的人，便夷夏不分了，洪承疇是這樣，曾國藩是這樣，康有爲、梁啓超亦是這樣。

㈢會黨被人利用——清代的會黨，本以「反清復明」爲宗旨，後來被人利用，便變爲擁護滿清的集團了，茲將會黨的源流及演變和被利用分述如下：

甲、會黨的起源：會黨如何興起呢？中山先生說：「康熙末年以後，明朝遺民，逐漸消滅。當中一派是富有民族思想的人，覺得大事去矣，再沒有能力和滿洲抵抗，就觀察社會情形，想出方法來結合會黨。他們的眼光是很遠大的，思想很透徹的，觀察社會情形也是很清楚的。他們剛才結合成種種會黨的時候，康熙開博學鴻詞科，把明朝有智識學問的人，幾乎都網羅到滿清政府之下。那些有思想的人，知道了不能專靠文人去維持民族主義，便對下流社會，和江湖上無家可歸的人，收羅起來，結成團體，把民族主義放到那種團體內去生存。」（〈民族主義〉第三講）

會黨起源的原因和時間，中山先生已經明白指出了。至於起源於何處，由何人創始呢？則傳說不一。有謂起於少林寺者，有謂起於洪鈞老祖廟者。近人在臺研究會黨之起源，有謂起於鄭成功之大將軍陳永華者，他們解釋洪門之洪字，謂含有「漢失中土」之意。因爲漢失中土，志在恢復中原，故設立洪門會以反清復明爲宗旨。在洪門會中所謂香主陳近南，就是陳永華。又洪門中的大哥，卽暗指鄭成功。鄭成功焚掉儒衣，集衆起義，是經過一番「歃血爲盟」的手續的，陳永華創設洪門會，亦仿照此項手續而進行。

乙、會黨的流傳：會黨興起後，在下層社會，不脛而走。流傳在珠江流域的叫三合會，流傳在長江流域的叫哥老會，流傳在軍隊的叫青幫與紅幫，流傳在海外華僑社會的叫洪門會，卽致公堂。

著者按：三合會原名天地會，起事時名其軍爲三合軍，天地會失敗後，三合會起，臺灣林爽文以天地會(三合會)領袖率衆起義，光復彰化諸郡，不幸爲福康安所敗。哥老會亦稱哥弟會，內有紅幫青幫之分，紅幫以湘軍爲中心(湘軍解散後，退役者無所歸便多參加紅幫)；青幫以安慶道友爲基礎，其黨徒皆以漕運（運糧）爲業，又稱糧船幫。上海有租界後，青幫在租界的勢力最爲雄厚。洪門會在海外，如南洋、美洲，到處有會員，在華僑社會勢力至大。❺

丙、會黨與洪秀全的關係：或許有人以爲洪門會起於洪秀全，實則不然。不過洪門會與洪秀全頗有共同反淸的關係。中山先生說：「到了淸朝中葉以後，會黨中有民族思想的，只有洪門會黨。當洪秀全起義之時，洪門會黨多來響應，民族主義就復興起來，洪秀全失敗以後，民族主義流傳到軍隊，流傳到流民。那時的軍隊如湘淮軍多屬會黨。」（同上）。著者按：洪秀全起義時，除會黨羣衆附和外，還有會黨領袖洪大全來歸，可惜洪秀全未能善加運用，致被淸軍捕去，這是洪秀全與洪門會的共同損失。

丁、會黨的被利用：保皇黨利用會黨情形，前已述之，這裡所謂會黨被人利用，是指左宗棠利用湘軍淮軍中的哥老會的力量，爲滿淸去打新疆，並自任大龍頭，破壞其碼頭，消滅其組織，因之會黨「反淸復明」的民族主義思想亦喪失了。茲錄中山先生所說左氏利用會黨之經過如次：

中山先生說：「……當時左宗棠帶兵去征新疆，由漢口

❺中山先生與會黨之關係，一向頗爲密切。淸光緒廿六年（西元1900年），義和團事件發生，中山先生認爲係起事之時機，乃命革命同志鄭士良（三合會會員）起兵於惠州，並聯絡漢口等地之會黨。後因長江方面起事一再展期，導致機關破壞，廿餘位會黨人士遭逮捕殉難。而在惠州方面，由於鄭士良係客家人，其他起事者亦多爲客家三合會會員，起兵後獲得不少農民響應，革命隊伍一度超過兩萬人，後因武器接濟計劃失敗，在彈盡援絕之際，只有解散部隊，大多數士兵則返鄉。另外當光緒三十年（1904年）中山先生自夏威夷抵美國大陸時，受保皇黨人陷害，在舊金山遭美國移民局官員刁難與拘留。幸賴當地洪門致公堂領袖黃三德之協助，始順利登岸。日後之革命活動，亦頗受致公堂等會黨之協助。中山先生並著手修訂致公堂之章程，以便加強致公堂總部對各地分會之控制，使此一組織成爲籌集革命經費之機構。唯因致公堂原組織較爲散漫，因此未能達到預期效果。以上說明，參見古鴻廷著《中國近代史》（臺北，三民書局，1989）第十章〈辛亥革命〉。

起兵到西安一帶了許多湘軍、淮軍，經過長江，那時會黨散在珠江流域的，叫做三合會；散在長江的叫哥老會，哥老會的頭目叫做大龍頭。有一位大龍頭在長江下游犯了法，逃到漢口，那時清朝的驛站通消息固然很快，但是哥老會的碼頭通消息更快。左宗棠在途中有一天忽然看見他的軍隊自己移動集中起來，排起十幾里的長隊，便覺得非常詫異。不久接到一件西江總督的文件，說有一個很著名的匪首，由漢口逃往西安，請他拿辦。左宗棠當時無從拿辦，只算是官樣文章，把這件事擱起來。後來看見他的軍隊移動得很厲害，排的隊更長，個個兵士都說去歡迎大龍頭，他還莫名其妙。後來知道了兵士要去歡迎大龍頭，就是兩江總督要拿辦的匪首，他便慌起來了。當時問他的幕客某人說：『什麼是哥老會呢？哥老會的大龍頭和這個匪首有什麼關係呢？』幕客便說：『我們軍中自士兵以至將官，都是哥老會，那位拿辦的大龍頭就是我們軍中哥老會的首領。』左宗棠說：『如果是這樣，我們的軍隊怎麼可以維持呢？」幕客說：『如果要維持這些軍隊，便要請大帥也去做大龍頭，大帥如果不肯做大龍頭，我們便不能去新疆。』左宗棠想不到別的方法，又要利用那些軍隊，所以便贊成幕客的主張，也去開山堂，做起大龍頭來，把那些會黨都收爲部下。由此便可見左宗棠後來能夠平定新疆，並不是利用清朝的威風，還是利用明朝遺老的主張。中國的民族主義，自清初以來，保存很久。從左宗棠做了大龍頭之後，他知道其中的詳情，就把碼頭破壞了，會黨的各機關都消滅了」。

第八章　恢復民族主義與民族地位的方法

本章要研究的問題是：一爲怎樣恢復民族主義，二爲怎樣恢復民族地位，三爲民族地位恢復以後應採取濟弱扶傾的民族政策（或叫國際政策）。

崔書琴先生著《三民主義新論》在第二章講過民族思想消沉之後，即講恢復民族地位的方法，並將恢復民族主義的方法混爲一談，內分五種：第一是喚起人民的民族意識，第二是民衆能夠團結，第三是恢復固有道德，第四是恢復固有智能，第五是學習外國的長處。這種說法，實與中山先生在講演本三民主義中所說的不盡相同。不料吳英荃先生編《三民主義教程》時，將這些標題照引無誤，以致引起一部份同類著作的依樣葫蘆，不免有失眞義。所幸稍後許多三民主義書籍未蹈此覆轍。現在，我們根據三民主義原文，特將恢復民族主義的方法與恢復民族地位的方法加以區分，茲分節敘述如后：

第一節　怎樣恢復民族主義

怎樣恢復民族主義？中山先生在三民主義一書指出了兩項：一爲恢復民族主義的方法，二爲抵禦外侮的方法，有些人常忽略後者。

一、恢復民族主義的方法

中國民族主義既喪失了，我們要救亡圖存，就先要恢復民族主義。怎樣恢復民族主義？中山先生認爲「能知與合羣，便是恢復民族主義的方法。」崔書琴先生所稱的「喚起人民的民族意識與促成民衆的團結」，雖與「能知與合羣」相似，但終非中山先生所講的原文。

㈠能知——所謂能知，是指知道中國民族的危機而言。中山先生說：「恢復民族主義的方法有兩種。頭一種方法是要令四萬萬人皆知我們現在所處的地位，我們現在所處的地位是生死關頭，在這生死關頭須要避禍求福，起死求生。要怎樣能夠避禍求福，起死求生呢？須先知道很清楚了，便自然要去行。」要去救亡。這就是「知難行易」的道理。「中國從前因爲不知道要亡國，所以國家便亡，如果預先知道，或者不至于亡。古人說：『無敵國外患者國恒亡·』又說：『多難可以興邦，』……頭兩句……是自己心理上覺得沒有外患，自以爲很安全，是世界中最強大的國家，外人不敢來侵犯，可以不必講國防，所以一遇外患，便至亡國。」（〈民族主義〉第五講）反過來說，何以說多難可以興邦呢？因爲知道國難嚴重，自然發奮爲雄，努力圖強，便可以興國。如果我們知道有不平等條約的束縛，便會想廢除不平等條約；如果我們知道受到三大壓迫，便會想解除這三種壓迫。

㈡合羣——所謂合羣就是指加強團結健全組織而言。中山先生說：「我們既然知道了處于很危險的地位，更要善用中國固有的團體，像家族團體，和宗族團體，大家聯合起來成一個大國族的團體，結成了國族團體，有了四萬萬人的大力量，共同去奮鬭，無論我們民族是處於什麼地位，都可以恢復起來」。（〈民族主義〉第六講）

除宗族團體外，還有同鄉觀念亦爲中山先生所重視。他說：「我們失了的民族主義，要想恢復起來。便要有團體，要有很大的團體。我們要結成大團體，便先要有小基礎，彼此聯合起來，才容易做成功。我們中國可以利用的小基礎，就是宗族團體，此外還有家鄉基礎。中國人的家鄉觀念，也是很深的，如果是同省同縣同鄉村的人，總是特別容易聯絡。依我看起來，若是拿這兩種好觀念做基礎，很可以把全國的人都聯絡起來。」

比較起來，中山先生認爲中國人要恢復民族主義，比西方人容易。因爲西方人以個人爲單位，聯絡起來比較困難；中國人在個人之外，還有家族和宗族，聯絡起來，自然容易。

這裡不要誤會，以爲中山先生具有宗法思想和封建思想，並提倡宗族主義與同鄉觀念；相反的，中山先生講這些話的意思，是主張擴充宗族主義爲民族主義，擴充同鄉觀念爲國家觀念。

二、抵抗外國侵略的方法

合羣的目的是什麼？在于禦侮，在于救亡圖存。中山先生認爲抵抗外國的方法有兩種：

第一是積極的方法——要振起民族精神，求民權民生之解決。以與外國奮鬪。這是說只要三民主義能實行于中國，便可以抵抗外國的侵略。

第二是消極的方法——就是不合作的消極抵制，使外國的帝國主義減少作用，以維持民族的地位，免致滅亡。

講到「不合作」，便聯想到甘地。印度被英國所統治後，對於政治壓迫，毫無辦法，對于經濟的壓迫，則有甘地主張的「不合作」運動，什麼是不合作呢？「就是英國人所需要的——印度人不供給，英國人所供給的，印度人不需要。好比英國人需要工人，印度人便不去和他們工作，英國人供給印度很多洋貨，印度人不用他們的洋貨，專用自製的土貨，甘地這種主張，初發表的時候，英國人以爲不要緊，可以不去理他。但是久而久之，印度便有許多不合作的團體出現，英國經濟一方面，便受極大的影響。」中山先生對甘地實行經濟絕交的不合作主張，備加贊揚，認爲值得效法：「至於不做外國人的工，不去當洋奴，不用外來的洋貨，提倡國貨，不用外國銀行紙幣，專用中國政府的錢，實行經濟絕交，是很可做得到的。」（以上均見〈民族主義〉第五講）中國對日抗戰以前，曾多次抵制日貨，亦收到一種「不合作」的效果。

第二節　怎樣恢復民族地位

在講恢復民族地位的方法以前，先要問恢復民族精神與恢復民族地位有何關係呢？

有人將「恢復民族精神」列爲「恢復民族地位」的方法之一，其實「恢復民族地位」的方法只有四項（詳后），「恢復民族精神」不在其內。不信，且看中山先生自己的講詞：「我們今天要恢復民族的地位，便先要恢復民族的精神，我們想要恢復民族的精神，要有兩個條件：第一個條件，是要我們知道現在處於極危險的地位。第二個條件，是我們既然知道了處於很危險的地位，便要善用中國固有的團體，像家族團體和宗族團體，大家聯合起來，成一個大國族團體。結成了國族團體，有了四萬萬人的力量共同去奮鬥，無論我們民族是處於甚麼地位，都可以恢復起來。所以能知與合羣，便是恢復民族主義的方法……到民族主義恢復了以後，我們便可以進一步，去研究怎麼樣才可以恢復我們民族的地位。」

由上面這段話，我們知道下列各項：㈠就恢復民族精神的兩個條件（能知與合羣）看，恢復民族精神，與恢復民族主義同義；㈡就喚醒民族精神才可以恢復民族主義看，可說恢復民族精神乃是恢復民族主義的前提（或先決條件）；㈢就恢復民族主義之後才可以研究怎樣恢復民族地位看，恢復民族精神最多祇可說是恢復民族地位的前提（或先決條件）。就以上三項看來，都可證明「恢復民族精神」不可視爲恢復民族地位的方法之一。

恢復民族地位的方法，究竟有那幾項呢？

中山先生在講演三民主義中指出恢復民族地位的方法，計有下列四項：㈠恢復民族固有道德，㈡恢復民族固有智識，㈢恢復民族固有能力，㈣學習歐美長處（對西洋科學迎頭趕上），崔書琴先生在所著《三民主義新論》中將㈡㈢兩項併爲恢復固有智能，雖無大錯，但欠妥當。

一、恢復民族固有道德

這裡要研究的是：第一是爲什麼要恢復固有道德？第二是提倡新文化應否廢棄舊道德？第三是應該恢復什麼舊道德？

㈠爲什麼要恢復固有道德——中山先生認爲一個國家要長治久安，必須有很好的道德，一個國家要能起死回生，轉亡爲存，亦有賴于道德。如元朝極盛時期，「全歐洲幾乎被蒙古人呑併，比起中國最強盛的時候，還要強盛得多；但是元朝的地位，沒有維持很久。從前中國各代的國力，雖然比不上元朝，但是國家的地位，各代都能夠長久，推究當中的原因，就是元朝的道德，不及中國其餘各代的道德那樣高尚。」

中山先生又說：「從前中國民族的道德，因爲比外國民族的道德高尙得多，所以在宋朝，一次亡國到外來的蒙古人，後來蒙古人還是被中國人所同化：在明朝，二次亡國到外來的滿洲人，後來滿洲人也是被中國人所同化。因爲我們民族的道德高尙，故國家雖亡，民族還能夠存在，不但是自己的民族能夠存在，並且有力量能夠同化外來的民族。所以窮本極源，我們現在要恢復民族的地位，除了大家聯合起來做成一個國族團體以外；就要把固有的舊道德先恢復起來。有了固有的道德，然後固有的民族地位，才可以圖恢復。」❶

㈡提倡新文化應否廢棄舊道德——自五四運動發生之後，興起了一種文化運動，一般稱之新文化運動。新文化運動乃以陳獨秀、胡適、李大釗、吳虞等爲首，對西洋文化以吸收民主、科學爲號召，對固有文化則以打倒孔家店，破壞舊宗教、舊道德（倫理）爲對象。換言之，他們大多以反對傳統，提倡全盤西化爲主旨。陳獨秀于「五四」後之兩年，即民國十年，在《新青年》雜誌發表〈罪言〉一文，說明他們要擁護德先生(Democracy)與賽先生(Science)，便不得不反對舊宗教、舊道德云云。自此以後，一唱百和，以破壞固有文化固有道德爲新奇與時髦，這種逆流，直到民十以後，中國共產黨之產生，以毛匪在大陸的整風與文化革命，一直激盪不已，可謂中國文化史上之大不幸。

中山先生對于「五四」後的新文化運動，就其新思想部份言，比較贊成；就其排斥舊道德部份言，則表示反對。〈民族主義〉第六講稱：「現在受外來民族的壓迫，侵入了新文化，那些新文化的勢力，此刻橫行中國，一般醉心新文化的人，便排斥舊道德，以爲有了新文化，便可以不要舊道德。不知道我們固有的東西，如果是好的，當然是要保存，不好的才可以放棄。」❷

㈢應恢復什麼舊道德——中國的舊道德甚多，儒墨道

❶但是蒙古人的同化程度仍屬有限。目前（1984年）在外蒙古有186萬蒙人，在內蒙及東北等地，也有240餘萬蒙人，多未同化，仍保留民族語言特色。至於滿人，依據人口統計仍有430萬人，但多已同化，大多數操漢語。

❷中山先生反對整體性的反傳統主義(anti-traditionalism)，而認爲應該肯定傳統文化中值得珍攝的部分。有關五四及新文化運動之研究頗多，參見：林毓生《思想與人物》（臺北，聯經，1983）；周陽山編《五四與中國》（臺北，時報，1979）；周陽山編《從五四到新五四》（臺北，時報，1989）。

法各家的主張亦很不一致，究竟應恢復那些舊道德呢？中山先生講民族主義時，認爲應恢復的舊道德爲「忠孝仁愛信義和平」。普通將以上諸德稱爲八德，但亦有人稱爲六德。如劉脩如先生著《三民主義教程》，將忠孝仁愛信義和平八個字按字分別解釋，是謂八德；又如任卓宣先生著《三民主義概論》，將仁愛與和平作兩德解釋，惟忠孝信義則按字分別解釋，故只稱六德。但習慣稱八德者較多。我們這裡從衆從習慣仍稱爲八德。

至于八德的說明，容後另述，這裡暫從略。

二、恢復民族固有智識

我們應恢復什麼固有智識呢？應從何着手呢？下面分別研述。

㈠應恢復什麼固有智識——這裡所說固有智識，是指〈大學〉八目而言。〈大學〉第一章云：「大學之道，在明明德，在新民(親民)，在止于至善。……是故欲明明德于天下者，先治其國；欲治其國者，先齊其家；欲齊其家者，先修其身；欲修其身者，先正其心，欲正其心者，先誠其意；欲誠其意者，先致其知；致知在格物。物格而后知至，知至而后意誠，意誠而后心正，心正而后身修，身修而后家齊，家齊而后國治，國治而后天下平。」「自天子以至庶人，壹是皆以修身爲本。」以上八項朱子叫八條目，就哲學眼光看，格物致知可稱爲智識論；誠意正心修身可稱爲道德觀，齊家治國平天下可稱爲政治觀。如就「壹是皆以修身爲本」言，則整個八條目應屬于道德哲學的範圍。

中山先生認爲中國有甚麼固有的智識呢？就人生對於國家的觀念，中國古時有很好的政治哲學。我們以爲歐美的國家，近來很進步，但是說到他們的新文化，還不如我們政治哲學的完全。中國有一段最有系統的政治哲學，在外國的大政治家還沒見到，還沒有說得那樣清楚的，就是〈大學〉中所說的『格物，致知，誠意，正心，修身，齊家，治國，平天下』那一段的話。

中山先生認爲倫理爲政治的基礎，八條目就是以倫理爲政治的先決條件。

中山先生又說：「這種誠意，正心，修身，齊家的道德，本屬於道德的範圍，今天要把他放在智識範圍內來講，纔是適當。我們祖宗對於這種道德上的工夫，從前雖然是做過了的，但是自失了民族精神之後，這些智識的精神，當然也失去了。」

我們今天要恢復民族地位，必須恢復這個固有智識，卽由內而外，精微開展。

㈡應從修身做起——〈大學〉云：「壹是皆以修身爲本」，中山先生對于這句話非常重視。他說：「普通外國人總說中國人沒有教化，是很野蠻的。推求這個原因，就是大家對於修身的工夫太缺乏，大者勿論，卽一舉一動，極尋常的工夫，都不講究。譬如中國人初到美國時候，美國人本來是平等看待，沒有甚麼中美人的分別，後來美國大旅館，都不准中國人住，大的酒店都不許中國人去吃飯，這就是由於中國人沒有自修的工夫。」因此，中山先生以爲我們要能齊家治國，根本不受外國壓迫，便要從修身做起，把中國固有的政治哲學先恢復起來，然後民族精神和民族地位，才可以恢復。

附錄一：蔣中正先生的補充意見

蔣中正先生對於中山先生主張恢復固有智識，有一段補充意見。他說：「要知道正心誠意是內治的工夫，修身、齊家、治國是外修的工夫，中國的哲學是以內治的工夫爲外修工夫的根本，要統一道德和知識，溝通文化和政治，所以〈大學〉這段話，不僅屬於道德範圍，並且屬於知識範圍。譬如齊家，在道德範圍內就講求孝弟，在知識範圍內就要整飭家規。又如治國，在道德範圍內就要講求政治修養，在知識範圍內就要考究政治制度和政策。我們中國的學者，把道德範圍的內治工夫，叫做『性命之學』，把知識範圍的外修工夫，叫做「經世之學」，而以兩者的均衡和統一，卽『合外內之道』爲學問的最高標準，也就是人類理性發展的最高境界」。(〈爲何漢奸必敗侵略必亡〉)

附錄二：宋明理學家與大學

所謂宋明理學家，主要地是就北宋的程明道、程伊川，南宋的朱熹、陸象山及明朝的王陽明而言。普通分程朱、陸王兩派。〈大學〉本爲《禮記》中的一篇文章，二程等把它抽出來，單獨加以解釋，傳授于門人弟子，朱熹根據程伊川的解釋，將致知與格物兩條目加以補充說明，對各章亦詳加解釋。王陽明作〈大學問〉一篇（門人筆記），以啓發新入學者，其詮釋雖異于朱熹，但重視〈大學〉，而詳加研究，則所有宋明理學家態度一致。所以中山先生說：「到了宋儒時代，他們正心誠意和修身的工夫，更爲嚴謹，現在中國人便不講究了。」(〈民族主義〉第六講）蔣中正先生認爲今後世界學者亦將走宋明理學家之路而重視道德。他說：「西方的學者偏向知識範圍內下工夫，而中國宋明以後的學者偏向道德範圍內下工夫，這兩種偏向就是中西文化和政治不同的所在。第一次世界大戰以後，西方就有些學者深感科學技術不能爲人生服務，祗是做了打仗殺人的工具，他們慨歎西方文明走上沒落的道路。到了第二次世界大戰之後的今日，西方的科學進步到原子能時代，而哲學

家和政治家更痛感道德應該重整，精神必須動員，纔能消弭人類的災禍。」(〈爲何漢奸必敗侵略必亡〉)

三、恢復民族固有能力

所謂固有能力，是指創造力而言。中山先生認爲我們除了智識之外，還有固有的能力，卽創造力，亦要加以恢復。現在中國人的能力當然不及外國人，但是從前中國人的能力，還要比外國人大得多。

從前中國人有什能力呢？一爲三大發明，二爲有關食衣住行等發明。

㈠三大發明——中國人最有名的發明計有下列三項：第一爲指南針，相傳黃帝戰蚩尤，迷霧，乃創造定方向之指南車。後世所用之羅盤，卽本此原理造成。中山先生說：「比如指南針，在今日航業最發達的世界，幾乎一時一刻都不能不用他，推究這種指南針的來源，還是中國人幾千年以前發明的。如果從前的中國人沒有能力，便不能發明指南針。中國人老早有了指南針，外國人至今還是要用他，可見中國人固有的能力，還是高過外國人。」(〈民族主義〉第六講)

第二爲印刷術。我國五代時馮道❸發明刻板印書，但仍覺笨重而不方便，宋時畢昇❹創印字活板法，其法用膠泥刻字，每字爲一印，用時各個採集，排比成版，用畢拆散還原，仍爲活字。此種印刷術後傳至歐洲，經改良而成今日之活字印刷術。中山先生說：「在人類文明中最重要的東西，便是印刷術。現在外國改良的印刷機，每點鐘可以印幾萬張報紙，推究他的來源，也是中國發明的。」(同上)

第三爲火藥。中山先生又說：「近來世界戰爭用到無煙火藥，推究無煙火藥的來源，是由於有煙黑藥改良而成的，那種有煙黑藥也是中國發明的。中國發明了指南針、印刷

❸馮道(882-954)五代景城人。字可道，歷事後唐、後晉、遼、後漢、後周等五朝。由他倡導而開始出版的《九經》，是最早由木板印刷的經書。

❹畢昇，宋慶曆人。創活字版印刷法，以膠泥刻字，一字一印，用火燒硬後，卽成個體活字。活字置於鐵板上，覆以脂蠟，經火熔解後，再以平板壓印，一次可印多本。

術和火藥這些重要的東西，外國今日知道利用他，所以他們能夠有今日的強盛。」（同上）

㈡有關衣食住行的發明——中山先生認爲「人類所享衣食住行的種種設備，也是我們從前發明的。」

第一就飲料方面說。中國人發明了茶葉，至今世界文明各國皆爭用之。就臺灣論，茶葉也是重要出口產品之一。

第二就衣着方面說，外國人視爲最貴重的絲織品，就是中國人發明的。按黃帝夫人嫘祖發明養蠶造絲，是中國最古的一種發明。

第三就住的方面說。現在外國人建洋房，自然很進步，但是造屋的原理和房屋中的認多重要部份，仍是中國人發明的。譬如「拱門」就是中國最早的發明。所謂拱門是柱與柱間或牆與牆間之上端，作成弧形式樣的門。現代洋房的拱門用鋼骨水泥造成，橫樑可以不用拱門，過去用磚石造屋則非用拱門不可，否則門距必然受限。

第四就行的方面說。中山先生講到「外國人現在所用的吊橋便以爲是極新的工程，很大的本領；但是外國人到中國內地來，走到川邊西藏，看見中國人經過大山，橫過大河，多有用吊橋的。他們從前沒有看見中國的吊橋，以爲這是外國先發明的，及看見了中國的吊橋，便把這種發明歸功到中國。」（同上）

一般而言，吊橋可分爲兩種：一種是城濠上所設之吊橋，係用滑輪原理裝設，若遇到敵人進攻，則由城樓上將吊橋挽起，以斷敵進路。另一種是鐵索橋，在河谷之上或海峽之間，懸鐵索作橋以通行人，亦叫吊橋，四川、雲南、貴州、西藏多有此種吊橋。美國舊金山的金門大橋，則係西方吊橋之傑作。

此外，中國人發明的東西，中山先生在〈民族主義〉

第六講還講到磁器，在〈民權主義〉第五講又講到燧人氏發明火食，神農氏發明醫藥，軒轅氏發明營造宮室（也發明舟車）。又在《孫文學說》中講到製豆腐，造硃砂，以及道家煉丹術等等。「由此可見中國古時不是沒有能力的，因為後來失了那種能力，所以我們民族的地位，也逐漸退化。現在要恢復固有的地位，便先要把我們固有的能力一齊都恢復起來。」（〈民族主義〉第六講）❺

❺關於中國古代科技文明，英國學者李約瑟(Joseph Needham)曾著《中國之科技與文明》(*Science & Civilization in China*, Cambridge University Press, 1954)，中文版由陳立夫先生主譯（臺北，商務，1972)，本書是有關中國古代科技文明的最重要著作之一。

四、學習歐美長處（迎頭趕上西洋科學）

中山先生不是復古論者，他不是主張恢復民族固有的道德，智識和能力了事，而且要學習西洋長處，對西洋科學要迎頭趕上。

㈠能否學人所長——人家的長處能否學到呢？中山先生的答覆是肯定的。〈民族主義〉第六講稱：「恢復我一切國粹之後，還要去學歐美之所長，然後纔可以和歐美並駕齊驅。如果不學外國的長處，我們仍要退後。」我們要學外國，到底是難不難呢？中山先生自省：「中國人向來以為外國的機器很難，是不容易學的，不知道外國所視為最難的，是飛上天，他們最新的發明是飛機。現在我們天天看見大沙頭（廣州東堤附近之一島嶼）的飛機飛上天，飛上天的技師是不是中國人呢？中國人飛上天都可以學得到，其餘還有甚麼難事學不到呢？因為幾千年來，中國人有了很好的根柢和文化，所以去學外國人，無論甚麼事都可以學得到，用我們的本能，很可以學外國人的長處（科學)。」

㈡迎頭趕上——我們學習外國的長處，要怎樣學法呢？中山先生指示說：「我們要學外國，是要迎頭趕上去，不要向後跟着他。譬如學科學，迎頭趕上去，便可以減少兩百多年的光陰。」譬如美國人從前用煤作動力，現在要用電作動力，我們便要迎頭趕上用電力。又如日本人學歐美文化，不到幾十年，便成了世界五強之一(民國十三年語)，我們亦應仿效日本去學歐美的長處，並進一步發揮成長的精神。

第三節　民族地位恢復以後——濟弱扶傾

要講濟弱扶傾，先從它的反面侵略弱小講起。

㈠侵略弱小（狹隘的國家主義）——民族與國家有時不易分開，民族主義與國家主義有時亦被人混爲一談。因爲民族主義的目的是求中國之自由平等，要打倒帝國主義；國家主義的目的，在內求獨立(或說內除國賊)，外抗強權。故在民族地位未恢復前，兩者的目的是相同的；但在民族地位恢復以後，一般的（狹隘的）國家主義便和中山先生所提倡的民族主義截然不同了。誠如林森先生所說：「我們要注意的就是　總理所主張的民族主義與世界各強國的民族主義是不相同的。因爲列強在民族主義完成以後，就要對弱小民族爲各方面的侵略，而三民主義的民族主義，則爲天下大同主義，而非狹隘的國家主義。」三民主義的民族主義的目的何在？林森先生指出是在「內求中國民族之自由平等，外求一切被壓迫民族的解放。」(〈民族主義的精義〉)這裡可以說中山先生的民族主義與狹隘的國家主義不同，亦與列強的民族主義不同；更可以說列強的民族主義，就是狹隘的國家主義。胡漢民先生認爲國家主義在求國家之自由獨立這一個目的上，固然可以牽合到民族主義的底下，但它不是民族主義的全體。何況事實上發展到德意志、意大利和日本那種國家主義，就成了帝國主義的代表。所以國家主義，一行到國際上頭去，便發生毛病。(〈三民主義之認識〉)發生什麼毛病呢？就是侵略弱小，走帝國主義的老路。

㈡濟弱扶傾——中山先生在民族主義第六講特別強調，我們在民族地位恢復以後，要對世界負一個大責任。負什麼責任呢？他說：「我們要先決定一種政策，要『濟弱扶傾』才是盡我們民族的天職。我們對弱小民族要扶持他，對于世界的列強要抵抗他。如果全國人民都立定這個志願，中國民族才可以發達。」「我們民族主義的目的，在完成大同之治，我們要將來能夠治國平天下，便先要恢復民族主義和民族地位，用固有的道德和平做基礎，去統一世界，成一個大同之治，這便是我們四萬萬人的大責任。諸君都是四萬萬人的一份子。都應該擔負這個責任，便是我們民族的眞精神！」（〈民族主義〉第六講）

對于「用固有的道德和平做基礎，去統一世界成一個大同之治」，林森先生解釋說：「所謂固有道德，就是忠孝仁愛信義和平，這固然是中華民族的好道德，而和平則更是中華民族特別愛好的道德，也就是民族主義的基本精神。」「總理平日常主張王道，他要我們將國家民族的一切行動，都要以王道爲基礎，所以對內祇以服務爲目的，而不講奪取；對外講博愛和平，而不講報復。王道不尙武力，注意和平的，所以和平更是實行王道的方法，但是所謂和平，是具有兩方面的意義：一方面是不願意他人侵害我們，一方面是自己不肯侵害他人。」（〈民族主義的精義〉）由林森先生的詮釋，我們聯想到王道主義，與「濟弱扶傾」的關係，也可以說王道主義是「濟弱扶傾」的本質，世界大同是「濟弱扶傾」的目的。

第九章　中國存亡問題

中山先生于民國六年發表〈中國存亡問題〉，討論外交政策。本章就此問題加以研述，內中包括：㈠戰爭與外交的關係，㈡英俄與中國的關係，㈢中國應以日美爲友邦及建立獨立之外交等。

第一節　戰爭與外交

一、戰爭與國家

㈠戰爭爲國家之手段——要研究戰爭與外交的關係，先要研究戰爭與國家的關係。究竟戰爭是組織國家的手段呢？還是組織國家是戰爭的手段呢？中山先生對此曾作正反兩方面的說明。他在〈中國存亡問題〉中說：「國家爲戰爭而存在者乎？抑戰爭爲國家而存在者乎？此一可研究之問題也。論國家之起源，大抵以侵略人之目的，或以避人侵略之目的，而爲結合。其侵人固爲戰爭，即欲避人侵略亦決不能避去戰爭。戰爭不能以一人行之，故合羣，合羣不能無一定之組織，故有首宰，首宰非能一日治其羣衆也，故成爲永久之組織而有國家。故論其本始，國家不過以爲戰爭之一手段，無戰爭固無國家也。」

就其本始言，中山先生認爲國家起源于戰爭，這與西洋的國家起源于武力說，有些相似。反過來看，中山先生又認爲這是就元始（即本始）現象言，今日之國家又不同了。原始時，固以組織國家爲戰爭之手段；今日之國家則以戰爭爲達成國家目的之手段。故又說：「使國家長此不變，則國家如何可開戰之問題，殆無研究之餘地，以國家本已常在戰爭狀態，無須開戰故也。但在今日之國際，則與其元始時間絕異，國家自有國家之目的，不徒爲戰爭而存立，有時國家不能不戰爭者，爲達其國家存立發展之目的，而後以戰爭爲手段耳。以有國家故爲戰爭，非以欲戰爭故爲國家也。」

㈡兵凶戰危用非得已——老子云：「佳兵者不祥之器，聖人不得已而用之。」中山先生亦說：「昔人有言：兵者凶器，戰者危事，又曰：『兵者國之大事，死生之道，存亡之理，不可不察也。』以一國爲戰爭，萬不得已之事也，其戰爭而獲如所期，則目的之達否未可知也。不如所期，則敗戰之餘，動致危其國家之存在。夫以一國爲孤注而求勝，則必其舍戰爭以外別無可以求其生存發展之途者也，必其利害爲一國之公共利害而非一小部分之利害，故國人樂於從事戰爭，進戰不旋踵，傷廢無怨言也。今之國家，與昔殊異，往者比鄰之國，相攻無時，故其和不可恃其戰不可避也，今者不然，國家之間，立約遣使，誓以永好；即無約無使之國，亦以禮相處，不復相凌。此何故哉？彼之不敢輕與我戰，猶我之不敢輕與彼戰；戰爭爲不易起之事，然後國家萬不得已而用之，然而強挑戰於一國果何爲也？」這是說，原始國家專靠戰爭，今之國家，除戰爭外，還要靠外交，非不得已，不必打仗。

二、外交與國家

㈠外交爲國家之手段——中山先生雖認戰爭爲達成國家目的之手段，更認外交爲達成國家目的之手段。他說：「國家既不可以長從事於戰爭，而對外國之關係則有日增無日減，於此關係日密之際，不能用戰爭以求達其存在發達之目的，則必求其他之手段，所謂外交者由是而發生。凡國家之政策既定，必先用外交手段以求達其目的，外交手段既盡，始可及於戰爭。戰爭既畢，仍當復於外交之序，故國與國遇，用外交手段與用戰爭手段，均爲行其政策所不可闕者。然用外交之時多，用戰爭手段之時少，用外交手段者通常之軌則，戰爭手段者不得已而用之，不得已云者，外交手段既盡，無可如何之謂也。」中山先生憑此原則，判定美國因爲自魯士丹尼亞號擊沉（德國潛艇擊沉掛美國旗之英船，乘船美人有死者）以來，對於德國所行戰法屢爲外交上之抗議，已經兩年，然後對德宣戰，可謂已盡外交之能事，今中國運用外交上之抗議，不過一月，卽行對德宣戰，可謂未盡外交之能事。這就是中山先生當時反對對德宣戰的理由。

㈡中國不知運用外交——外交爲達成國家之手段，可惜中國人不知運用。中山先生說：「中國向來閉關自守，非以人爲隸屬，卽與人爲戰爭。中間對於匈奴、吐番、回紇、契丹、女眞等，雖有和好，皆以賄求安，初無所謂外交手段。惟無外交經驗，故海禁初開，動輒與人衝突。衝突之後，嘶喪隨之，於是凡百唯隨，只求留存體面，久之則又不可忍，而爲第二次衝突。平時雖有外交關係，實未嘗有外交手段，故自鴉片之役以來，再戰於甲寅，三戰於甲申，四戰於甲午，五戰於庚子，每戰必割地賠款，損失權利，而無功可見。中國之對外國，不知外交手段之爲患，非不肯戰之爲患也。」

講到這裏，中山先生舉日本、泰國（暹羅）爲例，認爲日本善用外交，故能撤去領事裁判權，改正關稅。泰國能運用外交，亦得恢復其法權稅權。而中國人之失敗，乃在不恃可以恢復利權之外交，而恃勝負難分之戰爭，故最初失敗與日本國，至于恢復主權，則與日本異。這是中山先生在第一次大戰時警惕國人的話；但至第二次世界大戰末期，我國在蔣中正先生運用外交的原則下，已于卅一年廢除各國對我的不平等條約，這未嘗不是中山先生這段警語的收穫呢？

第二節　英俄與中國

一、英俄交好犧牲中國

㈠俄得地利英無可如何——中山先生對于第一次世界大戰之分析，認爲俄得地利。他說：「俄國自十八世紀之初，彼得改革以來，無時不有併吞世界之計劃，所謂彼得遺訓者，久已爲世人所公認，而俄國之地勢，實又足以成之，蓋俄之爲國，在歐洲爲受敵最少者，其北則北極之下冰雪之區，其東與南，皆爲荒野之國，力不足爲俄害，而其土地則足以滿俄國之欲。其向來有戰爭，皆從其西面或西南面而起，其勝則略地增長勢力，不勝則退嬰其天然之險，人莫能屈之，徵之於歷史，彼得與瑞典王加羅十二戰，嘗一敗矣，而不爲之屈，休兵八年，卒復其仇，獲波羅的海沿海之地。此後又參與七年戰爭，遂乘波蘭之弱，而分割之❶。及拿破崙戰爭之興，屢爲法國所敗，而拿破崙終無如俄何。一八一二年，法人懸軍遠征，以破竹之勢，大勝於哥羅提諾，遂占莫斯科。然終不得不退兵，以自致來布芝之覆沒。俄國雖敗，不爲法屈，而反以屈法者，其地利使然也。」中山先生認爲日俄戰爭，俄雖失敗，但仍未亡國。故俄國勝則進取，敗則退守，有此自然之地位，戰後英國亦將無如俄何也。

❶俄王彼德一世爲了向歐洲擴張，改變俄國處於內陸國家的局面，自1700年起開始發動了與瑞典的戰爭，歷時廿一年。1699年，彼德一世拉攏了丹麥、波蘭等國結爲反瑞典的「北方同盟」，但屢戰敗，丹麥、波蘭相繼退出。1709年，彼德率軍與瑞典王查里十二（即加羅十二）決戰，瑞典大敗，查里十二負傷逃亡土耳其，波、丹二國再度加入戰爭。1714-20年，俄海軍消滅了瑞典在芬蘭灣的艦隊，並攻至瑞京斯德哥爾摩，瑞典被迫求和，1721年，兩國簽約，俄國佔領了芬蘭灣、里加灣、卡累利河及愛沙尼亞、拉脫維亞等地，至此，俄國獲得出海口，成爲歐洲列強之一。
到了1755年，由於英法兩國爲爭奪加拿大而戰，雙方都尋求同盟者，俄國、西班牙等與法、奧並肩作戰，戰爭在歐陸、北美和印度進行，因戰爭長達七年（1756-1763），故名「七年戰爭」。戰後不久，俄軍於1767年入侵波蘭，與奧地利、普魯士等國共同瓜分波蘭，俄國獲得部分烏克蘭及拉脫維亞等地區，是爲波蘭的第一次瓜分。

著者以爲俄得地利，英、法、德……固不能亡其國，但如自中國出發，則俄羅斯將無法抵抗，匈奴人之亡東歐即是一例❷。

㈡英、俄交好中國將被犧牲——英國既對俄無可如何，勢必以利誘之，以圖交好。英國以何種利益交好俄國？中山先生判斷既不會誘以埃及、波斯、阿富汗斯坦，亦不會誘以印度。「英不損印度，則須求與印度相當者以贈俄，則在今日有爲第二印度之資格，而爲俄所滿足，無逾中國者矣，故英俄交好之日，中國必不免爲同於印度之犧牲。」

進一步說，中山先生認爲帝國主義者所希望之標準殖民地是，既能供給己國之原料，又能爲己國工業製造品之推銷場。而印度與中國人口衆多，消費力大，最合此標準。自英國方面看，故願犧牲中國，而不願放棄印度；即自俄國方面看，亦願舍印度而取中國。「蓋西伯利亞鐵路線複線之輸送力之下，久有處北滿外蒙新疆之佈置，成一包圍之況，苟英助俄以抑日，則南下猶行所無事耳。」

十月革命後，俄國內部，雖稱「江山易主」，但其對外野心則變本加厲。列寧說：「由北平經迦爾各答（印度）爲到西方（打倒帝國主義）的捷徑。」史達林說：「不要忘記東方」。又認爲東方是帝國主義的後門，東方是帝國主義的後備軍，東方是帝國主義的倉庫。他們所說及所爲，皆未出中山先生所料。林則徐說：「亡中國者俄羅斯耳。」與中山先生所見略同。

二、與其參戰不如中立

㈠英德交好中國亦被犧牲——中山先生認爲第一次世界大戰後，英國不聯俄即聯德，蓋「協商國勝，英不得不聯俄，協商國不勝，英不得不聯德。」聯俄固將犧牲中國，聯德亦將犧牲中國。講到英俄與英德的關係，中山先生對

❷匈奴人(Huns)原散居中國西北，公元一世紀，北匈奴爲東漢所敗，西遷至中亞，二世紀又被鮮卑人所迫，繼續西遷。西元370年左右，侵入歐洲東南部，進入今俄羅斯的伏爾加河與頓河流域，臣服當地的阿蘭人(Alani)。西元374年越頓河，滅東哥特人部落，又進攻今羅馬尼亞一帶之西哥特人，造成歐洲的「民族大遷徙」，兵鋒所至，極爲慘烈，爲歐洲人所稱之「黃禍」由來。五世紀上半入據中歐，以班諾尼亞（Pannonia，今匈牙利）爲活動中心。西元432年，各匈奴部落權力集中在國王魯奧(Rua)手中，434年，魯奧死，侄兒阿提拉繼位，其疆土東起裏海，西至萊茵河，北達波羅的海，南至多瑙河，成爲一鬆散龐大之帝國。452年，匈奴人入侵義大利，刼掠許多城市，但也引起瘟疫和災荒，被迫撤離。453年，阿提拉卒，諸子內訌，治下的日耳曼人起而反抗，於454年大敗匈奴人，帝國因而瓦解。目前留於東歐的匈牙利人（Hungarians或馬札爾人Magyars），即匈奴人之後裔。

于英國的外交政策，曾反覆剖解，作深入研究，並曾對英作率直之忠告。

㈡苟守中立可維現狀——中山先生在〈中國存亡問題〉中，舉了很多理由，不贊成對德絕交與宣戰，義正詞嚴，可以發人深省。他提出警語說：「……是故加入協商國，則中國終不免于亡，而仍守中立，尚有可以爭生存之理由，故加入協商國問題，即中國之存亡問題也。」

中山先生認爲列強之所以不侵吞中國者，一以均勢之故，一以經營之便利也。因爲各國在中國都有經營之便利，故不急于侵吞。己不能侵吞，亦不願他人侵吞，「故分割之議一變而爲保全之說。夫中國苟守中立，始終不變，則其狀態亦復與前無異。」即仍可維持均勢，仍可維持利益均霑。「即使德國全勝，英不能以中國爲餌，而得德國之歡心；又使俄國獨強，英以中國示恩于俄，俄人亦不感謝英人。」這樣一來，倒是置身事外，可以自全之道。

㈢預料和會無好結果——有人以爲中國能參加協商國方面，將來協商國戰勝，中國必能獲得許多利益，如收回失地(包括膠州灣在內)，取消不平等條約。但中山先生預料和會必無好結果。他說：「今人動謂協商國戰勝有朕，故欲加入，以博同情，而收列席講和之利益。不知戰勝者分配利益，以各國利害爲衡，非以一時感情所能動。試觀拿破崙敗後，維也納之處分，可以知之矣。當時荷蘭王以背大陸條件忤拿破崙廢，各國卽舉此以罪拿破崙。(奥帝於莫斯科敗後出爲調停，尙以復荷蘭爲請)。顧拿破崙敗後，所取以酬英國之功者，非法之屬土，亦非罰助拿破崙者而奪其封也，乃擇荷蘭之屬地，取其最要樞機之好望角與錫蘭以爲酬報。」中山先生以此例彼，預料縱協商國戰勝，中國是弱者，還會聽人宰割。眞是對巴黎和會有先見之明。

第三節　廣結友邦及建立獨立的外交

一、與美日合作謀世界和平

聯日乎？聯美乎？自民國以來，外交論壇上卽有此疑問，中山先生則認爲旣不能聯美排日，亦不能聯日排美。他說：「在此時代，外交之主旨，亦略有可言也。顧非若今人之必倚某國而拒某國。今之論者，或主親日而排美，皆非也，日與美皆有可親之道，而親一排一之策，則萬非中國所宜行。今以日本論，其關係可謂親矣。而中國之親日，必使日本不與美衝突，然後可完全遂行其扶助中國之任務。中國官僚好引美國之勢力以拒日，此大誤也。若但以兵力論，日本固不如美國。」講到這裏，中山先生描寫美國海軍之力量，決非日本所能追上，但美若勝日，與中國固無所補，日本固「大則亡國，小則削地」，但美國亦必大傷元氣。中山先生說：「中國今日欲求友邦，不可求之於美日以外，日本與中國之關係，實爲存亡安危兩相關聯者，無日本卽無中國，無中國亦無日本。爲兩國謀百年之安，必不可於其間稍存芥蒂。次之則爲美國，美國之地雖與我隔，而以其地勢，當然不侵我而友我。況兩國皆民國，義尤可以相扶。中國而無發展之望則已，苟有其機會，必當借資於美國與日本。」

中山先生曾強調中國與日本爲同文之邦，弟兄之國，兩國關係應該協調。而日本軍閥不明此理，先後發動「九一八」、「一二八」及「八一三」事變，妄想侵吞中國，卒致戰敗受辱，可謂後悔莫及。

中山先生又強調中國與美國就政治論爲兄弟之邦，美國向來對中國之權利最少野心。自宜敦睦邦交，斷不能聯日而排美。

中山先生希望「夫中國與日本，以亞洲主義，開發太平洋以西之富源。而美國亦以其門羅主義，統合太平洋以東之勢力，各遂其生長，百歲無衝突之虞，而於將來，更可以此三國之協力，銷兵解仇，謀世界永久之和平，不特中國蒙其福也。中國若循世道以爲外交，庶乎外交上召亡之因，可悉絕去也。」美國的賢明政治家多已有見及此，中山先生逝世後，大致尙能與中國維持友好並日爲世界和平而努力。惟日本軍閥常欲侵略中國，又欲霸太平洋，故引起中日戰爭和美日戰爭，可謂缺乏遠見。

二、建立獨立之外交

中山先生於論不宜參戰與應守中立之後，力言中國的外交政策，應有獨立不撓的精神。他認爲一個國家「存在之根源，無不在于國家及其國民獨立不撓之精神，其國不可以利誘，不可以勢劫，而後可以自存於世界，卽令摧敗，旋可復立。不然者，雖號獨立，其亡可指日而待也。此非徒肆理論也，凡其國民有獨立不撓之精神者，人以尊重其獨立爲有利。卽從國際利害打算，亦必不敢輕犯其獨立。此可從歷史證明之，亦可從現代事實歸納得之。」

講到這裏，中山先生以比利時與希臘爲例，說比利時不爲德國所屈服❸，希臘不受協商國之脅迫，皆因爲具有此獨立不撓之精神。

「昔人有言，匹夫不可奪志。」中山先生認爲「士有志也，國亦有之。」士不能奪志，國家亦不能奪志。「夫國民有獨立不撓之精神，則亡者可以復興，斷者可以復續。」這種遺訓，我們應該永銘心版，不可忘記。最後中山先生作結論說：「吾不憚千百反覆言之曰：以獨立不撓之精神，維持嚴正之中立。」

❸比利時在第一次和第二次世界大戰期間，均爲德國所侵佔，但均不屈服。另外，比利時長期以來即爲外族統治，14 世紀末至 15 世紀爲勃根第王朝統治，後爲西班牙、奧地利與法國所佔，1814 年維也納會議，決議將比利時劃歸荷蘭，1830 年，在法國七月革命影響下，布魯塞爾發生革命，宣布比利時獨立，選立新王，頒布君主立憲憲法。1839 年，與荷蘭簽約，成爲獨立國家，並由英、法、普、俄等國保證其中立地位。但比利時獨立一百四十餘年來，國內民族融合並不成功，北部的荷裔弗拉蒙人(Flemish)和南部法裔的瓦隆人(Waloon)人長久對立，1970 年代前後，對立態勢日漸強化，連各主要政黨（社會黨、自由進步黨、基督人民黨）都一分爲二，著名之魯汶大學亦一分爲二，採雙語分別教學。兩族對立嚴重，此爲民族國家統合失敗之一例。

第十章　大亞洲主義

中山先生於民國十三年十一月二十八日，應日本神戶商業會議所等團體的邀請，講演大亞洲主義，因聽衆都是日人，故對日本獨立自主與戰勝俄國，備加讚揚，譽爲亞洲民族復興的起點。並諄諄勸戒日本，要行王道文化，不可走霸道主義的道路。本章研究的內容，分爲下列三個重點：一爲日本與亞洲，二爲歐洲文化與東方文化，三爲大亞洲主義與世界主義。

第一節　日本與亞洲

一、亞洲是最古文化發祥地

中國、印度、巴比倫與埃及，是世界文化四大古國，除埃及外，均在亞洲地區，可見亞洲是最古文化的發祥地。中山先生在大亞洲主義中首先指出：「我想我們亞洲就是最古文化的發祥地，在幾千年以前，我們亞洲人便已經得到了很高的文化。就是歐洲最古的國家像希臘、羅馬那些古國的文化，都是從亞洲傳過去的。我們亞洲從前有哲學的文化，宗教的文化，倫理的文化，和工業的文化，這些文化都是亘古以來，在世界上很有名的。推到近代世界上最新的種種文化，都是由于我們這種老文化發生出來的。」中山先生這一段話，說明了三件事情：一是亞洲是最古文化發祥地，二是希臘羅馬古代的文化，是由亞洲傳過去的，三是近代新文化亦是由老文化發生出來的。

二、日本獨立是亞洲復興的起點

自歐洲文化進步，科學發達，和各國強盛之後，其勢力便侵入東洋，使亞洲各國失其自由，甚至亡國，沒有一個完全獨立的國家。直到日本發奮爲雄，獲得獨立後，給予亞洲各國莫大的鼓勵，從此各爲其國家從事復興與獨立運動，要做亞洲的主人翁。中山先生在講詞中說:「亞洲衰弱，到三十年以前，又再復興，那個起點是在什麼地方呢?就是在日本當三十年以前，廢除了和外國所立的一些不平等條約! 日本廢除不平等條約那一天，就是我們全亞洲民族復興的一天。日本自從廢除了不平等條約之後，便成了這個極端，便另外發生一個轉機，那個轉機就是亞洲。……自日本在東亞獨立了之後，於是亞洲全部的各國家和各民族，便另外出生一個大希望，以爲日本可以廢除不平等條約來獨立，他們也當然可以照樣，便從此發生膽量，做種種獨立運動，要脫離歐洲人的束縛，不做歐洲的殖民地，要做亞洲的主人翁。」這一段講詞指出，在日本未獨立前，亞洲沒有一個完全獨立的國家，像印度、波斯、阿富汗、阿拉伯、土耳其都不是獨立的國家，都是由歐洲任意宰割，做歐洲的殖民地。所以，日本獨立，給亞洲民族帶來新希望，是亞洲國家復興的起點。

三、日本勝俄所發生的重大影響

說到三十年前，(指中山先生講演時言)亞洲各民族總認爲，歐洲的文化、科學和工業那樣進步，武器又精良，兵力又雄厚，我們亞洲別無他長，是無法和他們抗拒的，故要做復興國家民族的工作，好像「難于上青天。」後來日本獨立了，固然得了鼓勵，但其所發生的影響力，並不很大。等到日本戰勝了俄國人，亞洲人民的觀念，便完全改變。中山先生說:「再經過十年之後，便發生日俄一戰，日本便戰勝俄國，日本人戰勝俄國人，是亞洲民族在最近幾百年中頭一次戰勝歐洲人，這次戰爭的影響，便馬上傳達到全亞洲,亞洲全部的民族便驚天喜地,發生極大的希望。」❶亞洲人的歡喜，就是歐洲人的憂患，誠如中山先生所說:「當日俄戰爭開始的那一年，我正在歐洲，有一日聽到東鄉大將打敗俄國的海軍，把俄國新由歐洲調到海參崴的艦隊，被日本打得全軍覆沒，這個消息傳到歐洲，歐洲全部人爲之悲憂，如喪考妣。英國雖然是和日本同盟，而英國人士一聽到這個消息，大多數也都是搖頭皺眉，以爲日本得了這個大勝利，終非白人之福。」歐洲人的憂慮，又是阿拉伯的高興。中山先生接著轉述阿拉伯人的話說:「我們新得了一個極好的消息，聽到說日本消滅了俄國新由歐洲調去的海軍，不知道這個消息是不是的確呢？而且我們住在運河的兩邊，總是看見俄國的傷兵，一船一船的運到歐洲去，這一定是俄國打了大敗仗的景況。從前我們東方有色的民族，總是被西方民族的壓迫，總是受痛苦，以爲沒有出頭的日子。這次日本打敗俄國，我們當作是東方民族，打敗西方民族。日本人打勝仗，我們當作自己打勝仗一樣。這是一種應該驚天喜地的事。所以我們便這樣高興，便這樣喜歡。」日俄戰爭，本是兩個國家的大事，但因牽涉人種和民族的關係，日本勝俄，不僅影響到亞洲全部的民族，且使歐洲人感到震驚，其所發生的影響力之大，眞是不可估計。

❶日俄戰爭，1900年沙俄（即帝俄）出兵占領中國東北，辛丑條約簽訂後,沙俄仍不肯全部撤兵。日本向沙俄提出瓜分權益要求，沙皇置之不理。1902年英國爲利用日本以抑制沙俄在遠東擴張勢力，乃與日本結盟。1904年2月8日，日軍突襲旅順和朝鮮仁川的俄艦,次日沙俄對日宣戰。2月10日日本亦對俄宣戰。日本陸軍一方面自朝鮮登陸，越鴨綠江，攻擊俄軍，另一方面則自遼東半島登陸,占領金州、大連。8月間，在黃海海戰中，日艦擊敗沙俄艦隊。1905年1月日軍攻下旅順，3月占領奉天（即瀋陽），5月殲滅自波羅的海調至遠東的沙俄艦隊。8月英日再簽第二次同盟。後經美國調停，日俄兩國在9月5日美國新英格蘭地區的樸茨茅斯(Portsmouth)簽訂和約，日本奪得俄國在中國的權益，獲得南滿鐵路、旅順、大連的租借權和對朝鮮的特權，並獲得庫頁島南部。此一戰爭使中國東北與朝鮮深受其害，爲典型的帝國主義戰爭。

四、要恢復亞洲民族的獨立地位

日俄之戰的另一個影響，便是促進亞洲各國的獨立運動，像波斯、土耳其、阿富汗、阿拉伯、印度、埃及等國，都展開復國的獨立運動，在二十年之後，埃及、土耳其、波斯、阿富汗等國的獨立願望，都達到了目的。中山先生說：「這種獨立的事實，便是亞洲民族思想在最近進步的表示。這種進步的思想發達到了極點，然後亞洲全部的民族才可聯絡起來，然後亞洲全部民族的獨立運動，才可以成功。近來在亞洲西部的各民族，彼此都有很親密的交際，很誠懇的感情，他們都可以聯絡起來。在亞洲東部最大的民族，是中國與日本，中國同日本，就是這種運動的原動力。這種原動力發生了結果之後，我們中國人此刻不知道，你們日本人此刻也是不知道，所以中國同日本現在還沒有大聯絡，將來潮流所趨，我們在亞洲東方的各民族，也是一定要聯絡的。東西兩方民族之所以發生這種潮流，和要實現這種事實的原故，就是要恢復我們亞洲從前的地位。」這裏所謂「聯絡」可解釋爲團結。中山先生在此指示出恢復民族地位的三個辦法：一爲亞洲各民族團結起來，才可獲得亞洲民族獨立運動的成功。二爲中日同爲亞洲東北部的最大民族，是這個民族獨立運動的原動力。三爲中日兩國要携手合作，擔負恢復亞洲民族獨立地位的重大責任。

第二節　歐洲文化與東方文化

一、歐洲人自命爲文化的主人翁

歐洲人有民族優越感，自認文化程度高，科學進步，工業發達，瞧不起有色人種，應做世界各民族的主人翁。

中山先生在講詞中，曾舉美國一位學者寫了一本書，討論有色人種的興起，該書談到「日本打敗俄國，就是黃人打敗白人，將來這種潮流擴張之後，有色人種都可以聯起來和白人爲難，這便是白人的禍害，白人應該要思患預防。他後來更做了一本書，指斥一切民族解放事業的運動，都是反叛文化的運動。」美國人是來自歐洲的，這位美國學者的論調，就是歐洲人自視甚高的代表，可見「歐洲人自視爲傳授文化的正統，自以文化的主人翁自居，在歐洲人以外的，有了文化發生，有了獨立的思想，便視爲反叛。」其實，歐洲的文化和東方的文化相比較，他們的文化是否優于東方文化，是不是合乎正義人道的文化，還是一個值得研究的問題。

二、王道文化與霸道文化

王道文化與霸道文化有何不同呢？中山先生解釋說：「歐洲近百年是什麼文化呢？是科學的文化，是注重功利的文化。這種文化應用到人類社會，只見物質文明，只有飛機炸彈，只有洋槍大砲，專是一種武力的文化。歐洲人近來專用這種武力的文化來壓迫我們亞洲，所以我們亞洲便不能進步。這種專用武力壓迫人的文化，用我們中國的古話說就是『行霸道』，所以歐洲的文化是霸道的文化。」我們亞洲人對于霸道文化有何態度呢？是不是也擁護霸道文化呢？中山先生接著說：「但是我們東洋向來輕視霸道的文化，還有一種文化，好過霸道的文化，這種文化的本質，是仁義道德。用這種仁義道德的文化，是感化人，不是壓迫人，是要人懷德，不是要視畏威。這種要人懷德的文化，我們中國的古話就是『行王道』。所以亞洲的文化，就是王道的文化。」中山先生生平重視王道文化，不重視霸道文化，其所提倡的「扶弱抑強」與「濟弱扶傾」，就是重王道輕霸道，反對帝國主義和侵略主義❷。

三、東西文化的優劣

關于東西文化的優劣，中山先生曾舉兩個史實，加以比較說明：第一、中國當獨強的時候，對於各弱小民族和各弱小國家是怎麼樣呢？當時各弱小民族和各弱小國家對

❷關於王道與霸道文化之分，以及精神與物質文明之別，只是一種大體的分類，中山先生強調王霸之別，旨在提倡「扶弱抑強」、「濟弱扶傾」，並反對帝國主義。但是西洋在霸道文化及物質文明之外，亦不乏強調精神文明、道德教化與個人自由的文化層面，如基督教的淑世精神、西方人道主義對個人生命價值的尊重，以及自由主義及立憲主義（liberal constitutionalism）對法治（rule of law）、社會秩序及人類理性的重視等，均可視爲尊重王道、理性與和平的重大文明遺產，而且深具時代價值。因此對於中西文化的分野，不宜過分簡單的採取二元對立（如中國重精神、西方重物質之類）的觀點，以免先入爲主，妨礙了對複雜的文化傳統的眞實理解。

於中國又是怎麼樣呢？當時各弱小民族和國家，都是拜中國爲上邦，要到中國來朝貢，要中國收他們爲藩屬，以能夠到中國來朝貢的爲榮耀，不能到中國朝貢的是恥辱。中國從前能夠要那樣多的國家和那樣遠的民族來朝貢，是用什麼方法呢？是不是用海陸軍的霸道，強迫他們來朝貢呢？不是的，中國完全是用王道感化他們，他們是懷中國的德，甘心情願自己來朝貢的。並且是子子孫孫都要到中國來朝貢。第二、尼泊爾是個小而強的國家，英國能夠滅很大的印度，把印度做殖民地，但是不敢輕視尼泊爾，每年還要津貼尼泊爾許多錢，才能派一個考查政治的駐紮官。像英國是現在世界上頂強的國家，尙且是這樣恭敬尼泊爾，可見尼泊爾是亞洲的一個強國。

至於尼泊爾這個強國對於中國是怎麼樣呢？中國的國家地位現在一落千丈，還趕不上英國一個殖民地，離尼泊爾又極遠，當中還要隔一個很大的西藏，尼泊爾至今還是拜中國爲上邦。由此便可知尼泊爾眞是受了中國的感化，尼泊爾視中國的文化，才是眞文化，視英國的物質文明，不當作文化，只當作霸道。

我們看中山先生把兩個文化比較之後，便知道東方的文化是王道，西方的文化是霸道，王道以德服人，霸道以力服人。以德服人者，中心悅而誠服也，以力服人者，非心服也。故講仁義道德的亞洲王道文化，當然優於講功利強權的歐洲霸道文化。

四、霸道文化要服從王道文化

霸道文化用武力征服其他民族，「非心服也，力不贍也。」當然不能長治久安，「像英國征服了埃及，滅了印度，就是英國強盛，埃及、印度還是時時刻刻要脫離英國，時時刻刻做獨立的運動。……假若英國一時衰弱，埃及、印度不要等到五年，他們馬上就要推翻英國政府，來恢復自己的獨立地位。」果然不出中山先生所料，這兩個民族于第二次世界大戰之後，便獨立了。

中山先生說:「要造成我們的大亞洲主義，……應該用我們固有的文化做基礎，要講道德，說仁義！仁義道德就是我們大亞洲主義的好基礎。我們有了這種好基礎，另外還要學歐洲的科學，振興工業，改良武器。不過我們振興工業，改良武器，來學歐洲，並不是學歐洲來消滅別的國家，壓迫別的民族的，我們是學來自衛的。」其次要聯合亞洲各民族，用武力來驅逐帝國主義，來恢復亞洲民族的地位，因爲歐洲人是講霸道的，「只用仁義去感化他們，要請在亞洲的歐洲人，都是和平的退回我們的權利，那就像與虎謀皮，一定是做不到的。我們要完全收回我們的權利，便要訴諸武力」。中山先生也特別強調現在世界文化的潮流，霸道文化應該服從王道文化。因此又說:「所以現在世界文化的潮流，就是在英國美國有少數人提倡仁義道德，至於在其他各野蠻之邦，也是有這種提倡。由此可見西方之功利強權的文化，便要服從東方之仁義道德的文化。這便是霸道要服從王道，這便是世界的文化，日趨於光明。」後來，美國之允許菲律賓獨立，法國之允許安南獨立，英國之讓緬甸、印度自主，亦可視爲霸道終服從於王道的結果。

第三節　大亞洲主義與世界主義

一、日本人何去何從

大亞洲主義要解決什麼問題呢？中山先生在結論中指出:「簡而言之，就是要爲壓迫的民族來打不平的問題。受壓迫的民族，不但是在亞洲專有的，就是在歐洲境內，也是有的。行霸道的國家，不只是壓迫外洲同外國的民族，就是在本洲本國之內也是一樣壓迫的。我們講大亞洲主義，以王道爲基礎是爲打不平。美國學者對於一切民族解放的運動，視爲文化的反叛，所以我們現在提出來打不平的文化，是反叛霸道的文化，是求一切民衆和平等解放的文化！你們日本民族旣得到了歐美的霸道的文化，又有亞洲王道文化的本質，從今以後對於世界文化的前途，究竟是做西方霸道的鷹犬，或是做東方王道的干城，就在你們日本國民去詳審愼擇！」中山先生這一段話，詞意懇切，語重心長，不僅是對日本國民和軍閥的勸戒，同時亦指示了日本政府應走的一條康莊大道。可惜後來日本軍閥寧願作西方霸道的鷹犬，不作東方王道的干城，中山先生在天有靈，亦必嘆息不已！

二、大亞洲主義與中國固有文化

中山先生認爲：「大亞洲主義以王道爲基礎。」王道文化就是中國固有文化的傳統，因此，兩者有不可分割的關係。

〈大學〉一書，以平天下爲政治的最後目的。所謂「平天下」可釋爲打破各民族間的不平等，而使之平等相處。〈中庸〉九經最後兩項爲「柔遠人」與「懷諸侯」，何謂「柔遠人」？「送往迎來，嘉善而矜不能，所以柔遠人也。」何謂「懷諸侯」？「繼絕世，舉廢國，治亂持危，朝聘以時，厚往而薄來，所以懷諸侯也。」這裏所謂「嘉善而矜不能」，「厚往而薄來」以及繼絕舉廢，治亂持危，均含有「濟弱扶傾」之意義。

孟子更說得好：「惟仁者爲能以大事小，是故湯事葛，文王事昆夷。……以大事小者，樂天者也；以小事大者，畏天者也。樂天者保天下；畏天者保其國。」所謂「以大事小」，亦就是「濟弱扶傾」，就是王道文化的精神。

孔子作《春秋》，反對強凌弱、衆暴寡。《禮記·樂記》載：「人化物也者，滅天理而窮人欲者也。……是故強者脅弱，衆者暴寡，……此大亂之道也。」

墨子更是一位「反暴力」主義者，他提倡兼愛、非攻，就是反對凌弱暴寡。當時公輸子爲楚造雲梯，將攻宋，他由魯赴楚，行十日十夜而至于郢，止楚攻宋，這個故事，是流傳千古而爲後人稱頌的，他爲什麼這樣奔走呼號，犧牲奮鬪呢？其目的在維護當時各國的獨立與和平。

以上所講「平天下」「柔遠人」「懷諸侯」「以大事小」「存亡繼絕」及「兼愛」「非攻」，乃是中國固有文化的精神，可視爲中山先生講王道文化與大亞洲主義的思想淵源。

三、大亞洲主義與門羅主義及世界主義

所謂「門羅主義」，即美洲區域獨立自主的一種思想，爲美國當時的重要外交政策，因爲發表這個政策的宣言，是美國總統門羅，所以叫做「門羅主義」（Monroe Doctrine）❸。當歐洲神聖同盟各國，正想要干涉中美與南美各國獨立的時候，美國政府爲防止歐洲帝國主義的勢力向美洲伸展起見，於一八二三年由門羅總統發出宣言，表明美國的政策與態度，說明美國在美洲大陸上，不許歐洲各國的干涉，也不干涉歐洲的事務。由此可知門羅主義的宗旨，在維護美洲各國的獨立自主，反對帝國主義的勢力侵入。大亞洲主義亦是在求亞洲各國的獨立自主，要驅逐帝國主義的勢力，其宗旨大致相同。所以中山先生在〈中國存亡問題〉中特別強調兩者的關係。更進一步說，大亞洲主義以王道爲基礎，爲被壓迫的民族打不平，不僅在求亞洲各國的獨立，進而在求世界各民族的全體解放，這就超越了

❸門羅總統(James Monroe, 1758-1831)，於1817-1825年擔任美國總統，爲共和黨人。他曾參與獨立戰爭。1790-94年擔任參議員，1794-96年任駐法大使。1799-1802年出任維吉尼亞州長。1803-07年出任駐英大使。1811-17年出任國務卿。1816年當選總統。次年就任。在其任內黨爭減弱，但國內經濟蕭條，他曾採取振興工業農業措施，以挽救經濟。1823年，宣布門羅主義政策，意即任何外國若入侵美洲大陸，美國不得支持，而美國亦不介入歐洲之紛爭。此一原則一直維持至二次大戰，美國始介入歐戰。1982年，英阿兩國爲福克蘭島主權發生戰爭，美國支持歐洲的英國而未支持同屬於美洲的阿根廷，亦視爲違背了門羅主義的原則。

門羅主義的範圍，尤其是王道文化爲基礎的精神，更非其所望塵莫及。誠如戴季陶先生在〈孫文主義之哲學的基礎〉中所說：「最能夠把先生的中心思想，明白的表現出來，就是這一次先生在神戶高等師範的講演。這一篇演講的題目，是『大亞細亞主義』。但是這個題目，並不是先生自己選定的，先生也不是普通一般的大亞細亞主義者，我們看先生的全部著作已經可以明白，先生是以『世界大同，人羣進化』爲終結目的的愛國者。所以先生的三民主義，不但不是大亞洲主義，並且也不是大中國主義。先生所主張的被壓迫民族的聯合，在理想上，並不限于亞洲，是包括全世界的弱小民族而言。」故就區域性而言，大亞洲主義類似門羅主義，就世界性言，大亞洲主義則超越了門羅主義。

附錄　質量並重的人口理論❹

❹本節部份內容，在前文中已有討論，但爲求完整起見，在此處仍予保留，並與其他學說做一比較。

一個民族，人口數量的多寡，品質的優劣，甚至其分布狀況等，無一不與此一民族之存亡及盛衰有極密切的關係。因此，要談民族主義，就必須討論人口問題。中山先生在民族主義第一講就談到了人口問題。

中山先生曾對馬爾薩斯的人口理論加以批評，因此，我們先介紹馬爾薩斯的人口論，其次講中山先生、蔣中正先生與孫科先生的看法，最後論中國現行人口政策。

一、馬爾薩斯的人口論

馬爾薩斯(Thomas Robert Malthus 1766—1834)爲英國著名經濟學家，於一七九八年發表《人口論》，其後經過五次修正，一八○三年馬氏加入其批評者的答覆而成爲一書。他的主要論點是：人口的增長率大於土地的生產力，人口如果未受到遏止，是以幾何級數增長的，而食物的增加僅爲算術級數。戰爭、饑饉和疾病在防止人口過分增長方面是部分有效的，但人口的增長仍爲無可避免。他認爲，窮人是他們自己貧窮的製造者——因爲他們生育太多。貧窮和痛苦在此情形下，無可避免。即使通過平均財富的法案，也只能短期奏效，不久之後，貧窮會仍一如從前；惟有減低生育，才是可行的辦法。因此他主張抑制人口的增加，抑制的力量有兩種，一爲積極抑制，又稱自然的抑制，如天災、人禍；一爲預防抑制，或稱人爲的抑制，如遲婚、貞潔等。

世人對馬氏學說的批評頗不一致。有贊成的，有反對的，也有部分接受的。馬爾薩斯人口論的最大誤謬，在於把他的人口理論置於純生物學的基礎之上，把人類看同一般生物一樣。人類雖爲生物的一種，但人爲萬物之靈，非普通生物可比，故人口的增殖率除受生物學上一般原則所支配外，還受許多非生物的力量所影響，如各種社會制度（包括家庭制度、社會組織和職業分工等）、宗教信仰、道德倫理觀念，以及科學知識等，均與人口的增減發生密切關係。這些非生物的力量中的任何一個一經變動，人口的增殖率亦必隨之變動，因此人口的增殖率絕非如馬爾薩斯所想像的那樣迅速。馬爾薩斯的人口論可說透露出了一種悲觀主義的論調。

二、中山先生對中國人口問題的看法

下面分爲：⑴對馬爾薩斯人口論的批評，⑵對於人口壓迫的看法。

㈠對馬爾薩斯人口論的批評：中山先生對於馬爾薩斯的人口論有什麼批評呢？〈民族主義〉第一講稱：「百年前有一個英國的學者，叫做馬爾薩斯。他因爲憂慮世界上的人口太多，供給的物產有限，主張減少人口，曾創立一種學說，謂：『人口增加是幾何級數，物產增加是算術級數。』法國人因爲講究快樂，剛合他們的心理，便極歡迎馬氏的學說，主張男子不負家累，女子不要生育。他們所用減少人口的方法，不但是用種種自然方法，並且用許多人爲的方法。……因爲馬爾薩斯的學說宣傳到法國之後，很被人歡迎，人民都實行減少人口，所以弄到今日受人少的痛苦，都是因爲中了馬爾薩斯學說的毒。中國現在的新青年，也有被馬爾薩斯學說所染，主張減少人口的；殊不知法國已經知道了減少人口的痛苦，現在施行新政策，是提倡增加人口，保存民族，想法國的民族和世界上的民族，永久並存。」這是以法國獎勵人口政策，來警惕我們自己。

㈡中山先生對中國人口問題的主張：中山先生於民國十三年講演三民主義時，指出了中華民族的危險，乃在於受到列強的三大壓迫，而人口（天然力）壓迫即爲其中之一。中山先生曾對劉成禺先生說：「政治壓迫與經濟壓迫，他人或已談到，人口壓迫爲我的特見。」民族主義第一講中稱：「我們現在把世界人口的增加率，拿來比較比較；近百年之內，在美國增加十倍，英國增加三倍，日本也是三倍，俄國是四倍，德國是兩倍半，法國是四分之一。」列強人口均大量增加，中國又如何？中山先生根據樂克里耳（W. W. Rochlill 1854—1914　美國人，曾任駐華公使）到中國各處調查的結果，認爲近百年來中國人口沒有增加。因此中山先生說：「用各國人口的增加數，和中國的人口來比較，我覺得毛骨聳然！」因爲「自古以來，民族之所以興亡，由於人口增減的原因很多，此爲天然淘汰。」近百年來，美、英、日、俄、德、法各國的人口都增加了很多，而中國的人口却沒有增加。如此繼續下去，「到百年之後，如果我們的人口不增加，他們的人口增加到很多，他們便用多數來征服少數，一定要併吞中國。」中山先生並指出中國從前兩次亡於異族（一次亡於元，一次亡於淸），「都是亡於少數民族，不是亡於多數民族。」所以蒙古民族和滿洲民族不但不能消滅中國民族，反被中國民族所同化。但是「現在列強民族的情形。便和從前不大相同。一百年以來，列強人口增加到很多，像英國、俄國的人口，增加三四倍，美國增加十倍。…由此推測，到百年之後，我們的人口便變成了少數，列強的人口便變成了多數。」中山先生認爲這種情形，非常危險，因爲「單以天然進化力來推論，中國人口便可以滅亡。」❺

❺這是就清末民初的情況而論。但後來的發展實情，是中國人口太多，而非嚴重不足，或導致滅亡危機。因此臺海兩岸都必須實施節育政策，以免人口負荷過重。但近年來臺灣人口成長率已獲得節制，爲了避免人口老化，因此近年來已容許較高的人口增殖率，從過去的「一個孩子不嫌少」改變爲「兩個孩子恰恰好」。但在中國大陸，人口壓力仍是一個嚴重的問題，「一胎化」政策已面臨實施上的困難，而強制墮胎更招致違反人性的批評。

不論中國民族是否眞有受天然淘汰的危險，但中山先生當年講民族主義時提出這一項警告，其用意顯然是非常正確的，因爲任何國家的民族主義者莫不以人口衆多爲民族生存的條件之一，也莫不以人口減少爲一種危險的現象。依中山先生之意，由於中國的人口近百年來都沒有增加，和列強人口增加很多的情形比較起來，中國民族是很危險的，爲了避免將來遭受「天然淘汰」的命運，必須增加生育人口，以與世界各國保持適度的比例。

三、蔣中正先生對人口問題的主張

蔣中正先生在〈民生主義育樂兩篇補述〉中對我國的人口問題有極爲詳盡與剴切的指示；可分爲：⑴評馬爾薩斯的人口論，⑵論中國人口問題，⑶論光復大陸後的人口政策。

㈠評馬爾薩斯的人口論——蔣中正先生說：「其實馬爾薩斯的學說是與歷史的事實不符的。據人口問題專家的估計，三百年來全世界人口只增了四倍，可見人口的增加並不是幾何的比率。並且近代農業技術的進步，使糧食的產量能夠很快的增加，…糧食的增加也不是算術的比率。」他又指出:「馬爾薩斯把國民的生育問題當做純粹生物學問題來看待，又把人口問題當做簡單經濟問題來看待。」把人口問題當作純粹生物學的問題和簡單的經濟問題來研究，得不到正確的結論。」

㈡論中國人口問題——蔣中正先生說:「馬爾薩斯學說旣被歷史事實所推翻，我們便不能根據他的人口原理，斷定了中國人口是太多了。」特別是中共竊據大陸後，肆行屠殺，製造饑餓，參加侵略戰爭，並輸送人口到邊疆去做奴工，想把中國人口減少到半數,「大家至此應該可以了解總理耳提面命的對我們要受侵略者人口壓迫的警告，而且今天已經得到事實的證明了。」蔣中正先生更進一步指出:「重新建設中華民國爲獨立自由的現代國家，人口的問題不但要量的增加，並且要質的提高。」至於提高人口品質的方法，蔣中正先生認爲，首先要從營養，衞生和教育中提高人口的品質。提高人口品質的意義何在? 蔣中正先生一語道破:「我們知道，健全的人口，纔是偉大的力量。」所以我們今天談人口問題應質量並重。

㈢論光復大陸後的人口政策——對於光復後的人口政策，蔣中正先生指出，我們光復大陸，重整河山，一定要依據中山先生手訂實業計畫的精神，確立國家建設計畫。在這個計畫裏，應採取下列的人口政策:

⑴依實業計畫之精神，使全國經濟平均發展，全國人口均衡分布。

⑵工業礦業及漁牧事業，依各地資源分佈的實況，使其發展；各地人口之分佈應使其適於資源的開發與利用。

⑶城市與鄉村均衡發展，要做到城市鄉村化，鄉村城市化。每一家庭都得到充分的空間和健康環境。

四、孫科先生對人口政策的意見

孫科先生於民國五十五年在家庭計畫協會講演，其大意謂：中山先生在民族主義中講中國受到列強人口的壓迫，乃當時的環境確實如此，時至今日，已很少有以人口壓迫來侵略他國的，相反的，無論在落後地區或文明國家，提倡節育乃爲一致的趨勢。自由中國在臺灣亦不應容許人口過度的膨脹。因此，孫科先生是贊成目前在臺灣提倡節育的。

五、我國現行人口政策

行政院於五十八年五月間公布了「中華民國人口政策綱領」。其前言即指出了訂定人口政策綱領之目的，乃「爲求人口品質之提高，人口之合理成長，國民健康之增進，與國民家庭生活之和樂。」內中亦顯示出我國人口政策的兩大原則，一爲人口品質之提高，二爲人口（數量）之合理成長。因此，我國現行的人口政策，是質量並重。

在人口品質方面，綱領中除首先揭櫫「實施優生、保健，增進國民身心健康，並維護家庭制度」的原則外，更於第五款明定：「辦理婚前健康檢查，以防止患有惡性遺傳，傳染惡疾或遺傳性精神病者之傳播。」這項規定，即基於優生學的原理而來，在歐美各國早已實施。

在人口數量方面，綱領中首先規定：「國民得依其自由意願，實行家庭計畫。」實行家庭計畫的目的，在消極方面固然是使健康不佳，家境貧困，或子女過多者，自願得以節育，在積極方面亦使無子女者獲得生育之機會，使全國人口數量，眞正做到適當之增加。

於此乃有兩個問題。第一，目前臺灣地區推行家庭計畫，有偏重節育之傾向，此是否與中山先生增加人口的主張相違背？我們都知道，臺灣僅是我中華民國之一省，此時此地，在未光復大陸以前，爲求人口的質量並重，爲求經濟生活的進步，爲求人口與土地面積的適應，採取適當的節育，乃必須的權宜之計，何況節育只是求得復興基地人口的「適量增加」，並不是「減少人口」，與中山先生躭憂人口減少是兩件事；再者，中山先生所說的乃整個中華民族，臺灣一省在戰時人口的調節，並非整個中華民族長遠之計，將來一旦光復大陸，人口大量移往大陸，臺灣地區也就無須節育了。第二個問題是：中山先生當年講人口問題時，是否也主張「質量並重」？中山先生談到增加人口的主要方法時，曾主張應改善人民經濟生活，恢復固有的民族的道德知能，以提高民族品質，足見中山先生主張的人口政策也可以說是質量並重的。

第十一章　民族平等的文化理想

第一節　文化的意義與範圍

凡屬人類個人或團體在物質和精神生活中，動和靜的表現，概可稱爲文化❶。我們經常把文藝、美術、音樂、戲劇、舞蹈，乃至一切有關大衆傳播的工具，例如報紙、雜誌、廣播、電視之類，叫做文化事業，這是狹義的觀點。廣義的文化，申言之，就是人類所有的典章制度、學術思想、生活方式、衣食住行、政治組織、經濟事業、教育、軍事、宗教、學說等，皆可說是文化。又「文化」與「自然」相對，凡未經過人工或與人類行爲發生關係，如天然的山岳河流，屬於「自然」，凡經過人工或人類行爲發生過關係的如大禹所疏之九河，應列於「文化」。

《易經》裏說：「觀乎人文，可以化成天下」，將「文」與「化」分開來，各有各的涵義，合成「文化」一辭，就更有其特殊的屬性。文就指人文現象，指人類的生活各面，例如男女有別，長幼有序，又如男女結爲夫婦，組織家庭，由家庭而社會而國家，此皆爲人文的現象。當我們明悉人際關係和人群關係後，又能揭櫫一種高境界的理想，並研究出一套完備的理論與制度，朝着一種理想去實行，以期「化成天下」，即治國平天下。所以我們中國人論文化時，認爲只是做到獨善其身，自己有一種涵養，或者能接受與

❶文化的內容相當複雜，定義也極爲分殊。一般人文學者（尤其是哲學、思想史）所討論的文化概念，多指在精緻文化中最精微的思想層次，因此常以「人文化成」做爲文化的定義。至於社會科學者所指的文化，則甚爲寬泛。人類學者懷特(L. White)指出，人類由兩個不同原素：文化與生物所組成，「人是器皿，文化提供了內涵。」因此，所有依賴象徵符號的東西與事件，均可列入文化範疇。基於此，連一個人的心靈創作，都屬於文化現象。著名的人類學者克魯伯(A.L. Kroeber)則認爲，文化不僅包括了價值、觀念的層次，也包括了現實、生計等層面。泰勒爵士(Sir. E.B. Taylor)認爲，文化係包括知識、信仰、藝術、道德、法律、習俗等之總和，由此可見文化範圍之寬廣。參見：周陽山編《中國文化的危機與展望——文化傳統的重建》(臺北，時報，1982)，頁13-14；Elvin Hatch原著，黃應貴、鄭美能譯，《人與文化的理論》(臺北，桂冠，1981)。

被動適應某一種較高水準的生活方式，尙嫌不足。它一定要能發揚光大，要能增進人類全體的生活，創造宇宙繼起的生命，才算是文化的最高境界。

第二節　中西民族平等問題的理論與事實

中西學者、政治家以及專制獨裁者等，對民族應否平等，各有主張，在事實上亦有不同的措施和表現。

所謂民族平等問題，可分對內對外兩方面：對內是說一個國家內的各民族應不應平等；對外是說世界各民族應不應平等。

㈠西方：希臘古代有奴隸制度。凡戰勝國往往將戰敗國（多爲異族）的俘虜作爲奴隸，可以買賣。故希臘有自由民與奴隸之分，奴隸從事各種勞役，自由民不做「勞力」工作，可以有閒作藝術、哲學各種活動。故唯物史觀者稱希臘社會爲奴隸社會，有奴隸和主人（自由民）的階級鬥爭。並說這種階級鬥爭的結果，主人階級垮了，便進到封建社會（包括羅馬及中古）。其實奴隸在羅馬時期還存在，還有過幾次奴隸大暴亂的戰爭。

柏拉圖❷著理想國，把社會分爲三個階層：第一層爲哲人（治國），第二層爲軍人（捍衛國土），第三層爲平民。內含有不平等的思想在內。

亞歷山大（Alexander）❸繼其父王腓力普（Philip）而東征西剿，建立了馬其頓帝國，對所征服的弱小民族，不給予平等待遇。同樣，凱撒（Caesar）大帝❹建立了羅馬大帝國，亦不以平等地位給予所征服的民族。

羅馬法律，固名傳千古，但在帝政時代曾分法律爲兩大系統：一爲管理享有公民權的「民法」（Civil Law）；二

❷柏拉圖（Plato,428-347 B.C.）

希臘哲學家。世家子弟，幼識蘇格拉底，廿一歲從遊，習得爲學之諷刺法、催生法等。蘇被誣受刑後，遂周遊列國，仍不得志。紀元前387年，歸雅典，創辦學院，爲歐洲大學之濫觴。紀元前367年兩度受聘於廸奧尼西奧西二世，惜理想終未實現。柏拉圖創演繹法，合歸納法，而成辯證法，設觀念世界，哲學體系堅固。所著書大率用對話體，如《理想國》（*Republic*）、《饗宴》（*Symposium*）等。

❸亞歷山大（Alexander the Great,356-323 B.C.）

馬其頓王，世界征服者中的突出人物。世稱亞歷山大大帝。其父爲雄霸希臘之腓力。13歲拜師亞里斯多德。醉心兵法，以學習戰略戰術爲最大樂趣。於公元前334年率軍征戰，先後征服小亞細亞、腓尼基、埃及、波斯及印度等，建跨歐、亞、非三洲之大國，東西文化因之貫通。西元前323年征戰歸途中，死於巴比倫。

❹凱撒（Caesar, Julius, 100～44 B.C.）

羅馬將軍、政治家。早年服務軍旅，歷任最高祭司團成員、軍事保民官、大營造司長官、西班牙總督、執政官等。公元前60年回到羅馬，參加公元前59年執政官的競選，雖失敗，仍取得另一執政官的地位。這時凱撒與龐培、克拉蘇形成強大

爲管理無公民權的「民族法」(Law of Peoples)。大約義大利半島的人民都享有公民權，其他地區(或稱其他民族)很少享有公民權。這是法律的不平等，亦是民族間的不平等文化。當時，斯多噶派的學者反對這種不平等的法律，他們認爲人們生而平等，任何人都應享有政府不能干擾侵犯的基本權利，社會上之所以有貧苦與奴隸的存在，實由災害與私有財產所造成。因此，他們主張法律保護弱者，即可說人民應在法律之前平等，推而言之，各被征服的弱小民族的人民亦應享受平等待遇。

基督教以博愛主義救世，以平等的眼光對待各民族。傳入羅馬後，初遭反抗與迫害，繼被東羅馬大帝承認爲國教，由是宗教的平等思想與法律的平等思想漸流行於社會。

前面曾經講到，自東羅馬帝國滅亡後，各民族由方言文學而產生民族意識與民族國家，以至形成民族主義，而民族平等的思想，由是而加強。不幸的是，各民族國家由民族主義而逐漸擴張爲侵略主義與帝國主義，到處侵略弱小民族，爭取殖民地，民族間的不平等又日益加深。第一次世界大戰發生，威爾遜總統有鑒於各弱小民族漠不關心，特提倡「民族自決」，使民族平等文化露了一線曙光。另一方面列寧看到了這樣的現象，便提倡「扶助弱小民族打倒帝國主義」，以爭取「民族自決」與「民族平等」的謊言相號召，對內騙取俄國國內弱小民族的幫助以推翻「沙皇」；對外騙取東方弱小民族及其他地區弱小民族的上鈎，以期打倒資本帝國主義。世人當初不知他們的「民族自決」與「民族平等」是內含毒素的糖衣，但東歐關入鐵幕的各民族，始嘗到蘇俄帝國主義不平等待遇的苦果，並在一九八九年以後紛紛擺脫桎梏，並推翻共黨統治。此外，莫索里尼、希特勒當權之後，向外肆行侵略，民族平等的一線曙

的「前三頭同盟」，開始了其侵略行動。侵占高盧、擴張邊界、渡萊因河侵入日耳曼地區、渡海侵大不列顛等。公元前 49 年他挑起內戰解決了反對者，打垮龐培，鞏固地位，公元前 45 年，他結束所有的肅反與侵略，回到羅馬著手整頓希臘—羅馬的秩序，但是不到一年，便在元老院大廳被刺而死。

光，亦爲之掃除。希特勒還把世界民族分爲劣等和優等，並以優等自居。

幸而在第二次大戰後，亞、非各洲弱小民族紛紛獨立，民族平等的呼聲，幾乎使窮兵黷武者不敢出兵欺負弱小。在亞洲首先提倡反帝反侵略與濟弱扶傾的中山先生，當可含笑於九泉。

㈡中國：我國古代固有討伐四夷的戰爭，但多爲「抵抗其武力，而不施以武力。」（蔣中正先生語）帝堯「協和萬邦」含有對各民族以平等相待之意，否則不能稱爲「協和」。成湯伐有苗，未能克服，乃自動退兵，用文德去感化，七旬之後，有苗來服，這是不恃武力征服之明證。又「東面而征西夷怨，南面而征北狄怨」，可見成湯對於四夷人民，是給予平等待遇的，否則爲什麼還會歡迎他來討伐呢？

孔子著《春秋》，固有尊王攘夷之意，但《公羊傳》張三世，講到太平世，便說「遠近大小若一」，卽各民族一律平等。〈禮運篇〉講大同主義，主張「天下爲公」。〈大學〉在齊家治國之後，要「平天下」，所謂「平」卽含有「平等」之義。〈中庸〉講「厚往而薄來，嘉善而矜不能」，不僅「平等」而已，且有「優遇」之意。管子與墨子書中，均有類此優待四鄰或四夷之主張，可見都深藏「民族平等」之主意。

漢代與匈奴固免不了戰爭，但「和親」爲一大外交政策。賈捐之上漢元帝的「棄珠崖對」中有云：「不欲與者，不強治也。」不強加統治，旣可稱和平主義，也可稱對海南島給予民族平等的待遇。

唐代開疆闢土，不免有邊疆之戰，但對於胡人，未嘗不予重用，如玄宗以安祿山（胡人）爲平盧范陽河東節度使，卽爲一例。又唐代對於外國學生，莫不給予優遇，可見並不輕視異族。

明太祖恢復中華，統治全國之後，有幾道詔文，更具有民族平等的思想。

其一：洪武三年以平定沙漠，頒詔海外諸國稱：「自古爲天下者，視天地所覆載，日月所照臨，若遠、若近，生人之類，莫不欲其安土而樂生。……前年攻取元都，四方底定，占城、安南、高麗諸國、俱來朝貢，……朕倣前代帝王治理天下，惟欲中外人民各得其所。至於番僻在遠方，未悉朕意，故遣使往諭，咸使聞知。」洪武七年又詔占城、暹羅、西洋瑣里故新附國土，不必煩責。這種以平等待異族之寬大胸懷，較之西方帝國主義，實有天壤之別。

其二，洪武三年諭稱：「四方諸侯皆阻山隔海，僻在一隅，得其國不足以供給，得其民不足以使令，……吾恐後世子孫倚中國富強，無故興兵，致傷人命，切記不可。」如果不是太祖這樣寬大態度，我國可能早已將南洋變爲殖民地了。尤其是鄭和七下南洋，曾到印尼、印度、東非等地，祇是敦睦存謝而已，毫無侵略他人領土的野心。

中山先生提倡民族主義，乃繼承先民所遺留者而加以發揚光大，內中特別重視民族平等思想。以下我們要進一步研述。

第三節　中山先生民族平等的文化理想

中山先生認爲三民主義能促進中國之國際地位平等，政治地位平等，經濟地位平等。所謂中國之國際地位平等或中國之自由獨立，就是民族主義的初步目的。

〈中國革命史〉中稱：「對於世界諸民族，務保持吾民族之獨立，發揚吾國固有之文化，且吸收世界之文化而光大之，以期與諸民族並驅於世界，以馴致於大同」。所以世界大同是民族主義的終極目的。

進而言之，民族主義對內的目的，在求中國境內各民族一律平等，對外中國民族自求解放，即求中國之自由獨立，對國際求世界各國之國際地位平等。自另方面看，對國內言，各民族一律平等，而不爲他族所壓迫；就對外言，所謂中國民族自求解放，即應打倒帝國主義，解除不平等條約的束縛；就對國際言，打破各民族間的不平等，世界各被壓迫民族全體解放。

㈠就對內對外的目的言——中國國民黨第一次全國代表大會宣言有云:「民族主義有兩方面之意義：一則中國民族自求解放，二則中國境內各民族一律平等。」這兩個意義，可視之對內對外的兩個目的。單就對中國言，所謂中國民族自求解放，就是求中國之自由獨立，就是對外爭平等。

建國大綱第四條載：「其三爲民族。故對國內之弱小民族政府當扶植之，使之能自治；對於國外強權侵略，政府當抵禦之。」亦可視爲對內對外的兩個目的。就對國內而言，要扶助各少數民族，使之自治，而平等相處；就對外言，所謂抵禦強權，就是打倒帝國主義，求中國之國際地位平等。

㈡就對國際的目的言——中山先生是主張世界上各民族一律平等，各弱小民族一律解放。中山先生說：「民族主義即是掃除種族的不平。」（民國十年十二月講知難行易）戴季陶先生認爲中山先生所主張的被壓迫民族的聯合，在理論上，並不限於亞洲，是包括全世界的弱小民族而言。戴先生又在民生哲學系統表中之民族主義項下列了三條：⑴中國民族自求解放，⑵中國境內各民族一律平等，⑶世界被壓迫民族全體解放。後來三民主義研究者在戴先生的三條之外，又加了一條(4)世界各民族一律平等。戴先生所增第三條是就對國際而言，是消極的；其他研究者所增第四條是積極的。詳細點說，民族主義之目的，消極方面，中國民族自求解放，世界各被壓迫民族全體解放，不讓世界上有一半奴役，一半主人；積極方面，中國境內各民族一律平等，世界各民族一律平等，不讓世界上有不平等的現象存在。這是王道主義的平等思想，也是中山先生民族平等的文化理想。

第十二章　民族主義與其他主義的比較

本章要說明四個問題：民族主義與國家主義的比較，民族主義與世界主義的比較，對共產國際主義的批判，民族主義的優越性和可行性。

第一節　民族主義與國家主義的比較

要研究民族主義與國家主義，先要明白兩者的定義，然後再比較其相同點與相異點。

一、民族主義與國家主義的定義

民族與國家不同，民族主義與國家主義，亦有區別，應分別說明其定義。

㈠何謂民族主義：什麼是民族主義呢？可說是民族意識的精神表現，民族意識形成之後，便可發揮強烈的作用，逐漸演變發展爲民族主義。中山先生說：「何謂主義(疑係何謂民族主義之誤?」即民族之正義之精神也。」(《文言文三民主義》) 又說：「民族主義是國家圖發達種族圖生存的寶貝。」(〈民族主義〉第三講) 又說：「甚麼是民族主義呢?就是要中國和外國平等的主義，要中國和英國、法國、美國那些強盛國家都是一律平等的主義。」(〈女子要明白三民主義〉) 又說：「民族主義即世界人類各種族平等，一種族不爲他種族所壓制。」(〈要改造新國家當實行三民主義〉) 以上這些話，已把民族主義的含義，說得非常明白。

㈡何謂國家主義：國家主義的意義：乃以國家的性質是有機體，認爲國家是目的，個人的一切均應屬於國家。《世界百科全書》(*World Book Encyclopedia*)族國主義(*Nationalism*)條載：「族國主義（國家主義）乃是一種信仰，認爲一己的國度，係世界上最好的國度，……應當奮發圖強，俾能獨行其是，而不與其他任何國度維持密切的關係。在其最優狀態時，族國主義祇是對於一己的國家，抱持一種健全的自豪。其在最劣狀態時，族國主義可使一個族國虐待其他弱小族國。」(引自浦薛鳳著《現代西洋政治思潮》，一七二頁)這一定義，確能說明西方國家主義的特性。

㈢民族與國家的區別：民族主義與國家主義有何區別？中山先生說：「簡單的分別，民族是由於天然力造成的，國家是用武力造成的。用中國的政治歷史來證明，中國人說，王道是順乎自然，換一句話說，自然力便是王道，用王道造成的團體，便是民族。武力就是霸道，用霸道造成的團體，便是國家。」又說：「一個團體，由於王道自然力結合而成的是民族，由於霸道人爲力結合而成的是國家。」(〈民族主義〉第一講）這裡所講的「民族是由於天然力造成的，國家是用武力造成的」兩句話，亦可視爲民族主義與國家主義的最大區別。

二、民族主義與國家主義相同點

民族主義與國家主義雖有區別，但異中有同，擇其重要者，計有下列三項：

㈠恢復民族自信力：恢復民族自信力，是民族與國家主義者的共同主義。菲希特❶是國家主義者的代表，他在《告德意志同胞書》中說：「我想在新教育上，站在整個德國人立場上，使全德國人民都根據共同的國難，去鼓勵激

❶菲希特(Johann Gottlieb Fichte,1762-1814)德國哲學家，唯心主義的重要代表之一。他出身於工人之家，因偶得貴族賞識而入學，先後在耶拿、萊比錫等大學習神學。1794年起任耶拿、柏林等大學教授。他認爲世界上只有「自我」是唯一的眞實，它是意志與活動的主體。他的哲學思想中的辯證法因素，對黑格爾哲學產生了相當的影響。在政治上，他主張自由、民主、共和政體，反對專制政體，並深富國家主義情操。當拿破崙侵略普魯士時，他發表《告德意志同胞書》，宣揚民族至上，鼓勵人民奮起抗敵，同時也傳達了德意志民族比其他民族優越的觀點。著有《知識學基礎》、《人的使命》、《論學者的使命》等書。

發他們。」這是以教育方法，激發德國人民的民族自信力。又說：「我這講演的目的，主要是想向被人打得粉碎的國民心中，吹進去勇氣和希望，在沈痛悲哀之中，宣傳之以喜悅，藉此予以自信心與自尊心，而使能將艱苦的難關，安然度過。」這種民族精神教育講詞，對德意志民族復興與統一，發生過巨大的影響力量。

民族主義亦主張要恢復民族自信心，中山先生說：「中國人自從經過了義和團之後，完全失掉了自信力。一般人的心理，總是信仰外國，不敢信仰自己，無論甚麼事，以爲要自己去做成，單獨來發明，是不可能的。」(〈民族主義〉第三講）蔣中正先生亦特別強調要恢復民族地位，先要恢復民族自信力。他說：「要使教育發生效果，就要切實奉行總理的主義，要以總理遺教中所說的最重要的一句話，即『恢復民族的自信力』來作教育的原動力，……纔可以解除國難，達到建國救國的目的。」(〈救國教育訓詞〉)

㈡同是愛國主義：大凡國家主義者，都是救國主義者，意大利馬志尼❷曾對工人說：「沒有國家，你們就沒有名義，沒有證物，沒有發言權，各民族也不認你們做同胞，你們就成了人類中的私生子。」(馬志尼著《人的義務》) 菲希特的愛國熱忱，更溢於言表，他說：「有了祖國，然後在自己心中，得天地有形無形的一切，相互交錯而做成一個眞確堅實的天國，像這類人，才能說他愛國。他們爲使這種可貴的公器，毫無損壞的傳於子孫起見，甚至能不惜灑其最後一滴之血液而奮戰。」(《告德意志同胞書》) 馬基維尼認爲：「惡行有益於保持國家，亦可爲之，不應怕何種責罵。」他們頌揚國家的神聖尊嚴，皆出於愛國心；愛國心乃是根源於人類的天性，甚至導致爲愛國而捐軀。

民族主義亦是主張愛國。中山先生自稱三民主義是救

❷馬志尼(Giuseppe Mazzini, 1805-1872)義大利革命家、民主領袖及思想家。出身於熱那亞的醫生家庭，曾習法律。1827年加入燒炭黨，1830年被捕，並被驅逐出國。1831年在法國馬賽創設青年義大利黨，在黨綱中提出廢除君主專制、實行普選、保障公民自由民主權利等主張。在1830年代、1840年代曾發動多次起義，均失敗。1848年義大利革命爆發，在米蘭創辦《義大利人報》。1849年2月，羅馬共和國成立，任三人執政之一，7月共和國顚覆，被迫僑居國外。1860年支持加里波第(Giuseppe Garibaldi,1807-1882)遠征南義大利，是日後義大利統一的重要影響者。

國主義，民族主義在求國際地位平等。曾說：「國家生存之要素，爲人民、土地、主權。故苟有害於此三者，可以抗之也。」（〈中國存亡問題〉）又說：「以吾人數十年必死之生命，立國家億萬年不死之根基。」（〈軍人精神教育〉）這種愛國主義的主張，與國家主義的言論，若合符節。

㈢提倡富國強兵：國家主義者認爲要完成國家的獨立與統一，先要富國強兵。如菲希特在〈閉關貿易國家〉一文中，卽主張國家極度的干涉與通盤的統制國民經濟，以求國家的富強。又說：「祖國愛和國家愛，除維持國內的秩序，保護人民的財產、生命、自由、治安等目的之外，更有一個高尙目的，基於此高尙的目的，國家才整軍備武，建設國防。」（《告德意志同胞書》）其他國家主義者，亦莫不主張富國強兵之道。

中山先生提倡民族主義，同樣主張富國強兵。興中會之設，專爲聯絡中外有志華人，講求富強之學，以振興中華。當中華民國建立後，懷有國防不固之憂，他說：「現在以國防不固，至令俄在北滿及蒙古橫行，日本在南滿洲橫行，英國在西藏橫行。若我國兵力能保護邊圉，斷無此等事實。」（〈報界應鼓吹借債修築鐵路〉——民元九月在北京報界歡迎會講）蔣中正先生強調實業計畫一書，充分表現了民生與國防合一精神。民生在養民，國防在保民，實現養民保民，須走富國強兵之路。與國家主義者的主張，亦屬相同。

三、民族主義與國家主義相異點

講過民族主義與國家主義相同後，再講兩者的相異，兩者有那些不同呢？計有下列各點：

㈠民族平等與種族歧視：國家主義者身都有種族歧視的觀念，認爲白種人是最優秀民族，德國人尤認白種人中以條頓民族為最優❸。如有英國血統輸入德國籍的張伯倫(Houston Stewart Chamberlain)❹便描寫典型的條頓人是:「神采光輝的大眼睛,金黃麗色的長頭髮,高大的身軀,平均的肌肉,高貴的表情。」希特勒在《我的奮鬥》一書上說:「一個有創造文明的能力的種族,才是更高級文化的創造者呢?世界上說不定有幾百種形式的國家,但是假若保存文化的亞利安族滅亡以後,世界上絕不會有現代這些高等國家的文化。」他們都有民族優秀感,自認是創造世界文化的主人,對其他民族甚表歧視。

民族主義沒有種族歧視的觀念,並主張民族互助與民族平等。中山先生說:「民族主義有兩方面之意義,一則中國民族自求解放,二則中國境內各民族一律平等」(〈中國國民黨第一次全國代表大會宣言〉)又說:「民族主義,即世界人類各族平等,一種族絕不能為他種族所壓制。」(〈改造新國家當實行三民主義〉)又在遺囑中以民族平等規勉國人:「其目的在求中國之自由平等,及聯合世界弱小民族,共同奮鬥!」這種民族平等精神,遠勝於國家主義的種族歧視。

(二)和平主義與侵略政策:國家主義多頌揚武力的侵略政策,如屈賚乞克說:「歷史中再三再四,多次證明:能使一個民族進而成為一個民族國家者,乃是戰爭。」(屈著《政治學》)法西斯主義者讚揚武力與戰爭,則更達於極點,墨索里尼說:「雖然文字是很美麗的東西,但是來福鎗、機關鎗、軍艦、飛機、與大礮却是更美麗得多哩!」。又說:「法西斯主義,……不但認為永久的和平不可能,並且認為不必要。……只有戰爭纔能使人類的能力達到高度的緊張,纔能使一個勇敢的民族得到高貴的光榮。」(〈法西斯主義之社會及政治原理〉)這種軍國主義的侵略政策,與和平主義

❸條頓人(Teuton)西元前四世紀定居於日德蘭(Jylland)半島的民族,分佈於西、北歐各地,德、英等民族均為其後裔。特徵為身長、毛多、髮黃或赤色,性沈著,行事重實質,不務外飾。

❹張伯倫(Houston Steward Chamberlain,1855-1927)。英國出生的親德派政治哲學家。他鼓吹亞利安(Aryan,係「印歐語」的同義語)因素在歐洲文化中具有種族與文化優越性。認為凡是講印歐諸語言的人們,凡是一切與人類進步有關的人,以及道德上優於閃米特人(即閃族,Semites,係北非與中東使用閃米特語系諸族)、黃種人、黑種人的民族,均係「亞利安人」,而北歐人及日耳曼人則係最純粹的亞利安人。此一說法對希特勒及納粹份子影響很大,並藉此對吉普賽人、猶太人及一切非亞利安人採取滅絕措施。張伯倫曾在凡爾賽、日內瓦、維也納等地受教育,崇拜華格納(Richard Wagner)。著有《關於羅恩格林的評論》、《十九世紀的基礎》、《種族與人格》等書,一次大戰期間留在德國,1916年歸化德國。應特別注意,此張伯倫,並非曾任伯明罕市長和殖民大臣的約瑟夫・張伯倫(Joseph Chamberlin, 1836-1914);亦非曾任英國首相(1937-40)的阿瑟・張伯倫(Arthur Neville Chamberlin,1869-1940)。

的民族主義，完全相反。

中國自古是愛好和平民族，遠在漢朝時代，便已拋棄武力的侵略政策。以賈捐之的〈棄珠崖議〉中所說：「欲與聲教則治之，不欲與，則不治也。」即主張與國內各民族要和平相處。中山先生說：「各國人共同去講和平，是因爲怕戰爭，出於勉強而然的，不是出於一般國民的天性，中國人幾千年酷愛和平，都是出於天性，論到個人，便重謙讓，論到政治，便說不嗜殺人者能一之，和外國人便有大大的不同。……這種好道德，不但要保存，並且還要發揚光大。」（〈民族主義〉第五講）又說：「中國更有一種極好的道德，是愛和平。現在世界上的國家和民族，只有中國是講和平，外國都是講戰爭，主張帝國主義去滅人的國家。」（〈民族主義〉第六講）和平是民族主義的眞精神，人類要實行眞正的和平，惟有弘揚三民主義於世界，貫徹民族主義的和平理想。

㈢大同世界與征服世界：國家主義者常主張在國家強盛之後，便對外發動征服世界的侵略戰爭。希特勒說：「假若德國也和其他民族一樣，歷來就有種種團結的觀念時，則德意志帝國已早成了今日世界的主人了，世界的歷史也許就另走了一條道路。」墨索里尼更明白地指出：「因爲在法西斯主義者看來，帝國的生長或國家的擴張，是國家活力的表現；不然就是國家衰微的象徵。」希特勒鼓勵大家發揮那種「更野蠻的意志力」(the more savage will-power)，墨索里尼竭力稱讚「征服的意志」(the will to conquer)，國家主義之侵略政策，使其走上帝國主義之途，而以征服世界爲最後的目的。

大同思想係出自《禮記・禮運篇》——「大道之行也，天下爲公，……是謂大同。」這是我國古代最崇高的政治與倫理思想。中山先生繼承此種傳統的大同思想，並加以發揚光大。他說：「我們要將能夠治國平天下，便先要恢復民族主義和民族地位，用固有的道德和平做基礎，去統一世界，成一個大同之治。」民族主義中又說：「我五大種族皆愛和平，重人道，若能擴充其自由平等博愛之主義於世界人類，則大同盛軌，豈難致乎？」「五族協力以謀全世界人類之利益」。民族主義的大同世界，是以道德和平做基礎，保障其他民族利益，扶助弱小民族，互助合作的精神，同躋於世界大同。這種民族主義的大同思想，與國家主義的侵略政策，完全背道相馳。

第二節　民族主義與世界主義的比較

這裡先講世界主義的意義，次講民族主義與世界主義作一對比研究。

一、世界主義的意義

世界主義（Cosmopolitism）是指「天下一家」、「四海皆兄弟也」的一種理想，也可以說是泯除種族與國家的界線，求世界人類共進於「天下一家」的一種主張。中山先生曾說世界主義就是中國古代所講的天下主義，就是中國過去不分夷狄華夏的主張。《韋氏大辭典》解釋，「世界主義是一種意見傾向，其特點在於沒有狹隘的國家忠貞，在文化或藝術的結構方面，放棄鄉土地方偏見，一心一意慕化他國他地。」《大英百科全書》說：「世界主義者，屬於一種世界公民，他們的同情、關心和文化不限於自己的人種與國家。」其實，世界主義的派別很多，但就政治性質來歸納，可分為和平的世界主義與侵略的世界主義兩種。

㈠和平性的世界主義：十八世紀初，歐洲各國之間戰爭頻繁，若干學者主張世界和平，提出和平的世界主義，要實現「國際聯治」的理想，避免國際間的爭鬪。如法國的聖比萊(Charles-Irennes de Saint Plerlre)於一七二九年發表「永安和平計畫綱要」，主張歐洲同盟和建立同盟軍。德國的康德(Immanuel Kant)著《永久之和平》❺一書中，提出一切常備軍應在相當期間後完全廢除，國際法之成立，應以一切自由國家之聯合為其基礎等主張。到了十九世紀初，英國的邊沁，創國際主義（Internationalism），提出和平方案，主張縮減軍備，放棄殖民地，設置仲裁法庭，排斥秘密外交等。以上三人，是和平的世界主義的權威學者，可以代表該派的重要主張。

就中國來說，世界主義發生很早，中山先生說：「世界主義，就是中國二千多年前所講的平天下主義。」(〈民族主義〉第四講）如墨子主張「兼愛」與「非攻」，《論語・顏淵》第十二篇子夏云：「四海之內皆兄弟也。」又如宋朝張載所云：「民吾同胞，物吾與也。」王陽明視「天下為一家，中國為一人。」這都有世界主義的精神。亦是主張世界大一統，人類為一體。尤其〈禮運篇〉的大同主義，主張「大道之行也，天下為公，選賢舉能，講信修睦……。」更代表了和平性的世界主義。

㈡侵略性的世界主義：侵略性的世界主義，就是帝國主義。中山先生的解釋是：「用政治力去侵略別國的主義，即中國所謂勤遠略。這種侵略政策，現在名為帝國主義。」(〈民族主義〉第四講）如再按其侵略性質而言，又可分為羅馬帝國式的世界主義，資本主義式的世界主義，共產主義式的世界主義與法西斯式的世界主義等。

⑴羅馬帝國式的世界主義　羅馬帝國用武力打天下，統治了很多國家，便提倡世界主義，要人家服從他的武力

❺康德(Immanuel Kant, 1724-1804)。德國重要哲學家，祖籍蘇格蘭，生於東普魯士的哥尼斯堡（現屬蘇聯，改名加里寧格勒），父為馬鞍匠。1740年入哥尼斯堡大學，五年後畢業，任家庭教師。1755年在母校任講師。1770年升為教授，1797年退休，終身未娶。
康德主張在人之外存在著「物自體」（自在之物），它是不可認識的本體，而人們認識的只是現象，理性則是最高的認識能力，但人的認識能力卻是有限的。他強調必須假定人有意志自由，才有道德責任可言。他也認為必須假定靈魂不朽和上帝存在，上帝係道德秩序的最後保證。在政治思想方面，他反對貴族世襲，主張自由、平等、共和體制。康德哲學深刻嚴謹，影響極為深遠。著有《純粹理性批判》、《實踐理性批判》、《判斷力批判》、《道德形上學基礎》、《永久之和平》等書。

征服和法律控制。其法律對於異邦或異民族是不平等的，即含有民族歧視。

⑵資本主義式的世界主義　資本主義發達的結果，既要向他國尋找原料，又要向他國推銷商品，故提倡世界自由，要求各國撤銷關稅壁壘，以便採用經濟或政治力量，去侵略別的國家。中山先生說：「世界上的國家，拿帝國主義把人征服了，要想保全他的特殊地位，總想站在萬國之上，做全世界的主人翁，便提倡世界主義，要全世界都服從。」(〈民族主義〉第三講）這裏所講的帝國主義，便包含了資本主義式的世界主義。

⑶共產主義式的世界主義　馬克斯提倡國際共產主義，反對民族主義，主張「工人無祖國」。列寧等召集社會主義者成立第三國際（共產國際）❻，其總部設於莫斯科，爲指揮世界共產黨的司令台。它以階級鬪爭爲手段，以赤化世界爲目的。在第二次世界大戰末期，史達林雖然宣布取消之，轉而提倡民族自決，口口聲聲反對帝國主義，反對侵略主義，然而事實上他們是要以共產主義式的國際主義取代資本主義式的世界主義；要將資本主義的殖民地轉變爲蘇俄共產主義的附庸。故在本質上共產主義式的世界主義仍是帝國主義，或稱新殖民主義，赤色帝國主義。

❻關於共產國際的研究著述，中、英文資料頗多，重要者包括：B. Lazitch & M.M. Drachkovitch, *Lenin and the Comintern* (Stanford: Hoover Institution Pub., 1972)；Branko Lazitch ed., *Biographical Dictionary of the Comintern*, (Stanford: Hoover Institution,1986)；鄭學稼，《第三國際史》，(臺北，商務，1977)；郭恒鈺，《共產國際與中國革命》，(臺北，三民，1989)。

⑷法西斯主義式的世界主義　法西斯本爲義大利墨索里尼所首倡，其最初的組織，名爲「法西斯鬪爭者」，以國家主義爲政治號召。及其執政後，對內實行獨裁統治，用暴力消滅其反對者，否認社會鬪爭的事實：不准許有工會組織及工人罷工，并強調國家至上，採取保守政策，排斥一切外來文化；對外提倡擴張主義，以武力作外交後盾，侵略弱小國家民族。如對阿比西尼亞用兵，師出無名，強行占領。

後來希特勒在德國組織納粹黨(Nazi)對內亦實行獨裁，對外亦實行擴張，侵略波、捷、法、比等國領土，其危害國際安全與和平，與資本主義式和共產主義式的世界主義，所行略同。所以法西斯式的世界主義，亦是變相的帝國主義❼。

❼關於帝國主義、法西斯主義及納粹主義的研究著作，參見：H. Arendt 原著，蔡英文譯，《帝國主義》(臺北，聯經，1982)；Alan Cassels, *Fascism* (AHM Pub.,1975)； M. Vajda, *Fascism As a Mass Movement* (St. Martin's,1976)；A. De Grand, *Italian Fascism* (University of Nebraska Press,1982)； F.L. Carsten, *The Rise of Fascism* (University of California Press, 1982)； Ernst Nolte, *Three Faces of Fascism* (Piper & Co., 1965)； Nathanael Greene ed., *Fascism: An Anthology* (Thomas Y. Crowell, 1968)；Philip Rees, *Fascism & Pre-Fascism/in Europe(1890-1945)；An/Bibliography* (Harvester, 1984)； P.V. Cannistraro, *Historical Dictionary of Fascist, Italy* (Greenwood Press,1982).

二、和平性的世界主義與民族主義

單就世界主義言，多主張丟掉民族主義。中山先生說：「現在的英國和以前的俄國、德國與及中國現在提倡新文化的新青年。都贊成這種主義，反對民族主義。我常聽見許多新青年說：『國民黨的三民主義，不合現在世界的新潮流，現在世界上最新最好的主義是世界主義』」。本來，這裏所引「現在的英國，和以前的俄國和德國」所提倡的世界主義乃是資本主義式或羅馬帝國式的世界主義，可是中國青年却誤認爲是和平性的世界主義。即就和平性的世界主義而論，亦不能丟掉民族主義。中山先生繼稱：「究竟世界主義是好是不好呢？如果這個主義是好的，爲甚麼中國一經亡國，民族主義就要消滅呢?」(〈民族主義〉第二講)論中華民族主義喪失的原因，他爲了說明世界主義與民族主義的關係，講了一個香港碼頭工人，把呂宋彩票裝入竹槓之內，聽到中彩，以爲發大財了，便把竹槓抛入大海。不知竹槓抛棄了，大獎亦付闕如。如果丟掉民族主義去講世界主義，與碼頭工人丟掉藏彩票的竹槓還想中彩票一樣的可笑。

中山先生認爲先要恢復民族自由平等地位後，才可講世界主義，絕不可先丟掉民族主義，空喊世界主義。中山先生說：「我們要知道世界主義是從什麼地方發生出來的呢？是從民族主義發生出來的。我們要發達世界主義，先要把民族主義鞏固了才行，如果民族主義不能鞏固，世界主義也就不能發達。」這是說民族主義才是世界主義的基礎。中山先生對此分析得很透徹：「中國人的心理，向來不以打得爲然，以講打得就是野蠻，這種不講打的好道德，就是世界主義的眞精神。我們要保守這種好精神，擴充這種好精神，是用什麼做基礎呢？是用民族主義做基礎。……所以我們以後要講世界主義，一定要先講民族主義，所謂欲平其天下者先治其國，把從前失去了的民族主義，重新恢復起來；更要從而發揚光大之，然後再去談世界主義，乃有實際。」（同上）如單就和平性的世界主義言，世界主義是民族主義的目標，民族主義是世界主義的基礎。亦如胡漢民先生所說：「世界主義是民族主義的理想，民族主義是世界主義的實行。」這種和平性的世界主義，可以中國的大同主義爲代表，亦可說民族主義是大同主義的實行，大同主義是民族主義的理想，中山先生常寫「天下爲公」與〈禮運篇〉大同段原文，又常講大同主義，更可以看大同主義是民族主義的最終極理想或目的。

三、侵略性的世界主義與民族主義

侵略性的世界主義與民族主義，祇有相反的主張，沒有相同的見解，有如水火之不能相容，冰炭之不能合於一爐。

㈠言行相違與言行一致：帝國主義多以世界主義爲招牌，來冲淡民族主義思想，以掩護侵略的本質。中山先生既說：「世界上的國家（指列強言），拿帝國主義把人征服了，要想保全他們的特殊地位，做全世界的主人翁，便是提倡世界主義，要全世界都服從。」（〈民族主義〉第三講）又說：「列強因爲恐怕有了這種（民族）思想，所以便生出一種似是而非的道理，主張世界主義來煽惑我們，說世界的文明要進步，人類的眼光要遠大，民族主義過於狹隘，太不適宜, 所以應該提倡世界主義。」(〈民族主義〉第四講) 現代共產主義式的世界主義, 更以「工人無祖國」、「階級利益重於民族利益」去引人入圈套, 他們披着世界主義的外表, 掩飾其侵略弱小民族的事實。這種世界主義的理論是騙人的謊言。我們以和平性的世界主義 (大同主義) 爲目的的民族主義, 主張聯合以平等待我之民族共同奮鬥, 扶助弱小民族打倒帝國主義, 帝國主義打倒後, 又推行濟弱扶傾政策, 實行中國固有的和平主義。如抗戰期間, 我國聲明對泰、越無領土野心, 主張韓國獨立, 戰後對日本以德報怨, 不以復仇爲事。又對非亞各新興國家給以技術服務(農耕隊與醫療隊), 這種以世界大同爲目的的民族主義, 言行一致, 理論與事實不相違背, 可以放諸四海而皆準。

㈡王道主義與霸道主義: 中國自古重王輕霸。孟子對王與霸的解釋是:「以力假人者霸, 以德行仁者王。」所謂「霸道」, 就是用武力去征服其他民族。歐洲人注重功利主義, 對外實行武力侵略, 擴張領土, 其所高唱的世界主義, 既是變相的帝國主義, 也就是霸道主義。

中山先生在民族主義中論民族與國家的區別時, 曾說明民族是用王道力量造成的, 不是霸道力量 (武力) 造成的。又民族主義要推行的扶弱抑強, 濟弱扶傾, 文化同化等政策, 都屬於王道主義。因此可以說, 侵略性的世界主義實行霸道主義, 我們的民族主義則提倡王道主義, 這是兩者的重要區別。

㈢侵略政策與反侵略政策: 帝國主義的世界主義, 包括羅馬帝國式的世界主義, 資本主義式的世界主義, 法西斯主義式的世界主義與共產主義式的世界主義, 都具有侵略本質的特性。中山先生說:「至於歐洲人現在所講的世界主義，其實就是有強權無公理的主義，英國話所說的武力就是公理，就是以打得的爲有道理。」「其實他們所主張的世界主義，就是變相帝國主義，與變相的侵略主義。」（〈民族主義〉第四講）民族主義則是反對帝國主義、打倒侵略主義。中山先生說：「對外的責任，要反抗帝國侵略主義，將世界受帝國主義所壓迫的人民，來聯絡一致，共同動作，互相扶持，將世界受壓迫的人民都來解放。」所以侵略與反侵略，更是民族主義與侵略的世界主義的顯著差別。

第三節　對共產國際主義的批判

馬克斯於一八四八年在巴黎發表〈共產主義宣言〉❽，即提出「工人無祖國」的口號。列寧特別強調國家的消滅。他說：「按照馬克斯的意見，國家就是一種階級，一個階級支配的機構，一個階級壓迫另一個階級的工具。」他們認爲在資本主義社會中，進行階級鬥爭，推翻資本主義的社會，實現無產階級專政；由無產階級利用國家爲工具，以壓迫並消滅資本階級的存在，進於無階級的社會，於是國家的作用消失，國家的組織便逐漸萎謝。這是共產國際主義有關國家民族的重要主張。以下分論「工人無祖國」的錯誤，「民族自決」的騙局·「反侵略」的謊言。

一、「工人無祖國」的錯誤

共產國際主義高唱「工人無祖國」口號，認爲「國家是一個階級壓迫另一個階級的工具」，視國家是一種「必要的罪惡」，主張「全世界無產階級聯合起來，打倒資產階級」，強烈地反對國家存在，重視階級權力。

馬克斯爲了擴大階級鬥爭成爲國際性的運動，強調階級意識要超過國家民族意識。一八七〇年普法戰起他便向

❽共產主義宣言(Communist Manifesto)。1847年十二月，在倫敦擧行的共產主義聯盟(Communist League)上，馬克斯與恩格斯受邀撰寫一份宣言（馬克斯本人當時在歐陸，並未與會），1848年二月，此份宣言以德文出版。1850年，英文版完成，1869年，則由巴枯寧譯成俄文。1872年，由於1871年的巴黎公社(Paris Commune)革命失敗，共產主義宣言曾經重寫過，並以更激進的形式呈現。共產主義宣言是以工人爲對象，文字淺易，包括馬克斯的一些基本觀念，如階級鬥爭、歷史唯物論(historical materialism)、無產階級專政(the dictatorship of the proletariat)、無產階級國際主義，和生產工具的社會化等，它強調資本主義終將敗亡，並提出共產主義的整體綱領。此一宣言至少已譯成一百種以上的文字，有超過600種以上的版本行世。

德、法工人大聲疾呼，要求無產階級不要效忠其本國資產階級的政府參加戰鬥，結果各國工人多不理睬，紛紛投效本國軍隊，為保衛國家而戰，終於導致共產第一國際（原名國際勞工協會，一八六四年由馬克斯，巴枯寧等人於倫敦創立）在一八七六年宣告解散。其後於一八八九年由恩格斯在巴黎成立第二國際（原名社會民主黨的無產者國際），於第一次大戰時，也號召各國工人拒絕參戰，可是各國無產者高呼「為祖國而戰」，且與其敵國同一階級者，相見於戰場，浴血作戰。第二國際便因此瓦解。第二次世界大戰爆發，各國的情形，亦復如此，並沒有為同一階級的利益，而與其所屬民族不同階級作戰，連俄帝共產集團內部，亦鬧民族獨立運動，狄托首發其難，反抗俄帝統治。又當德軍攻至列寧格勒前後，史大林亦號召人民為祖國生存而戰。從歷史事實去觀察，民族意識是高於階級意識的，這證明「工人無祖國」的一種錯誤的理論，與事實完全不符。

二、「民族自決」的騙局

列寧於一九〇三年提出「民族自決」口號，原為煽動帝俄境內的少數民族，參加推翻沙皇統治而戰鬥。故於十月革命奪取政權後，便對少數民族加強控制，並展開階級鬥爭，實行階級領導，來維護無產階級專政的蘇維埃制度。因為共黨的理論中，認為國家與民族是代表資產階級的利益，要消滅資產階級，實現無產階級專政的國際主義，當然不容許民族存在。可見國際共黨的「民族自決」策略，與美國總統威爾遜的「民族自決」號召，完全不同❾。

列寧為要掀起歐洲各國的殖民地和附屬國的民族革命，去替無產階級國際主義效命，同樣運用「民族自決」這個口號，主張一切壓迫及被壓迫民族的社會民主黨人，

❾ 1989 年之後，蘇聯 15 個加盟共和國中，大部分的非俄羅斯民族均已要求獨立自主，其中尤以波羅的海三小國（立陶宛、拉脫維亞、愛沙尼亞）、摩達維亞及高加索區三小國（喬治亞、亞美尼亞和亞塞拜然）要求最為激烈，並導致戈巴契夫領導地位不穩。為了平撫各少數民族的不滿情緒，戈巴契夫乃在 1990 年七月的蘇共廿八屆大會中，改組蘇共中共政治局，擴張員額為廿三名，將各加盟共和國共黨領袖納入，藉以維繫團結之形象。但是此舉亦暴露出過去蘇共所謂之「民族自決」，實在只是表面文章而已。

都應爲「民族自決」的原則而奮鬪，這是一種世界革命策略。史大林認爲此種革命策略目標是：「鞏固一種國家的無產階級專政，利用這個專政作支柱，以便推翻全世界的帝國主義。」

本來，「民族自決」和無產階級革命，原是兩種極端相反的思想與運動。共黨國際爲要進行世界革命，亦提出「民族自決」口號，主張對被壓迫民族與殖民地人民反抗帝國主義的鬪爭，予以協助，使無產階級革命與民族自決運動發生聯繫，幷強調民族自決運動要依靠俄共的支援。列寧說得很坦白：「帝國主義列強，打着建立政治上獨立國家的幌子，來建立在經濟、財政和軍事方面都完全依賴於它們的國家。在目前國際形勢下，除建立各蘇維埃共和國聯盟以外，附屬國和弱小民族，別無生路。」可見共黨所高唱的「民族自決」，完全是一種騙局。其原始用意，並非贊助弱小民族獨立，祇是利用民族解放運動，進行其所謂無產階級革命，幷誘使他們加入共產國際行列，以完成其建立所謂世界革命的目的而已。

三、「反帝反侵略」的謊言

列寧從資本主義出發下帝國主義的定義，認爲帝國主義是資本主義的最高階段。認爲資本主義發展到了最高峯，要向國外找原料，要向國外推銷商品，便要侵略弱小民族，把弱小民族做殖民地，便變成帝國主義。蘇俄根據列寧所下的定義，指英美各國爲帝國主義，並以「反帝」相號召，其實本身就是帝國主義。自一九三九年到一九五五年，俄帝侵略他國領土達一千三百三十萬九千一百一十七平方公里。過去我們堅持反共抗俄鬪爭，亦即提倡民族主義以打倒共產主義式的帝國主義。

列寧所提倡在東方「扶助弱小民族打倒帝國主義」的

民族政策，乃是一種陰謀，其目的是：第一步在東方掀起民族革命運動，驅走歐美帝國主義，第二步由民族主義革命運動轉化爲所謂社會主義革命運動，使歐美的殖民地一變而爲蘇俄的附屬，甚至歸併其版圖。第二次大戰發生以後，東歐各國即多被關入鐵幕。這與中山先生所提倡的反帝、反侵略的目的完全相反。

第四節　民族主義的優越性與可行性

民族主義有何優越性？又有何可行性？也許見仁見智，說法不同。這裏所謂「優越性」，係指優於國家主義和世界主義而言；所謂「可行性」，是說民族主義的理論和政策，可以實行於中國，宏揚於世界。

一、民族主義的優越性

先論優於國家主義，次論優於世界主義。

㈠優於國家主義：民族主義優於國家主義可自前述相異之點看出來，即是：

⑴國家主義者提倡種族歧視，視他國爲劣等民族，視自己爲優秀民族，引起其他民族的怨恨和反感；民族主義者提倡民族平等，爲世界各民族所歡迎。

⑵國家主義者實行侵略政策，迫害弱小民族；民族主義者實行和平主義，不欺弱小，「協和萬邦」。

⑶民族主義者以實現世界大同爲目的，國家主義者有征服世界之趨向。前者實行王道，使世人心悅而誠服；後者實行霸道，使世人望而生畏。

綜上三項，可知單對國家主義言，民族主義實有其優越性。

㈡優於世界主義：茲從民族主義優於資本主義式、共

⑩極權政治，即以極權主義(totalitarianism，亦譯「全權主義」)進行統治的政治體制。極權主義不同於傳統的專制(despotism)或獨裁統治(autocracy)，它係20世紀的產物。首先使用此一名詞的係義大利獨裁者墨索里尼，他描繪一個法西斯國家，應該是「一切從屬於國家，不許脫離國家，不許反對國家」。但是有些學者，如阿蘭特(H. Arendt)

產主義式、法西斯主義式的侵略性世界主義作一比較。

⑴優於資本主義式的世界主義　資本主義的世界主義，多以經濟侵略爲先鋒，又用武力作外交後盾，對外奪取原料與商品銷售市場，實行征服殖民地的侵略政策。中山先生說：「他們想永遠維持這個壟斷的地位，再不准弱小民族復興，所以天天鼓吹世界主義。」(〈民族主義〉第四講)以和平性世界主義爲理想的民族主義是基於王道文化，主張仁義道德，用正義公理去感化人，對國內各民族一律平等，對外聯合世界弱小民族，共同奮鬥，打倒帝國主義，維護世界和平，這種以民族平等爲準則的民族主義，自然優於變相的帝國主義——資本主義式的世界主義。

⑵優於共產主義式的世界主義　共產國際主義，雖亦高唱「民族自決」與「民族解放運動」，似含有民族主義的色彩。但是把「民族自決」當作策略來運用，即利用「民族自決」的招牌，煽動弱小民族與殖民地民族，發動反資本主義的民族戰爭，并運用策略與陰謀，透過階級鬥爭，民族革命轉變爲所謂無產階級革命，直接控制其政權，成爲俄帝的附庸，亦是變相的帝國主義。民族主義以民族獨立爲本位，對國內各民族一律平等；對國外其他民族，和平相處，沒有領土野心，本於公理與正義的精神，扶助弱小民族的獨立與自由，共進於大同世界，實優於共產主義式的世界主義。

⑶優於法西斯主義式的世界主義　法西斯主義者，自認是優秀民族，強調國家至上，左反共產主義，右反資本主義，對內實行極權政治，對外發動侵略戰爭❿。他們認爲優秀民族應該統治落後民族，弱小國家應該服從富強國家，鼓吹「強權即公理」，這可說是軍國主義的帝國主義。民族主義是基於中國傳統的和平思想，中山先生主張「用

卻認爲實際上法西斯政權較接近於威權主義(authoritarianism)，眞正較接近極權主義的，卻係希特勒的納粹德國，史達林時代的蘇聯，毛澤東時代(及六四事件後)的中國大陸。另外北韓與阿爾巴尼亞，一般也被視爲係極權統治。

一般而言，極權主義包括下列特性：㈠有高度排他性的意識型態做爲整個國家的發展目標，並實施一黨專政。㈡使用秘密警察對人民實施全盤的監控。㈢壟斷所有的傳播媒介，並以現代化的工具對人民監督(如竊聽器、攝影機)。㈣不僅控制人民的政治生活和意識型態，也全盤控制經濟、社會、文化，乃至家庭生活。㈤有一批經過精密考核挑選的職業黨員，扮演人民之革命先鋒的角色，成爲黨國(party-state)機制的控制者與執行者，此一階級並成爲社會中最重要的主導菁英。㈥政治領導人身兼黨、政、軍大權於一身，並以秘密警察爲手段，排斥及整肅異己。㈦高度動員社會參與支持黨國體制的群衆運動。有關極權主義的硏究、參看：H. Arendt, *The Origins of Totalitarianism* (Meridian, 1951)；C.J. Friedrich & E. Brzezinski, *Totalitarian Dictatorship and Autocracy* (Praeger, 1967)；E.A. Menze ed., *Totalitarianism Reconsidered*, (Kennikat, 1981)；J. L. Talmon, *The Origins of Totalitarian Democracy* (Praeger,1961)；A.L. Unger, *Totalitarian Democracy & After* (The Israel Academy of Sciences and Humanities, 1984)。

固有的道德和平做基礎，去統一世界，成一個大同之治，這是我們四萬萬人的大責任」。(〈民族主義〉第六講) 民族主義因為主張世界和平，所以反對破壞和平的帝國主義。蔣中正先生說：「我們不許任何帝國主義者壓迫中國民族，也不贊成任何帝國主義者去壓迫任何弱小民族。中國民族起而革壓迫中國民族的帝國主義者之命，中國民族當聯合世界上以平等待我之民族，共同協力去幫助各弱小民族，求得獨立，求得自由。」(〈三民主義要旨與三民主義教育之重要〉) 說明主張和平的民族主義和主張戰爭的法西斯主義，完全處於敵對狀態，永無妥協可能。公理必定戰勝強權，民族主義更是優於法西斯主義式的世界主義。

二、民族主義的可行性

民族主義既有至高至上理想，亦有易知易行的政策。如中西並顧的文化政策，濟弱扶傾的民族政策，以民族為基礎的國際政策等，都是一種救國救世的實用主義。

㈠中西並顧的文化政策：中山先生對於中西文化是主張兼容並包的。他雖然反對利用科學以助長霸道主義惡燄，但不反對科學本身。中山先生在民族主義中所講恢復民族地位的四種方法，就表現了一種中西並顧的文化政策。所謂要恢復固有道德、智識和能力，是指發揚固有文化而言；所謂迎頭趕上西方科學，是指吸收西洋文化而言。這種既不偏於完全復古，亦不偏於全盤西化的文化政策，頗合乎中國的中庸之道，論理既為可行，論事則已在進行。

日本的復興與富強，可以歸功於一面提倡固有的武士道精神，一面效法西洋科學文明。我們如能實踐中山先生的民族主義的文化政策，應該可以收到良好的效果。

㈡濟弱扶傾的民族政策：濟弱扶傾根源於我國「興滅國，繼絕世」的王道文化，主張扶助弱小民族、抵抗侵略強權，使世界各民族一律平等。中山先生說：「中國古時常講『濟弱扶傾』，因爲中國有了這個好政策，所以強了幾千年，安南、緬甸、高麗、暹羅那些小國，還能夠保持獨立。」又說：「我們要決定一種政策，要濟弱扶傾，才是盡我們民族的天職。我們對於弱小民族要扶持他，對於世界的列強要抵抗他。」（〈民族主義〉第六講）這種「濟弱扶傾」的民族政策，在第二次世界大戰後，首先爲美國國務卿馬歇爾所採用，他於一九四八年提交國會通過援外法案，以經濟實力援歐。杜魯門總統又於一九四九年宣布其第四點計畫，即以經濟和技術援助落後地區。如就軍事行動言，美國曾支持猶太民族建國，軍援希臘政府與共黨作戰，幷參加韓戰與越戰，抵禦外來侵略。我國在抗戰期中，亦派軍遠征緬甸，與盟軍幷肩作戰，政府遷台後，又組織農耕隊、醫療隊實行技術援外。可見「濟弱扶傾」政策，不僅可以見諸實行，而且已經行之有效。

㈢以民族爲基礎的國際政策：西洋人講世界主義，多排斥民族主義，認爲民族主義太狹隘，眼光不夠遠大，亦不能適合世界潮流，爲什麼會發生這種論調？因爲他們提倡世界主義，別有用心。中山先生說：「世界上的國家，拿帝國主義把人征服了，要想保全他的特殊地位，總想站在萬國之上，做全世界的主人翁，便提倡世界主義，要全世界都服從。」（〈民族主義〉第三講）在淸末民初時代，我們是被壓迫民族，國家處境非常危險，那有資格講世界主義！〈民族主義〉第四講說：「我們是受屈民族，必先要我們民族自由平等的地位恢復起來之後，才配來講世界主義。」

中山先生說：「我們以後要講世界主義，一定要先講民族主義，……把從前失去了的民族主義，從新恢復起來，更要從而發揚光大之，然後再去講世界主義，乃有實際。」

參考書目

一、中文圖書

C.J.H.Hayes 著　《現代民族主義演進史》(臺北，帕米爾書店編譯，1979)

羅時實　《民族主義浪潮》(臺北，幼獅，1971)

浦薛鳳　《現代西洋政治思潮》(臺北，國立編譯館，1974)

H. Arendt 著，蔡英文譯　《帝國主義》(臺北，聯經，1982)

周陽山，楊肅獻編　《近代中國思想人物論——民族主義》(臺北，時報，1980)

崔書琴　《三民主義新論》(臺北，商務，1980)

林耀華等　《民族學論文選》上、下册（北京，中央民族學院出版社，1986)

謝世忠　《認同的汚名——臺灣原住民的族群變遷》(臺北，自立，1987)

陳其南　《臺灣的傳統中國社會》(臺北，允晨，1989)

陳其南　《關鍵年代的臺灣》(臺北，允晨，1988)

阿拉坦　《論民族問題》(北京，中央民族學院，1989)

劉鍔，何潤　《民族理論和民族政策綱要》(北京，中央民族學院，1969)

吳大華　《民族與法律》(北京，民族，1990)

楊國樞，金神保　《現代化與民族主義》(臺北，聯經，1970)

E. Barker 著，王世憲譯　《民族性》(臺北，商務，1976)

項退結　《中國民族性研究》(臺北，商務，1983)

錢穆　《從中國歷史來看中國民族性格及中國文化》(臺北，聯經，1982)

李亦園，楊國樞　《中國人的性格》(臺北，中研院民族所，1974)

文崇一　《中國人的價值觀》(臺北，東大，1989)

溫元凱，倪端　《中國國民性改造》(臺北，曙光圖書，1988)

R. Benedict 著，黃道琳譯　《菊花與劍》(臺北，桂冠，1984)

松本一男著，歐陽文譯　《中國人與日本人》(臺北，新潮社，1988)

D. Riesman 著，蔡源煌譯　《寂寞的群衆》(臺北，桂冠，1984)

許烺光著，徐隆德譯　《中國人與美國人》(臺北，巨流，1988)

宋明順　《現代社會與現代心理》(臺北，正中，1974)

汪少倫　《民族哲學大綱》(臺北，正中，1967)

周陽山編　《中國文化的危機與展望——當代研究與趨向》(臺北，時報，1981)

周陽山編　《文化傳統的重建》(臺北，時報，1982)

牟宗三講　《中國文化的省察》(臺北，聯經，1984)

《三民主義大辭典》(臺北，幼獅，1988)

谷風編印　《中國傳統文化再檢討》(1987)

孫隆基　《中國文化的「深層結構」》(臺北，唐山，1990)

金觀濤，劉青峰　《興盛與危機——論中國封建社會的超穩定結構》(臺北，谷風，1987)

殷海光　《中國文化的展望》(1965)

楊逢泰　《民族自決的理論和實際》(臺北，正中，1976)

洪泉湖　《國父民族自決論之研究》(臺北，中央文物供應社，1979)

李約瑟著，陳立夫主譯　《中國之科技與文明》(臺北，商務，1972)

二、英文圖書

Brown, D. Mackenzic, *The Nationalist Movement*, (California: Berkeley,1970)

Carr. E.H., *Nationalism and After*, (N.Y.: Macmillan, 1945)

Deutsch, Karl, and Foltz, William J., *Nation-Building*, (N.Y.: Atherton Press,1966)

Gellner, Ernest, *Nations and Nationalism*, (Ithaca: Cornel University Press,1983)

Gordon, David C., *Self-Determination & History in the Third World*, (Princeton, N.J.: Princeton University Press,1971)

Hula, Erich, *Nationalism & Internationalism: European & American Perspectives*, (University Press of America,1984)

Kdmenka, Eugene, ed., *Nationalism*, (London:St. Martin,1976)

Kedourie, Elie, *Nationalism*, (London: Hutchison, 1986)

Kedourie, Elie, *Nationalism in Asia & Africa*, (London: Hutchison,1970)

Kohn, Hans, *Nationalism: Its Meaning & History*, (N.Y.: Krieger,1982)

Seton-Watson Hugh, *Nations & States*, (Bolder: Westview,1977)

Miles Robert, *Racism*, (N.Y.: Routledge,1989)

John Breuilly, *Nationalism and The State*, (University of Chicago,1985)

Mellor, Roy E.H., *Nation, State and Territory*, (N.Y.: Routledge,1989)

Kohli, Atul, *The State and Development in the Third World*, (Princeton University Press,1986)

Leone, Bruno, *Nationalism: Opposing Viewpoints*, (Greenheaven,1978)

Ronen, Dov, *The Quest for Self-determination*, (New Haven: Yale Univ. Press,1979)

Sathyamurthy, T.V., *Nationalism in the Contemporary World*, (London: Frances Pinter,1983)

Smith, A.D., *Nathonalism in the Twentieth Century*, (N.Y.: New York University Press,1979)

Snyder, L.L., *Varieties of Nationalism: A Comparative Study*, (N.Y.: Holt, Rinehart & Winston,1976)

Snyder, L.L., *Global Mini-Nationalisms: Autonomy or Independence*, (Connecticut: Green Wood Press, 1982)

Tiryakian, Edward, A. and Rogowski, Ronald,ed., *New Nationalism of the Developed West*, (Mass: Allen & Unwin Co.,1985)

Walter Laqueur ed., *Fascism: A Reader's Guide*, (University of California Press, 1976)

三、中文期刊論文

朱宏源譯　〈研究國家主義的方法〉中山社會科學譯粹，第二卷第二期。

余英時　〈國家觀念與民族意識〉72 年 12 月 2 日，中國時報。

王昭麟譯　〈民族國家與國家民族〉中山社會科學譯粹，第二卷第二期。

胡克難譯　〈民族主義運動：一個比較類型學的嘗試〉中山社會科學譯粹，第二卷第二期。

胡克難譯　〈少數民族之民族主義運動與政治整合的理論〉中山社會科學譯粹，第二卷第二期。

楊念祖譯 〈民族主義之釋義及內涵〉中山社會科學譯粹，第二卷第二期。

巨克毅 〈孫中山先生民族主義的結構內涵與運作功能〉近代中國，第五十七期。

楊逢泰 〈從國父孫中山先生的民族主義看戰後的民族運動〉政治文化，第二期。

楊逢泰 〈西方民族主義的演進和精義〉中華文化復興月刊，第十一卷第六期。

洪泉湖 〈亞洲現代民族主義運動的發展〉國立清華大學社會科學論叢第一輯「發展的省思」。

郭志文譯 〈民族主義與政治〉中山社會科學譯粹，第二卷第二期。

李玉珍 〈蘇聯外高加索地區的民族糾紛〉問題與研究，第二十八卷第二期。

畢英賢 〈蘇聯當前的民族問題〉問題與研究，第二十八卷第一期。

林碧炤譯 〈民族主義與整合：1949 年和 1969 年的北大西洋公約組織〉中山社會科學譯粹，第二卷第二期。

葛永光 〈族裔認同和國家整合〉憲政思潮，第七十期。

李錫錕 〈民族主義與國家整合危機之解決〉憲政思潮，第五十六期。

任元杰譯 〈「族國建立」理論的反省與重估〉憲政思潮，第七十一期。

洪泉湖 〈中國民族性格之調適與政治現代化〉人文學報，第十期。

丘宏達 〈國際法上的人民自決權問題〉75 年 12 月 6 日，聯合報。

四、英文期刊論文

Birch, A. H., *Minority Nationalist Movements & Theories of Political Integration*, (World Politics, Apr. 1978, pp.325-344.)

Coakley, J., *Independence Movements and National Minorities: Some Parallels in the European Experience*, (European Journal of Political Research, Vol. 8, №2, 1980, pp.215-248.)

Connor, W, *Nation-Building or Nation-Destroying*? (World Politics, Vol. 24, №3, April, 1972,pp. 319-355.)

Smith, A.D., "The Diffusion of Nationalism," (*British Journal of Sociolog*, 29,1978, pp.234-248.)

Stoke, G., "The Undeveloped Theory of Nationalism", (*World Politics,* 31, Oct., 1978,pp.150-160.)

Van Den B., Pierre L., and Barss, P., *Ethnicity and Nationalism in World Perspective*, (Ethnicity 3, 1976.)

Waldron, A. N., *Theories of Nationalism and Historical Explanation*, (World Politics, 1, Apr., 1985, pp.416-433.)

(註：本書目曾參考洪泉湖教授所編之書目，謹此致謝。)

原著選讀

有志竟成
——自傳
（一九一八年）

——錄自《孫文學說》第八章

夫事有順乎天理，應乎人情，適乎世界之潮流，合乎人群之需要，而爲先知先覺者所決志行之，則斷無不成者也，此古今之革命維新興邦建國等事業是也。予之提倡共和革命於中國也，幸已達破壞之成功，而建設事業雖未就緒，然希望日佳，予敢信終必能達完全之目的也。故追述革命原起，以勵來者，且以自勉焉。

夫自民國建元以來，各國文人學士之對於中國革命之著作，不下千數百種，類多道聽途說之辭，鮮能知革命之事實，而於革命之原起，更無從追述，故多有本於予之〈倫敦被難記〉第一章之革命事由，該章所述，本甚簡略，且於二十餘年之前，革命之成否，尙爲問題，而當時雖在英京，然亦事多忌諱，故尙未敢自承興中會爲予所創設者，又未敢表示興中會之本旨爲傾覆滿淸者，今於此特修正之，以輔事實也。

玆篇所述，皆就予三十年來所記憶之事實而追述之：由立志之日起至同盟成立之時，幾爲予一人之革命也，故事甚簡單，而於贊襄之要人，皆能一一錄之無遺，自同盟會成之以後，則事體日繁，附和日衆，而海外熱心華僑，內地忠烈志士，各重要人物，不能一一畢錄於玆篇，當俟之修革命黨史時，乃能全爲補錄也。

予自乙酉中法戰敗之年，始決傾覆淸廷創建民國之志。由是以學堂爲鼓吹之地，借醫術爲入世之媒，十年如一日。當予肄業於廣州博濟醫學校也，於同學中物識有鄭士良號弼臣者，其爲人豪俠尙義，廣交游，所結納皆江湖之士，同學中無有類之者。予一見則奇之，稍與相習，則與之談革命。士良一聞而悅服，並告以彼曾投入會黨，如他日有事，彼可爲我羅致會黨以聽指揮云。

予在廣州學醫甫一年，聞香港有英文醫校開設，予以其學課較優，而地較自由，可以鼓吹革命，故投香港學校肄業。數年之間，每於學課餘暇，皆致力於革命之鼓吹，常往來於香港澳門之間，大放厥辭，無所忌諱。時聞而附和者，在香港祇陳少白、尢少紈、楊鶴齡三人，而上海歸客則陸皓東而已。若其他之交游，聞吾言者，不以爲大逆不道而避之，則以爲中風病狂相視也。予與陳、尢、楊三人常住香港，昕夕往還，所談者莫不爲革命之言論，所懷者莫不爲革命之思想，所研究者莫不爲革命之問題；四人相依甚密，非談革命則無以爲歡，數年如一日，故港澳間之戚友交游，皆呼予等爲四大寇，此爲予革命言論之時代也。及予卒業之後，懸壺於澳門羊城兩地以問世，而實則爲革命運動之開始也。時鄭士良則結納會黨，聯絡防營，門徑既通，端倪略備，予乃與陸皓東北游京津，以窺清廷之虛實，深入武漢，以觀長江之形勢。至甲午中東戰起，以爲時機可乘，乃赴檀島美洲，創立興中會，欲糾合海外華僑以收臂助，不圖風氣未開，人心錮塞，在檀鼓吹數月，應者寥寥，僅得鄧蔭南與胞兄德彰二人，願傾家相助，及其他親友數十人之贊同而已。時適清兵屢敗，高麗既失，旅順繼陷，京津亦岌岌可危，清廷之腐敗盡露，人心憤激，上海同志宋耀如乃函促歸國。美洲之行，因而中止。逐與鄧蔭南及三五同志返國以策進行，欲襲取廣州以爲根據，遂開乾亨行於香港爲幹部，設農學會於羊城爲機關。當時贊襄幹部事務者有鄧蔭南、楊衢雲、黃詠商、陳少白等，而助運籌於羊城機關者，則陸皓東、鄭士良並歐美技師及將校數人也。予則常往來於廣州香港之間，慘淡經營，已過半載，籌備甚週，聲勢頗衆，本可一擊而生絕大之影響，乃以運械不愼，致海關搜獲手槍六百餘桿，事機乃洩，而吾黨健將陸皓東殉焉，此爲中國有史以來爲共和革命而犧牲者之第一人也。同時被株連而死者，則有丘四、朱貴全二人，被捕者七十餘人，而廣東水師統帶程奎光與焉，後竟病死獄中。其餘之人或囚或釋，此乙未九月九日，爲予第一次革命之失敗也。

敗後三日，予尙在廣州城內，十餘日後，乃得由間道脫險出至香港，隨與鄭士良、陳少白同渡日本，暫住橫濱。時予以返國無期，乃斷髮改裝，重游檀島，而士良則歸國收拾餘衆，布置一切，以謀捲土重來；少白則獨留日本，以考察東邦國情，予乃介紹之於日友菅原傳。此友爲往日在檀所識者，後少白由彼介紹於曾根俊虎，由俊虎而識宮崎彌藏，即宮崎寅藏之兄也，此爲革命黨與日本人士相交之始也。

予到檀島後，復集合同志以推廣興中會，然已有舊同志以失敗而灰心者，亦有新聞道而赴義者，惟卒以風氣未開，進行遲滯，以久留檀島，無大可爲，遂決計赴美，以聯絡彼地華僑，蓋其衆比檀島多數倍也。行有日矣，一日散步市外，忽遇有馳車迎面而來者，乃吾師康德黎與其夫人也。吾遂一躍登車，彼夫婦不勝詫異，幾疑爲暴客，蓋吾已改裝易服，彼不認識也。予乃曰：「我孫逸仙也。」遂相笑握手，問以何爲至此。曰：「回國道經此地，舟停登岸瀏覽風光也。」予乃趁車同遊，爲之指導，遊畢登舟，予乃告以予將作環繞地球之遊，不日將由此赴美，將隨到英，相見不遠也，遂歡握而別。

美洲華僑之風氣蔽塞，較檀島尤甚，故予由太平洋東岸之三藩市登陸，橫過美洲大陸，至大西洋西岸之紐約市，沿途所過之處，或留數日，或十數日，所至皆說以祖國危亡，清政腐敗，非從民族根本改革，無以救亡，而改革之任，人人有責然。而勸者諄諄，聽者終歸藐藐，其歡迎革命主義者，每埠不過數人或十餘人而已。然美洲各地華僑多立有洪門會館，洪門者，創設於明朝遺老，起於康熙時代，蓋康熙以前，明朝之忠臣烈士，多欲力圖恢復，誓不臣清，捨生赴義，屢起屢蹶，與虜拚命，然卒不救明朝之亡。迨至康熙之世，清勢已盛，而明朝之忠烈亦死亡殆盡，二三遺老，見大勢已去，無可挽回，乃欲以民族主義之根苗，流傳後代，故以反清復明之宗旨，結爲團體，以待後有起者，可藉爲資助也，此殆洪門創設之本意也。然其事必當極爲秘密，乃可防政府之察覺也。夫政府之爪牙爲官吏，而官吏之耳目爲士紳，故凡所謂士大夫之類，皆所當忌而須嚴爲杜絕者，然後其根株乃能保存。而潛滋暗長於異族專制政府之下，以此條件而立會，將以何道而後可？必也以最合群衆心理之事跡，而傳民族國家之思想，故洪門之拜會，則以演戲爲之，蓋此最易動群衆之視聽也；其傳布思想，則以不平之心、復仇之事導之，此最易發人之感情也；其口號暗語，則以鄙俚粗俗之言以表之，此最易使士大夫聞而生厭遠而避之者也；其固結團體，則以博愛施之，使彼此手足相顧，患難相扶，此最合乎江湖旅客無家遊子之需要也；而最終乃傳以民族主義，以期達其反清復明之目的焉。國內之會黨，常有與官吏衝突，故猶不忘其與清政府居於反對之地位，而反清復明之口頭語，尙多了解其義者，而海外之會黨多處於他國自由政府之下，其結會之需要，不過爲手足患難之聯絡而已，政治之意味殆全失矣。故反清復明之口語，亦多有不知其義者。當予之在美洲鼓吹革命也，洪門之人，初亦不明吾旨，予乃反而叩之反清復明何爲者？彼衆多不能答也。後由在美之革命同志鼓吹數年，而洪門之衆乃始知彼等原爲民族老革命黨也。然當時予之遊美洲也，不過爲初期之播種，實無大影響於革命前途也，然已大觸清廷之忌矣。故予甫抵倫敦之時，即遭使館之陷，幾致不測，幸得吾師康德黎竭力營救，始能脫險，此則檀島之邂逅，眞有天幸存焉，否則吾尙無由知彼之歸國，彼亦無由知吾之來倫敦也。

倫敦脫險後，則暫留歐洲，以實行考察其政治風俗，並結交其朝野賢豪，兩年之中，所見所聞，殊多心得，始知徒致國家富強，民權發達，如歐洲列強者猶未能登斯民於極樂之鄉也，是以歐洲志士，猶有社會革命之運動也。予欲爲一勞永逸之計，乃採取民生主義，以與民族民權問題，同時解決，此三民主義之主張所由完成也。時歐洲尙無留學生，又鮮華僑，雖欲爲革命之鼓吹，其道無由。然吾生平所志，以革命爲惟一之天職，故不欲久處歐洲，曠廢革命之時日，遂往日本，以其地與中國相近，消息易通，便於籌畫也。抵日本後，其民黨領袖犬養毅遣宮崎寅藏、平山周二人來橫濱歡迎，乃引至東京相會，一見如舊識，抵掌談天下事，甚痛快也。時日本民黨初握政權，大隈爲外相，犬養爲之運籌，能左右之。後由犬養介紹，曾一見大隈、大石尾崎等，此爲予與日本政界人物交際之始也。隨而識副島種臣及其在野之志士如頭山、平岡、秋山、中野、鈴木等。後又識安川、犬塚、久原等，各志士之對於中國革命事業，先後多有資助，尤以久原、犬塚爲最。其爲革命奔走始終不懈者，則有山田兄弟、宮崎兄弟、菊池萱野等；其爲革命盡力者，則有副島、寺尾兩博士。此就其直接於予者而略記之，以誌不忘耳。其他間接爲中國革命黨奔走盡力者尚多，不能於此一一悉記，當俟之革命黨史也。日本有華僑萬餘人，然其風氣之錮塞，聞革命而生畏者，則與他處華僑無異也。吾黨同人有往返於橫濱神戶之間，鼓吹革命主義者。數年之中而慕義來歸者，不過百數十人而已。以日本華僑之數較之，不及百分之一也。向海外華僑之傳播革命主義也，其難固已如此，而欲向內地以傳布，其難更可知矣。內地之人，其聞革命排滿之言而不以爲怪者，只有會黨中人耳。然彼衆皆知識薄弱，團體散漫，憑藉全無，只能望之爲響應，而不能用爲原動力也。

由乙未初以至於庚子，此五年之間，實爲革命進行最艱難困苦之時代也。蓋予既遭失敗，則國內之根據，個人之事業，活動之地位，與夫十餘年來所建立之革命基礎，皆完全消滅。而海外之鼓吹，又毫無效果。適於其時有保皇黨發生，爲虎作倀，其反對革命，反對共和，比之清廷爲尤甚。當此之時，革命前途，黑暗無似，希望幾絕，而同志尚不盡灰心者，蓋正朝氣初發時代也。時予乃命陳少白回香港，創辦中國報，以鼓吹革命；命史堅如入長江，以聯絡會黨；命鄭士良在香港設立機關，招待會黨；於是乃有長江會黨及兩廣福建會黨並合於興中會之事也。旋遇清廷有排外之舉，假拳黨以自衛，有殺洋人圍使館之事發生，因而八國聯軍之禍起矣。予以爲時機不失，乃命鄭士良入惠州，招集同志以謀發動，而命史堅如入羊城，招集同志以謀響應，籌備將竣，予乃與外國軍官數人繞道至香港，希圖從此潛入內地，親率健兒，組織一有秩序之革命軍，以救危亡也。不期中途爲奸人告密，船一抵港，即被香港政府監視，不得登岸，遂致原定計畫不得施行。乃將惠州發動之責，委之鄭士良，而命楊衢雲、李紀堂、陳少白等在香港爲之接濟，予則折回日本轉渡臺灣，擬由臺灣設法潛渡內地。時臺灣總督兒玉頗贊中國之革命，以北方已陷於無政府之狀態也。乃飭民政長官後藤與予接洽，許以起事之後，可以相助；予於是一面擴充原有計畫，就地加聘軍官，蓋當時民黨尚無新知識之軍人也。而一面命士良即日發動，並改原定計畫，不直逼省城，而先佔領沿海一帶地點，多集黨衆，以候予來乃進行攻取。士良得命，即日入內地，親率已集合於三洲田之衆，出而攻撲新安、深圳之清兵，盡奪其械，隨而轉戰於龍岡、淡水、永湖、梁化、白芒花、三多祝等處，所向皆捷，清兵無敢當其鋒者。遂占領新安、大鵬至惠州、平海一帶沿海之地，以待予與幹部人員之入，及武器之接濟。不圖惠州義師發動旬日，而日本政府忽而更換，新內閣總理伊藤氏，對中國方針，與前內閣大異，乃禁制臺灣總督，不許與中國革命黨接洽，又禁武器出口及禁日本軍官投效革命者，而予潛渡之計畫，乃爲破壞。遂遣山田良政與同志數人往鄭營報告一切情形，並令之相機便宜行事；山田等到鄭士良軍中時，已在起事之後三十餘日矣。士良連戰月餘，彈藥已盡，而集合之衆已有萬餘人，渴望幹部軍官及武器之至甚切，而忽得山田所報消息，遂立令解散，而率其原有之數百人間道出香港。山田後以失路爲清兵所擒被害，惜哉！此爲外國義士爲中國共和犧牲者之第一人也。

當鄭士良之在惠州苦戰也，史堅如在廣州屢謀響應，皆不得當，遂決意自行用炸藥攻燬兩廣總督德壽之署而殲之，炸發不中，而史堅如被擒遇害，是爲共和殉難之第二健將也。堅如聰明好學，眞摯誠懇，與陸皓東相若，其才貌英姿，亦與皓東相若，而二人皆能詩畫亦相若。皓東沉勇，堅如果毅，皆命世之英才，惜皆以事敗而犧牲，元良沮喪，國士淪亡，誠革命前途之大不幸也。而二人死節之烈，皓氣英風，實足爲後死者之模範，每一念及，仰止無窮，二公雖死，其精靈之縈繞吾懷者，無日或間也。

庚子之役，爲予第二次革命之失敗也，經此失敗而後，回顧中國之人心，已覺與前有別矣。當初次之失敗也，舉國輿論莫不目予輩爲亂臣賊子，大逆不道，咒詛謾罵之聲不絕於耳。吾人足跡所到，凡認識者，幾視爲毒蛇猛獸，而莫敢與吾人交游也。惟庚子失敗之後，則鮮聞一般人之惡聲相加，而有識之士，且多爲吾人扼腕歎惜，恨其事之不成矣。前後相較，差若天淵，吾人睹此情形，中心快慰，不可言狀，知國人之迷夢已有漸醒之兆。加以八國聯軍之破北京，清后帝之出走，議和之賠款九萬萬兩而後，則清廷之威信已掃地無餘，而人民之生計從此日蹙，國勢危急，有岌岌不可終日。有志之士，多起救國之思，而革命風潮自此萌芽矣。時適各省派留學生至日本之初，而赴東求學之士，類多頭腦新潔，志氣不凡，對於革命問題，感受極速，轉瞬成爲風氣。故其時東京留學界之思想言論，皆集中於革命問題，劉成禺在學生新年會大演說革命排滿。被清公使逐出學校，而戢元成、沈虬齋、張溥泉等則發起國民報，以鼓吹革命，留東學生提倡於先，內地學生附和於後，各省風潮，從此漸作。在上海則有章太炎、吳稚暉、鄒容等借蘇報以鼓吹革命，爲清廷所控，太炎、鄒容被拘囚租界監獄，吳亡命歐洲。此案涉及清帝個人，爲朝廷與人民聚訟之始，清朝以來所未有也。清廷雖訟勝，而章、鄒不過僅得囚禁兩年而已，於是民氣爲之大壯。鄒容著有革命軍一書，爲排滿激烈之言論，華僑極爲歡迎，其開導華僑風氣，爲力甚大，此則革命風潮初盛時代也。

壬寅癸卯之交，安南總督韜美氏託東京法公使屢次招予往見，以事未能成行，後以河內開博覽會，因往一行。到安南時，適韜美已離任回國，囑其秘書長哈德安招待甚殷。在河內時，識有華商黃龍生、甄吉亭、甄壁、楊壽彭、曾齊等，後結爲同志，於欽廉河口等役，盡力甚多。河內博覽會告終之後，予再作環球漫游，取道日本檀島而赴歐美。過日本時，有廖仲愷夫婦、馬君武、胡毅生、黎仲實等多人來會，表示贊成革命，予乃託以在東物識有志學生，結爲團體，以任國事。後同盟會之成立，多有力焉。自惠州失敗以至同盟會成立之間，其受革命風潮所感興起而圖舉義者，在粵則有李紀堂、洪全福之事；在湘則有黃克強、馬福益之事。其事雖不成，人多壯之。海外華僑亦漸受東京留學界及內地革命風潮之影響，故予此次漫游所到，凡有華僑之處，莫不表示歡迎，較之往昔大不同矣。乙巳春間，予重至歐洲，則其地之留學生已多數贊成革命，蓋彼輩皆新從內地或日本來歐，近一二年已深受革命思潮之陶冶，已漸由言論而達至實行矣。予於是乃揭櫫吾生平所懷抱之三民主義、五權憲法以號召之，而組織革命團體焉。於是開第一會於比京，加盟者三十餘人；開第二會於柏林，加盟者二十餘人；開第三會於巴黎，加盟者亦十餘人；開第四會於東京，加盟者數百人，中國十七省之人皆與焉，惟甘肅尙無留學生到日本，故闕之也。此爲革命同盟會成立之始，因當時尙多諱言革命二字，故祇以同盟會見稱，後亦以此名著焉。自革命同盟會成立之後，予之希望則爲之開一新紀元，蓋前此雖身當百難之衝，爲舉世所非笑唾罵，一敗再敗，而猶冒險猛進者，仍未敢望革命排滿事業能及吾身而成者也。其所以百折不回者，不過欲有以振起旣死之人心，昭蘇將盡之國魂，期有繼我而起者成之耳。及乙巳之秋，集合全國之英俊而成立革命同盟會於東京之日，吾始信革命大業可及身而成矣。於是乃敢定之中華民國之名稱，而公布於黨員，使之各回本省鼓吹革命主義，而傳布中華民國之思想焉。不期年而加盟者，已逾萬人，支部則亦先後成立於各省，從此革命風潮一日千丈，其進步之速，有出人意表者矣。當時外國政府之對於中國革命黨，亦多刮目相看。一日，予從南洋往日本，船泊吳淞，有法國武官布加卑者奉其陸軍大臣之命來見，傳達彼政府有贊助中國革命事業之好意，叩予革命之勢力如何？予略告以實情，又叩以各省軍隊之聯絡如何，若已成熟，則吾國政府立可相助。予答以未有把握，遂請彼派員相助，以辦理調查聯絡之事，彼乃於駐紮天津之參謀部，派定武官七人，歸予調遣。予命廖仲愷往天津設立機關，命黎仲實與某武官調查兩廣，命胡毅生與某武官調查川滇，命喬宜齋與某武官往南京、武漢。時南京、武昌兩處新軍皆大歡迎，在南京有趙伯先接洽，約同營長以上各官相見，秘密會議，策畫進行，而武昌有劉家連接洽，約同同志之軍人在教會之日知會開會，到會者甚衆，聞新軍鎭統張彪亦改裝潛入，開會時各人演說，大倡革命，而法國武官亦演說贊成，事遂不能秘密。而湖廣總督張之洞乃派洋關員某國人尾法武官之行蹤，途上與之訂交，亦僞爲表同情於中國革命者也。法武官以彼亦西人，不之疑也，故內容多爲彼探悉，張之洞奏報其事於清廷，其中所言革命黨之計畫，或確或否，清廷得報，乃大與法使交涉，法使本不知情也，乃請命於政府何以處分布加卑等。政府飭彼勿問，清廷亦無如之何。未幾法國政府變更，而新內閣不贊成是舉，遂將布加卑等撤退回國，後劉家連等則以關於此事被逮而犧牲也。此革命運動之起國際交涉者也。同盟會成立未久，發刊民報，鼓吹三民主義，遂使革命思潮彌漫全國，自有雜誌以來，可謂成功最著者。其時忠義之士，聞風興起，當仁不讓，獨樹一幟以建議者，踵相接也。其最著者，如徐錫麟、熊成基、秋瑾等是也。丙午萍醴之役，則同盟會會員自動之義師也。當萍醴革命軍與清兵苦戰之時，東京之會員莫不激昂慷慨，怒髮衝冠，亟思飛渡內地，身臨前敵，與虜拚命，每日到機關部請命投軍者衆，稍有緩卻，則多痛哭流涙，以爲求死所而不可得，苦莫甚焉。其雄心義憤，良足嘉尙！猶惜萍鄉一舉，爲會員之自動，本部於事前一無所知，故臨時無所備，然而會員之紛紛回國從軍者，已相望於道矣。尋而萍醴之師敗，而禹之謨、劉道一、寧調元、胡英等竟被清吏拿獲，或囚或殺者多人，此爲革命同盟會會員第一次之流血也。由此而後，則革命風潮之鼓盪全國者，更爲從前所未有，而同盟會本部之在東京，亦不能久爲沉默矣。時清廷亦大起恐慌，屢向日本政府交涉，將予逐出日本境外，予乃離日本而與漢民、精衛二人同行而之安南，設機關部於河內，以籌畫進行。旋發動潮州、黃岡之師不得利，此爲予第三次之失敗也。繼又命鄧子瑜發難於惠州，亦不利，此爲予第四次之失敗也。時適欽廉兩府有抗捐之事發生，清吏派郭人漳、趙伯先二人各帶新軍三四千人往平之，予乃命黃克強隨郭人漳營，命胡毅生隨趙伯先營，而游說之，以贊成革命，二人皆首肯，許以若有堂堂正正之革命軍起，彼等必反戈相應。

於是一面派人往約欽廉各屬紳士鄉團為一致行動，一面派萱野長知帶款回日本購械，並在安南招集同志，並聘就法國退伍軍官多人，擬器械一到，則占據防城至東興一帶沿海之地，為組織軍隊之用。東興與法屬之芒街，僅隔一河，有橋可達，交通甚為便利也。滿擬武器一到，則吾黨可成正式軍隊二千餘人，然後集合欽州各鄉團勇六千人，而後要約郭人漳、趙伯先二人所帶之新軍約六千餘人，便可成一聲勢甚大之軍隊，再加以訓練，當成精銳，則兩廣可收入掌握之中，而後出長江以合南京、武昌之新軍，則破竹之勢可成，而革命可收完全之效果矣。乃不期東京本部之黨員忽起風潮，而武器購買運輸之計畫為之破壞，至時防城已破，武器不來，予不特失信於接收軍火之同志，並失信於團紳矣。而攻防城之同志至時不見武器之來，乃轉而逼欽州，冀郭軍之響應，郭見我軍之薄弱，加以他軍為之制，故不敢來，我軍遂進圍靈山，冀趙軍之響應，趙見郭尚未來，彼亦不敢來，我軍以力薄難進，遂退入十萬大山，此為予第五次之失敗也。欽廉計畫不成之後，予乃親率黃克強、胡漢民並法國軍官與安南同志百數十人襲取鎮南關，佔領三要塞，收其降卒，擬由此集合十萬大山之衆，而會攻龍州。不圖十萬大山之衆，以遠不能至，遂以百餘衆握據三砲臺，與龍濟光、陸榮廷等數千之衆連戰七晝夜，乃退入安南。予過諒山時為清偵探所察悉，報告清吏，後清廷與法國政府交涉，將予放逐出安南，此為予第六次之失敗也。予於離河內之際，一面令黃克強籌備再入欽廉，以圖集合該地同志，一面令黃明堂窺取河口，以圖進取雲南，以為吾黨根據之地，後克強乃以二百餘人出安南，橫行於欽廉上思一帶，轉戰數月，所向無前，敵人聞而生畏，克強之威名因以大著，後以彈盡援絕而退出，此為予第七次之失敗也。予抵星洲數月之後，黃明堂乃以百數十人襲得河口，誅邊防督辦，收其降衆千有餘人，守之以待幹部人員前往指揮。時予遠在南洋，又不能再過法境，故難以親隨前敵以指揮，乃電令黃克強前往指揮。不期黃克強行至半途，被法官疑為日本人，遂截留之而送之回河內，為清吏所悉，與法政府交涉，乃解之出境，而河口之衆，以指揮無人，失機進取。否則蒙自必為我有，而雲南府亦必無抵抗之力，觀當時雲貴總督錫良求救之電，其倉皇失措可知也。黃明堂守候月餘，人自為戰，散漫無紀，而虜四集，其數約十倍於我新集之衆，河口遂不守，而明堂率衆六百餘人退入安南，此為予第八次之失敗也。後黨人由法政府遣送出境，而往英屬星加坡。到埠之日，為英官阻難，不准登岸。駐星法領事乃與星督交涉，稱此六百餘衆，乃在河口戰敗而退入法境之革命軍，法屬政府以彼等自願來星，故送之至此云云。星督答以中國人民而與其本國政府作戰，而未得他國承認爲交戰團體者，本政府不能視爲國事犯，而祇視爲亂民，亂民入境，有違本政府之禁例，故不准登岸，而法國郵船停泊岸邊兩日，後由法屬政府表白，當河口革命戰爭之際，法政府對於兩方曾取中立態度，在事實上直等於承認革命黨之交戰團體也，故送來星加坡之黨人，不能作亂民看待等語。星政府乃准登岸，此革命失敗之後所發生之國際問題也。由黃岡至河口等役，乃同盟會幹部由予直接發動，先後六次失敗。經此六次之失敗，精衛頗爲失望，遂約合同志數人入北京，與虜酋拚命，一擊不中，與黃復生同時被執繫獄，至武昌起義後乃釋之。同盟會成立之前，其出資以助義軍者，不過予之親友中少數人耳，此外則無人敢助，亦無人肯助也。自同盟會成立後，始有向外籌資之舉矣。當時出資最勇而多者，張靜江也，傾其巴黎之店所得六七萬元盡以助餉；其出資勇而摯者，安南提岸之黃景南也，傾其一生之蓄積數千元，盡獻之軍用，誠難能可貴也。其他則有安南西貢之巨商李卓峰、曾錫周、馬培生等三人，曾各出資數萬，亦當時之未易多見者。予自連遭失敗之後，安南、日本、香港等地與中國密邇者，皆不能自由居處，則予對於中國之活動地盤已完全失卻矣。於是將國內一切計畫，委託於黃克強、胡漢民二人，而予再作漫游，專任籌款，以接濟革命之進行。後克強、漢民回香港設南方統籌機關，與趙伯先、倪映典、朱執信、陳炯明、姚雨平等謀，以廣州新軍舉事，運動既熟，擬於庚戌年正月某日發難，乃新軍中有熱度過甚之士，先一日因小事生起風潮，於是倪映典倉卒入營，親率一部分從沙河進攻省城，至橫枝岡，爲敵截擊，映典中彈被擒死，軍中無主，遂以潰散，此吾黨第九次之失敗也。時予適從美東行，至三藩市，聞敗而後，則取道檀島日本而回東方。過日本時，曾潛行登陸，隨爲警察探悉，不准留居，遂由橫濱渡濱榔嶼約伯先、克強、漢民等來會，以商捲土重來之計畫；時各同志以新敗之餘，破壞最精銳之機關，失卻最利便之地盤，加之新軍同志亡命南來者實繁有徒，招待安插，爲力已窮，而吾人住食行動之資，將虞不繼，舉目前途，衆有憂色，詢及將來計畫，莫不唏噓太息，相視無言。予乃慰以一敗何足餒，吾曩之失敗，幾爲舉世所棄，比之今日，其困難實百倍；今日吾黨雖窮，而革命之風潮已盛，華僑之思想已開，從今而後，只慮吾人之無計畫無勇氣耳，如果衆志不衰，則財用一層，予當力任設法。時各人親見濱城同志之窮，吾等亡命境地之困，日常之費，每有不給，顧安得餘資以爲活動？予再三言必可設法。伯先乃言如果欲再舉，必當立速遣人攜資數千金回國，以接濟某處之同志，免彼散去，然後圖集合再設機關以謀進行，吾等亦當繼續回香港與各方接洽。如是日內即需川資五千元，如事有可爲，則又非數十萬大款不可。予乃招集當地華僑同志會議，勗以大義。一夕之間，則醵資八千有奇。再令各同志擔任到各埠分頭勸募，數日之內，已達五六萬元，而遠地更所不計，旣有頭批的款，已可分頭進行；計畫旣定，予本擬遍遊南洋英荷各屬，乃荷屬則拒絕不許予往，而英屬及暹邏亦先後逐予出境，如是則東亞大陸之廣，南洋島嶼之多，竟無一寸爲予立足之地，予遂不得不遠赴歐美矣。到美之日，遍遊各地，勸華僑捐資以助革命，則多有樂從者矣。於是乃有辛亥三月二十九日廣州之舉。是役也，集合各省革命黨之精英，與彼虜爲最後之一搏，事雖不成，而黃花岡七十二烈士轟轟烈烈之概，已震動全球，而國內革命之時勢，實以之造成矣，此爲吾黨第十次之失敗也。

先時陳英士、宋鈍初、譚石屛、居覺生等旣受香港軍事機關之約束，謀爲廣州應援，廣州旣一敗再敗，乃轉謀武漢。武漢新軍，自予派法國武官聯絡之後，革命思想，日日進步，早已成熟，無如清吏防範亦日益加嚴，而端方調兵入川，湖廣總督瑞澂則以最富於革命思想之一部分交端方調遣，所以然者，蓋欲弭患於未然也。然自廣州一役之後，各省已風聲鶴唳，草木皆兵，而清吏皆盡入恐慌之地，而尤以武昌爲甚。故瑞澂先與英國領事相約，請彼調兵船入武漢，倘有革命黨起事，則開砲轟擊。時已一日數驚，而孫武、劉公等積極進行，而軍中亦躍躍欲動，忽而機關破壞，拿獲三十餘人，時胡英尚在武昌獄中，聞耗，即設法止陳英士等勿來，而砲兵與工程等營兵士已多投入革命黨者，聞彼等名冊已被搜獲，明日則必拿人等語，於是迫不及時，爲自存計，熊秉坤首先開槍發難，而蔡濟民等率衆進攻，開砲轟擊督署。瑞澂聞砲，立逃漢口，請某領事如約開砲攻擊，以庚子條約，一國不能自由行動，乃開領事團會議，初意欲得多數表決即行開砲攻擊以平之。各國領事對於此事，皆無成見，惟法國領事羅氏，乃予舊交，悉革命內容。時武昌之起事第一日，則揭櫫吾名，稱予命令而發難者。法領事於會議席上，乃力言孫逸仙派之革命黨乃改良政治爲目的，決非無意識之暴舉，不能以義和團一例看待而加干涉也。時領袖領事爲俄國，俄領事與法領事同取一致之態度，於是各國多贊成之，乃決定不加干涉，而並出宣布中立之布告。瑞澂見某領事失約，無所倚恃，乃逃上海，總督一逃，而張彪亦走，清朝方面，已失其統馭之權，秩序大亂矣。然革命黨方面，孫武以造炸藥誤傷未愈，劉公謙讓未遑，上海人員又不能到，於是同盟會會員蔡濟民、張振武等，乃迫黎元洪出而擔任湖北都督，然後秩序漸復。厥後黃克強等乃到，此時湘鄂之見已萌，而號令已不能統一矣。按武昌之成功，乃成於意外，其主因則在瑞澂一逃，倘瑞澂不逃，則張彪斷不走，彼之統馭必不失，秩序必不亂也。以當時武昌之新軍，其贊成革命者之大部分，已由端方調往四川，其尚留武昌者，只砲兵及工程營之部分耳。其他留武昌之新軍，尚屬毫無成見者也。乃此小部分以機關破壞而自危，決冒險以成功，成敗在所不計，初不意一擊而中也，此殆天心助漢而亡胡者歟？武昌旣稍能久支，則所欲救武漢而促革命之成功者，不在武昌之一著，而在各省之響應也。吾黨之士，皆能見及此，故不約而同，各自爲戰，不數月而十五省皆光復矣。時響應之最有力而影響於全國最大者，厥爲上海。英士在此積極進行，故漢口一失，英士則能取上海以抵之，由上海乃能窺取南京。後漢陽一失，吾黨又得南京以抵之，革命之大局因以益振，則上海英士一木之支者，較他著尤多也。武昌起義之次夕，予適行抵美國哥羅拉多省典華城。十餘日前，在途中已接到黃克強在香港發來一電，因行李先運送至此地，而密電碼則置於其中，故途上無由譯之。是夕抵埠，乃由行李檢出密碼，而譯克強之電，其文曰：「居正從武昌到港，報告新軍必動，請速匯款應急」等語。時予在典華，思無法可得款，隨欲擬電覆之令勿動，惟時已入夜，予終日在車中體倦神疲，思慮紛亂乃止，欲於明朝睡醒精神清爽時再詳思審度而後覆之，乃一睡至翌日午前十一時，起後覺饑，先至飯堂用膳，道經迴廊報館，便購一報攜入飯堂閱看，坐下一展報紙，則見電報一段曰：「武昌爲革命黨占領。」是我心中躊躇未決之覆電，已爲之冰釋矣。乃擬電致克強，申說覆電延遲之由，及予以後之行蹤，遂起程赴美東，時予本可由太平洋潛回，則二十餘日可到上海，親與革命之戰以快生平，乃以此時吾盡力於革命事業者，不在疆場之上，而在樽俎之間，所得效力爲更大也。故決意先從外交方面致力，俟此問題解決而後回國，按當時各國情形，美國政府對於中國則取門戶開放機會均等領土保全，而對於革命則尙無成見，而美國輿論則大表同情於我；法國則政府民間之對於革命皆有好意；英國則民間多表同情，而政府之對中國政策，則惟日本之馬首是瞻；德俄兩國當時之趨勢，則多傾向於淸政府，而吾黨之與彼政府民間皆向少交際，故其政策無法轉移；惟日本則與中國最密切，而其民間志士不獨表同情於我，且向有捨身出力以助革命者，惟其政府之方針實在不可測，按之往事，彼曾一次逐予出境，一次拒我之登陸，則其對於中國之革命事業可知。但以庚子條約之後，彼一國不能在中國單獨自由行動。要而言之，列強之與中國最有關係者有六焉：美、法二國，則當表同情革命者也；德、俄二國，則當反對革命者也；日本則民間表同情而其政府反對者也；英國則民間同情而其政府未定者也。是故吾之外交關鍵，可以舉足輕重於我成敗存亡所繫者，厥爲英國；倘英國右我，則日本不能爲患

原著選讀

上李鴻章書

（一八九四年）

太傅爵中堂鈞座：

敬稟者：竊文籍隸粵東，世居香邑，曾於香港考授英國醫士。幼嘗游學外洋，於泰西之語言文字，政治禮俗，與夫天算地輿之學，格物化學之理，皆略有所窺，而尤留心於其富國強兵之道，化民成俗之規；至於時局變遷之故，睦鄰交際之宜，輒能洞其竅奧。當今風氣日開，四方畢集，正值國家勵精圖治之時，朝廷勤求政理之日，每欲以管見所知，指陳時事，上諸當道，以備芻蕘之採。嗣以人微言輕，未敢遽達。比見國家奮籌富強之術，月異日新，不遺餘力，駸駸乎將與歐洲並駕矣。快艦、飛車、電郵、火械，昔日西人之所恃以淩我者，我今日亦已有之，其他新法亦接踵舉行。則凡所以安內攘外之大經，富國強兵之遠略，在當局諸公已籌之稔矣。又有軺車四出，則外國之一舉一動，亦無不週知。草野小民，生逢盛世，惟有遜聽歡呼、聞風鼓舞而已，夫復何所指陳？然而猶有所言者，正欲乘可爲之時，以竭其愚夫之千慮，仰贊高深於萬一也。

竊嘗深維歐洲富強之本，不盡在於船堅砲利，壘固兵強，而在於人能盡其才，地能盡其利，物能盡其用，貨能暢其流。此四事者，富強之大經，治國之大本也。我國家欲恢擴宏圖，勤求遠略，仿行西法以籌自強，而不急於此四者，徒惟堅船利砲之是務，是捨本而圖末也。

所謂人能盡其才者，在教養有道，鼓勵有方，任使得法也。

夫人不能生而知之，必待學而後知，人不能皆好學，必待教而後學，故作之君，作之師，所以教養之也。自古教養之道，莫備於中華，惜日久廢弛，庠序亦僅存其名而已。泰西諸邦崛起近世，深得三代之遺風，庠序學校遍佈國中，人無貴賤皆奮於學。凡天地萬物之理，人生日用之事，皆列於學之中，使通國之人，童而習之，各就性質之所近而肆力焉。又各設有專師，津津啓導，雖理至幽微，事至奧妙，皆能有法以曉喻之，有器以窺測之。其所學由淺而深，自簡及繁，故人之靈明日廓，智慧日積也。質有愚智，非學無以別其才；才有全偏，非學無以成其用。有學校以陶冶之，則智者進焉；愚者止焉，偏才者專焉，全才者普焉。蓋賢才之生，或千里百里而見一，或千萬人而有一，若非隨地隨人而施教之，則賢才亦以無學而自廢，以至於湮沒而不彰。泰西人才之衆多者，有此教養之道也。

且人之才志不一，其上焉者，有不徒苟生於世之心，則雖處布衣而以天下爲己任，此其人必能發奮爲雄，卓異自立，無待乎勉勗也，所謂「豪傑之士不待文王而後興也」。至中焉者，端賴乎鼓勵以方，故泰西之士，雖一才一藝之微，而國家必寵以科名，是故人能爲奮，士不虛生。逮至學成名立之餘，出而用世，則又有學會以資其博，學報以進其益，萃全國學者之能，日稽考於古人之所已知，推求乎今人之所不逮，翻陳出新，開世人無限之靈機，闡天地無窮之奧理，則士處其間，豈復有孤陋寡聞者哉？又學者倘能窮一新理，創一新器，必邀國家之上賞，則其國之士，豈有不專心致志者哉？此泰西各種學問所以日新月異而歲不同，幾於奪造化疑鬼神者，有此鼓勵之方也。

今使人於所習非所用，所用非所長，則雖智者無以稱其職，而巧者易以飾其非。如此用人，必致野有遺賢，朝多倖進。泰西治國之規，大有唐虞之用意，其用人也，務取所長而久其職。故爲文官者，其途必由仕學院，爲武官者，其途必由武學堂，若其他，文學淵博者爲士師，農學熟悉者爲農長，工程達練者爲監工，商情講習者爲商董，皆就少年所學而任其職。總之，凡學堂課此一業，則國家有此一官，幼而學者即壯之所行，其學而優者則能仕，且恪守一途，有陞遷而無更調。夫久任則閱歷深，習慣則智巧出，加之厚其養廉，永其俸祿，則無瞻顧之心，而能專一其志。此泰西之官無苟且、吏盡勤勞者，有此任使之法也。

故教養有道，則天無枉生之才；鼓勵以方，則野無鬱抑之士；任使得法，則朝無倖進之徒。斯三者不失其序，則人能盡其才矣；人既盡其才，則百事俱舉；百事俱舉矣，則富強不足謀也。秉國鈞者，盍於此留意哉！

所謂地能盡其利者，在農政有官，農務有學，耕耨有器也。

夫地利者，生民之命脈。自后稷教民稼穡，我中國之農政古有專官。乃後世之爲民牧者，以爲三代以上，民間養生之事未備，故能生民能養民者爲善政；三代以下，民間養生之事已備，故聽民自生自養，而不再擾之，便爲善政。此中國今日農政之所以日就廢弛也。農民只知恆守古法，不思變通，墾荒不力，水利不修，遂致勞多而獲少，民食日艱。水道河渠，昔之所以利農田者，今轉而爲農田之害矣。如北之黃河，固無論矣，即如廣東之東、西、北三江，於古未嘗有患，今則爲患年甚一年。推之他省；亦比比如是。此由於無專責之農官以理之，農民雖患之而無如何，欲修之而力不逮，不得不付之於茫茫之定數而已。年中失時傷稼，通國計之，其數不知幾千億兆，此其耗於水者固如此其多矣。其他荒地之不闢，山澤之不治，每年遺利又不知凡幾。所謂地有遺利，民有餘力，生穀之土未盡墾，山澤之利未盡出也。如此而欲致富，亦不難乎！泰西國家深明致富之大源，在於無遺地利，無失農時，故特設專官，經略其事，凡有利於農田者無不興，有害於農田者無不除。如印度之恆河，美國之密士，其昔汎濫之患亦不亞於黃河，而卒能平治之者，人事未始不可以補天工也。有國家者，可不急設農官以勸其民哉！

水患平矣，水利興矣，荒土闢矣，而猶不能謂之地無遺利而生民養民之事備也，蓋人民則日有加多，而土地不能以日廣也。倘不日求進益，日出新法，則荒土既墾之後，人民之溢於地者，不將又有飢饉之患乎？是在急興農學，講求樹畜，速其長植，倍其繁衍，以彌此憾也。夫天生人爲萬物之靈，故備萬物爲之用，而萬物固無窮也，在人之靈能取之用之而已。夫人不能以土養，而土可生五穀百果以養人，人不能以草食，而草可長六畜以爲人食。夫土也、草也，固取不盡而用不竭者也，是在人能考土性之所宜，別土質之美劣而已。倘若明其理法，則能反磽土爲沃壤，化瘠土爲良田，此農家之地學、化學也。別種類之生機，分結實之厚薄，察草木之性質，明六畜之生理，則繁衍可期而人事得操其權，此農家之植物學、動物學也。日光能助物之生長，電力能速物之成熟，此又農家之格物學也。蠹蝕宜防，疫癘宜避，此又農家之醫學也。農學既明，則能使同等之田產數倍之物，是無異將一畝之田變爲數畝之用，即無異將一國之地廣爲數國之大也。如此，則民雖增數倍，可無飢饉之憂矣，此農政學堂所宜亟設也。

農官既設，農學既興，則非有巧機無以節其勞，非有靈器無以速其事，此農器宜講求也。自古深耕易耨，皆藉牛馬之勞，乃近世製器日精，多此器代牛馬之用，以其費力少而成功多也。如犂田，則一器能作數百牛馬之工，起水，則一器能灌千頃之稻，收穫，則一器能當數百人之刈。他如鑿井濬河，非機無以濟其事，墾荒伐木，有器易以收其功。機器之於農，其用亦大矣哉。故泰西創器之家，日竭靈思，孜孜不已，則異日農器之精，當又有過於此時者矣。我中國宜購其器而仿製之。

故農政有官則百姓勤，農務有學則樹畜精，耕耨有器則人力省，此三者，我國所當仿效以收其地利也。

所謂物能盡其用者，在窮理日精，機器日巧，不作無益以害有益也。

泰西之儒以格致爲生民根本之務，捨此則無以興物利民，由是孜孜然日以窮理致用爲事。如化學精，凡動植礦質之物，昔人已知其用者，固能廣而用之，昔人未知用者，今亦考出以爲用。火油也，昔棄置如遺，今爲日用之需要，每年入口爲洋貨之一大宗。煤液也，昔日視爲無用，今可煉爲藥品，煉爲顏料。又煮沙以作玻璃，化土以取礬精，煉石以爲田料，諸如此類，不勝縷書。此皆從化學之理而得收物之用，年中不知裕幾許財源，我國倘能推而依之，亦致富之一大經也。格致之學明，則電風水火皆爲我用，以風動輪而代人工，以水沖機而省煤力，壓力相吸而升水，電性相感而生光，此猶其小焉者也。至於火作汽以運舟車，雖萬馬所不能及，風潮所不能當；電氣傳郵，頃刻萬里，此其用爲何如哉！然而物之用更有不止於此者，在人能窮求其理，理愈明而用愈廣。如電，無形無質，似物非物，其氣附於萬物之中，運乎六合之內，其爲用較萬物爲最廣而又最靈，可以作燭，可以傳郵，可以運機，可以毓物，可以開礦。顧作燭、傳郵已大行於宇內，而運機之用近始知之，將來必盡棄其煤機而用電力也。毓物開礦之功，尙未大明，將來亦必有智者究其理，則生五穀，長萬物，取五金，不待天工而由人事也。然而取電必資乎力，而發力必藉乎煤，近又有人想出辦法，用瀑布之水力以生電，以器畜之，可待不時之用，可供隨地之需，此又取之無盡，用之不竭者也。由此而推，物用愈求則人力愈省，將來必至人只用心，不事勞人力而全役物力矣。此理有固然，事所必至也。

機器巧，則百藝興，製作盛，上而軍國要需，下而民生日用，皆能日就精良而省財力，故作人力所不作之工，成人事所不成之物。如五金之礦，有機器以開，則碎堅石如齏粉，透深井以吸泉，得以闢天地之寶藏矣。織造有機，則千萬人所作之工，半日可就。至繅廢絲，織絨呢，則化無用爲有用矣。機器之大用不能遍舉。我中國地大物博，無所不具，倘能推廣機器之用，則開礦治河易收成效，紡紗織布有以裕民。不然，則大地之寶藏，全國之材物，多有廢棄於無用者，每年之耗不知凡幾。如是，而國安得不貧，而民安得不瘠哉！謀富國者，可不講求機器之用歟。

物理講矣，機器精矣，若不節惜物力，亦無以固國本而裕民生也。故泰西之民，鮮作無益。我中國之民，俗尙鬼神，年中迎神賽會之舉，化帛燒紙之資，全國計之，每年當在數千萬。此以有用之財作無益之事，以有用之物作無用之施。此冥冥一大漏卮，其數較鴉片爲尤甚，亦有國者所當並禁也。

夫物也者，有天生之物，有地產之物，有人成之物。天生之物如光、熱、電者，各國之所共，在窮理之淺深以爲取用之多少。地產者如五金、百穀，各國所自有，在能善取而善用之也。人成之物，則係於機器靈笨與人力之勤惰。故窮理日精則物用呈，機器日巧則成物多，不作無益則物力節，是亦開財源節財流之一大端也。

所謂貨能暢其流者，在關卡之無阻難，保商之有善法，多輪船鐵道之載運也。

夫百貨者，成之農工而運於商旅，以此地之羸餘濟彼方之不足，其功亦不亞於生物成物也。故泰西各國體恤商情，只抽海口之稅，只設入國之關。貨之爲民生日用所不急者重其稅，貨之爲民生日用所必需者輕其歛。入口抽稅之，則全國運行，無所阻滯，無再納之徵，無再過之卡。此其百貨暢流，商賈雲集，財源日裕，國勢日強也。中國則不然，過省有關，越境有卡，海口完納，又有補抽，處處歛徵，節節阻滯，是奚異遍地風波，滿天荆棘。商賈爲之裹足，負販從而怨嗟。如此而欲百貨暢流也，豈不難乎！夫販運者，亦百姓生財之一大道也。百姓足，君孰與不足？百姓不足，君孰與足？以今日關卡之濫徵，吏胥之多弊，商賈之怨毒，誠不能以此終古也，徒削平民之脂膏，於國計民生初無所裨。謀富強者，宜急爲留意於斯，則天下幸甚！

夫商賈逐什一之利，別父母，離鄉井，多爲飢寒所驅，經商異地，情至苦，事至艱也。若國家不爲體恤，不爲保護，則小者無以覓蠅頭微利，大者無以展鴻業遠圖。故泰西之民出外經商，國家必設兵船、領事爲之護衛，而商亦自設保局銀行，與相倚恃。國政與商政並興，兵餉與商財爲表裏。故英之能傾印度，扼南洋，奪非洲，併澳土者，商力爲之也。蓋兵無餉則不行，餉非商則不集。西人之虎視寰區，憑凌中夏者，亦商爲之也。是故商者，亦一國富強之所關也。我中國自與西人互市以來，利權皆爲所奪者，其故何哉？以彼能保商，我不能保商，而反剝損遏抑之也。商不見保則貨不流，貨物不流則財源不聚，是雖地大物博，無益也，以其以天生之材爲廢材，人成之物爲廢物，則更何貴於多也。數百年前，美洲之地猶今日之地，何以今富而昔貧？是貴有商焉爲之經營、爲之轉運也。商之能轉運者，有國家爲之維持保護也。謀富強者，可不急於保商哉。

夫商務之能興，又全恃舟車之利便。故西人於水，則輪船無所不通，五洋四海恍若戶庭，萬國九洲儼同闤闠，闢窮荒之絕島以立商廛，求上國之名都以爲租界，集殊方之貨實，聚列國之商氓，此通商之埠所以貿易繁興、財貨山積者，有輪船爲之運載也。於陸，則鐵道縱橫，四通八達，凡輪船所不至，有輪車以濟之，其利較輪船爲尤溥，以無波濤之險，無礁石之虞。數十年來，泰西各國，雖山僻之區，亦行鐵軌，故其貨物能轉輸利便，運接靈速，遇一方困乏，四境濟之，雖有荒旱之災，而無饑饉之患。故有鐵路之邦，則全國四通八達，流行無滯，無鐵路之國，動輒掣肘，比之癱瘓不仁。地球各邦今已視鐵路爲命脈矣，豈特便商賈之載運而已哉。我國家亦恍然於輪船鐵路之益矣，故沿海則設招商之輪船，於陸則興官商之鐵路。但輪船只行於沿海大江，雖足與西人頡頏而收我利權，然不多設於支河內港，亦不能暢我貨流、便我商運也。鐵路先通於關外，而不急於繁富之區，則無以收一時之利，而爲後日推廣之圖，必也設於繁富之區，如粵港、蘇滬、津通等處，路一成而效立見，可以利轉輸，可以勵富戶，則繼之以推廣者，商股必多，而國家亦易爲力。試觀南洋英屬諸埠，其築路之資之大半，爲華商集股，利之所在，人共趨之。華商何厚於英屬而薄於宗邦？是在謀國者有以乘勢而利導之而已。此招商興路之扼要也。故無關卡之阻難，則商賈願出於其市；有保商之善法，則股富亦樂於貿遷；多輪船鐵路之載運，則貨物之盤費輕。如此，而貨有不暢其流者乎？貨流既暢，則財源自足矣。籌富國者，當以商務收其效也。不然，徒以聚歛爲工，捐納爲計，吾未見其能富也。

夫人能盡其才則百事興，地能盡其利則民食足，物能盡其用則材力豐，貨能暢其流則財源裕。故曰：此四者，富強之大經，治國之大本也。四者既得，然後修我政理，宏我規模，治我軍實，保我藩邦，歐洲其能匹哉。

顧我中國仿效西法，於今已三十年，育人才則有同文、方言各館，水師、武備諸學堂；裕財源則闢煤金之礦，立紡織製造之局；興商務則招商輪船，開平鐵路，已後先輝映矣，而猶不能與歐洲頡頏者，其故何哉？以不能舉此四大綱而舉國並行之也。間嘗統籌全局，竊以中國之人民材力，而能步武泰西，參行新法，其時不過二十年，必能駕歐洲而上之，蓋謂此也。試觀日本一國，與西人通商後於我，仿效西方亦後於我，其維新之政爲日幾何，而今日成效已大有可觀，以能舉此四大綱而舉國行之，而無一人阻之。夫天下之事，不患不能行，而患無行之人。方今中國之不振，固患於能行之人少，而尤患不知之人多。夫能行之人少，尙可借材異國以代爲之行，不知之人多，則雖有人能代行，而不知之輩必竭力以阻撓。此昔日國家每舉一事，非格於成例、輒阻於群議者，此中國之極大病源也。

竊嘗聞之，昔我中堂經營乎海軍鐵路也，嘗脣爲之焦，舌爲之敝，苦心勞慮數十餘年，然後成此北洋之一軍，津關之一路。夫以中堂之勳名功業，任寄股肱，而又和易同衆，行之尙如此其艱，其他可知矣。中國有此膏肓之病而不能除，則雖堯舜復生，禹皐佐治，無能爲也，更何期其效於二十年哉？此志士之所以灰心，豪傑之所以扼腕，文昔日所以欲捐其學而匿跡於醫術者，殆爲此也。然而天道循環，無往不復，人事否泰，窮極則通，猛劑遽投，膏肓漸愈。逮乎法釁告平之後，士大夫多喜談洋務矣，而拘迂自囿之輩，亦頗欲馳域外之觀，此風氣之變革，亦強弱之轉機。近年以來，一切新政次第施行，雖四大之綱不能齊舉，然而爲之以漸，其發軔於斯乎？此文今日之所以望風而興起也。

竊維我中堂自中興而後，經略南北洋，孜孜然以培育人才爲急務。建學堂，招俊秀，聘西師而督課之，費巨款而不惜。遇有一藝之成，一技之巧，則獎勵倍加，如獲異寶。誠以治國經邦，人才爲急，心至苦而事至盛也。嘗以無緣沾雨露之濡，叨桃李之植，深用爲憾。顧文之生二十有八年矣，自成童就傅以至於今，未嘗離學，雖未能爲八股以博科名，工章句以邀時譽，然於聖賢六經之旨，國家治亂之源，生民根本之計，則無時不往復於胸中；於今之所謂西學者概已有所涉獵．而所謂專門之學亦已窮求其一矣。推中堂育才愛士之心，揆國家時勢當務之急，如文者亦當在陶冶而收用之列，故不自知其駑下而敢求知於左右者，蓋有慨乎大局，蒿目時艱，而不敢以巖穴自居也。所謂乘可爲之時，以竭愚夫之千慮，用以仰贊高深，非欲徒撰空言以瀆清聽，自附於干謁者流，蓋欲躬行而實踐之，必求澤沛乎萬民也。

竊維今日之急務，固無逾於此四大端，然而條目工夫不能造次，舉措施佈各有緩急。雖首在陶冶人才，而舉國並興學校，非十年無以致其功，時勢之危急恐不能少須。何也？蓋今日之中國已大有人滿之患矣，其勢已岌岌不可終日。上則士途壅塞，下則游手而嬉，嗷嗷之衆，何以安此？明之闖賊，近之髮匪，皆乘饑饉之餘，因人滿之勢，遂至潰裂四出，爲毒天下。方今伏莽時聞，災荒頻見，完善之地已形覓食之艱，凶祲之區難免流離之禍，是豐年不免於凍餒，而荒歲必至於死亡。由斯而往，其勢必至日甚一日，不急挽救，豈能無憂？夫國以民爲本，民以食爲天，不足食胡以養民？胡以立國？是在先養而後教，此農政之興尤爲今日之急務也。且農爲我中國自古之大政，故天子有親耕之典以勸萬民，今欲振興農務，亦不過廣我故規，參行新法而已。民習於所知，雖有更革，必無傾駭，成效一見，爭相樂從，雖舉國遍行，爲力尚易，爲時亦速也。且令天下之人皆知新法之益，如此，則踵行他政，必無撓格之虞，其益固不止一端也。

竊以我國家自欲行西法以來，惟農政一事未聞仿效，派往外洋肄業學生，亦未聞有入農政學堂者，而所聘西儒，亦未見有一農學之師，此亦籌富強之憾事也。文遊學之餘，兼涉樹藝，泰西農學之書，間嘗觀覽，於考地質、察物理之法，略有所知，每與鄉間老農談論耕植，嘗教之選種之理，糞溉之法，多有成效。文鄉居香山之東，負山瀕海，地多砂磧，土質磽劣，不宜於耕，故鄉之人多遊賈於四方，通商之後，頗稱富饒。近年以美洲逐客，檀島禁工，各口茶商又多虧折，鄉間景況大遜曩時，覓食農民尤爲不易。文思所以廣其農利，欲去禾而樹桑，遂爲考核地質，知其頗不宜於種桑，而甚宜於波畢。近以憤於英人禁煙之議難成，遂勸農栽鴉片，舊歲於農隙試之，其漿果與印度公土無異，每畝可獲利數十金。現已群相仿效，家家試栽，今冬農隙所種必廣，此無礙於農田而有補於漏巵，亦一時權宜之計也。他日盛行，必能盡奪印煙之利，蓋其氣味較公土爲尤佳，迥非川滇各土之可比。去冬所產數斤，凡嗜阿芙蓉之癖者爭相購吸，以此決其能奪印煙之利也必矣。印煙之利既奪，英人可不勉而自禁，英國既禁，我可不栽，此時而申禁吸之令，則百年大患可崇朝而滅矣。勸種罌粟，實禁鴉片之權輿也。由栽煙一事觀之，則知農民之見利必趨，群相仿效，到處皆然，是則農政之興，甚易措手。其法先設農師學堂一所，選好學博物之士課之，三年有成，然後派往各省，分設學堂，以課農家聰穎子弟。又每省設立農藝博覽會一所，與學堂相表裏，廣集各方之物產，時與老農互相考證，此辦法之綱領也。至其詳細節目，當另著他編，條分縷晰，可以坐言而起行，所謂非欲徒託空言者此也。文之先人躬耕數代，文於樹藝牧畜諸端，耳濡目染，洞悉奧窔；泰西理法亦頗有心得。至各國土地之所宜，種類之佳劣，非遍歷其境未易週知。文今年擬有法國之行，從游其國之蠶學名家，考究蠶桑新法，醫治蠶病，並擬順道往游環球各邦，觀其農事。如中堂有意以興農政，則文於回華後可再行游歷內地、新疆、關外等處，察看情形，何處宜耕，何處宜蠶，詳明利益，盡仿西法，招民開墾，集商舉辦，此與國計民生大有裨益。所謂欲躬行實踐，必求澤之沾沛乎民人者此也。惟深望我中堂有以玉成其志而已。

伏維我中堂佐治以來，無利不興，無弊不革，艱鉅險阻，尤所不辭。如籌海軍鐵路之難，尚毅然而成之，況於農桑之大政，爲生民命脈之所關，且無行之之難，又有行之之人，豈尙有一爲者乎？用敢不辭冒昧，侃侃而談，爲生民請命，伏祈採擇施行，天下幸甚。

肅此具稟，恭叩鈞綏。伏維垂鑒。

文謹稟

原著選讀

中國國民黨第一次全國代表大會宣言

（一九二四年一月二十三日）

一　中國之現狀

中國之革命，發軔於甲午以後，盛於庚子，而成於辛亥，卒顛覆君政。夫革命非能突然發生也。自滿洲入據中國以來，民族間不平之氣，抑鬱已久。海禁既開，列強之帝國主義，如怒潮驟至，武力的掠奪與經濟的壓迫，使中國喪失獨立，陷於半殖民地之地位。滿洲政府既無力以禦外侮，而鉗制家奴之政策，且行之益厲，適足以側媚列強。吾黨之士，追隨本黨總理孫先生之後，知非顛覆滿洲，無由改造中國，乃奮然而起，爲國民前驅；激進不已，以至於辛亥，然後顛覆滿洲之舉，始告厥成。故知革命之目的，非僅僅在於顛覆滿洲而已，乃在於滿洲顛覆以後，得從事於改造中國。依當時之趨向，民族方面，由一民族之專橫宰制，過渡於諸民族之平等結合；政治方面，由專制制度過渡於民權制度；經濟方面，由手工業的生產過渡於資本制度的生產。循是以進，必能使半殖民地的中國，變而爲獨立的中國，以屹然於世界。

然而當時之實際，乃適不如所期，革命雖號成功，而革命政府所能實際表現者，僅僅爲民族解放主義。曾幾何時，已爲情勢所迫，不得已而與反革命的專制階段謀妥協，此種妥協，實間接與帝國主義相調和，遂爲革命第一次失敗之根源。夫當時代表反革命的專制階級者，實爲袁世凱，其所挾持之勢力，初非甚強，而革命黨人乃不能勝之者，則爲當時欲竭力避免國內戰爭之延長，且尙未能獲一有組織、有紀律、能了解本身之職任與目的之政黨故也。使當時而有此政黨，則必能抵制袁世凱之陰謀，以取得勝利，而必不致爲其所乘。夫袁世凱者，北洋軍閥之首領，時與列強相勾結，一切反革命的專制階級，如武人官僚輩，皆依附之以求生存，而革命黨人乃以政權讓渡於彼，其致失敗，又何待言。

袁世凱既死，革命之事業仍屢遭失敗，其結果使國內軍閥暴戾恣睢，自爲刀俎，而以人民爲魚肉，一切政治上民權主義之建設，皆無可言。不特此也，軍閥本身與人民利害相反，不足以自存，故凡爲軍閥者，莫不與列強之帝國主義發生關係。所謂民國政府，已爲軍閥所控制，軍閥即利用之，結歡於列強，以求自固。而列強亦即利用之，資以大借款，充其軍費，使中國內亂糾紛不已，以攫取利權，各佔勢力範圍。由此點觀測，可知中國內亂，實有造於列強，列強在中國利益相衝突，乃假手於軍閥，殺吾民以求逞。不特此也，內亂又足以阻滯中國實業之發展，使國內市場充斥外貨。職是之故，中國之實業，即在中國境內，猶不能與外國資本競爭。其爲禍之酷，不止吾國人政治上之生命爲之剝奪，即經濟上之生命亦爲之剝奪無餘矣。試環顧國內，自革命失敗以來，中等階級頻經激變，尤爲困苦；小企業家漸趨破產，小手工業家漸致失業，淪爲游氓，流爲兵匪；農民無力以營本業，以其土地廉價售人，生活日以昂，租稅日以重。如是慘狀，觸目皆是，猶得不謂已瀕絕境乎？

由是言之，自辛亥革命以後，以迄於今，中國之情況，不但無進步可言，且有江河日下之勢。軍閥之專橫，列強之侵蝕，日益加厲，令中國深入半殖民地之泥犂地獄。此全國人民所爲疾首蹙額，而有識者所以徬徨日夜，急欲爲全國人民求一生路者也。

然所謂生路者果如何乎？國內各黨派以至於個人暨外國人，多有擬議及此者，試簡單歸納各種擬議，以一評騭其當否，而分述於下：

一曰立憲派。此派之擬議，以爲今日中國之大患，在於無法，苟能藉憲法以謀統一，則分崩離析之局，庶可收拾。曾不思憲法之所以能有效力，全恃民衆之擁護，假使只有白紙黑字之憲法，決不能保證民權，俾不受軍閥之摧殘。元年以來，嘗有約法矣，然專制餘孽、軍閥官僚，僭竊擅權，無惡不作，此輩一日不去，憲法即一日不生效力，無異廢紙，何補民權！邇者，曹錕以非法行賄，尸位北京，亦嘗藉所謂憲法以爲文飾之具矣，而其所爲，乃與憲法若風馬牛不相及。故知推行憲法之先決問題，首先在民衆之能擁護憲法與否，捨本求末，無有是處。不特此也，民衆果無組織，雖有憲法，即民衆自身亦不能運用之，縱無軍閥之摧殘，其爲具文自若也。故立憲派只知求憲法，而絕不顧及將何以擁護憲法，何以運用憲法，即可知其無組織、無方法、無勇氣以爲憲法而奮鬥。憲法之成立，唯在列強及軍閥之勢力顚覆之後耳。

二曰聯省自治派。此派之擬議，以爲造成中國今日之亂象，由於中央政府權力過重，故當分其權力於各省；各省自治已成，則中央政府權力日削，無所恃以爲惡也。曾不思今日北京政府之權力，初非法律所賦予、人民所承認，乃由大軍閥攘奪而得之。大軍閥旣挾持暴力以把持中央政府，復利用中央政府以擴充其暴力。吾人不謀所以毀滅大軍閥之暴力，使不得挾持中央政府以爲惡，乃反欲藉各省小軍閥之力，以謀削減中央政府之權能，是何爲耶？推其結果，不過分裂中國，使小軍閥各佔一省，自謀利益，以與挾持中央政府之大軍閥相安於無事而已，何自治之足云！夫眞正的自治，誠爲至當，亦誠適合於民族之需要與精神；然此等眞正的自治，必待中國全體獨立之後，始能有成。中國全體尚未能獲得自由，而欲一部分先能獲得自由，豈可能耶？故知爭回自治之運動，決不能與爭回民族獨立之運動分道而行。自由之中國之內，始能有自由之省。一省之內，所有經濟問題、政治問題、社會問題，惟有於全國之規模中始能解決。則各省眞正自治之實現，必在全國國民革命勝利之後，亦已顯然，願國人一思之也。

三曰和平會議派。國內苦戰爭久矣，和平會議之說，應之而生。提倡而贊和者，中國人有然，外國人亦有然。果能循此道而得和平，寧非國人之所望，無如其不可能也。何則？構成中國之戰禍者，實爲互相角立之軍閥，此互相角立之軍閥，各顧其利益，矛盾至於極端，已無調和之可能。即使可能，亦不過各軍閥之聯合，尚不得謂爲國家之統一也，民衆果何需於此乎？此等和平會議之結果，必無以異於歐戰議和所得之結果。列強利益相衝突，使歐洲各小國不得和平統一；中國之不能統一，亦此數國之利益爲之梗也。至於知調和之不可能，而惟冀各派之勢力保持均衡，使不相衝突，以苟安於一時者，則更爲夢想。何則？蓋事實上不能禁軍閥中之一派不對於他派而施以攻擊，且凡屬軍閥，莫不擁有傭軍，推其結果，不能不出於戰爭，出於掠奪。蓋掠奪於鄰省，較之掠奪於本省爲尤易也。

四曰商人政府派。爲此說者，蓋鑒於今日之禍，由軍閥官僚所造成，故欲以資本家起而代之也。雖然，軍閥官僚所以爲民衆厭惡者，以其不能代表民衆也；商人獨能代表民衆利益乎？此當知者一也。軍閥政府託命於外人，而其惡益著，民衆之惡之亦益深；商人政府若亦託命於外人，則亦一邱之貉而已，此所當知者二也。故吾人雖不反對商人政府，而吾人之要求則在於全體平民自己組織政府，以代表全體平民之利益，不限於商界。且其政府必爲獨立的不求助於外人，而惟恃全體平民自己之意力。

如上所述，足知各種擬議，雖或出於救國之誠意，然終爲空談；其甚者則本無誠意而徒出於惡意的譏評而已。

吾國民黨則夙以國民革命、實行三民主義爲中國唯一生路，茲綜觀中國之現狀，益知進行國民革命之不可懈。故再詳闡主義，發布政綱，以宣告全國。

二　國民黨之主義

國民黨之主義維何？即孫先生所提倡之三民主義是已。本此主義以立政綱，吾人以爲救國之道，捨此末由。國民革命之逐步進行皆當循此原則。此次毅然改組，於組織及紀律特加之意，即期於使黨員各盡所能，努力奮鬥，以求主義以貫徹。去年十一月二十五日孫先生之演說，及此次大會孫先生對於中國現狀及國民黨改組問題之演述，言之綦詳。茲綜合之，對於三民主義爲鄭重之闡明。蓋必瞭然於主義之眞釋，然後對於中國之現狀而謀救濟之方策，始得有所依據也。

(一) 民族主義。國民黨之民族主義，有兩方之意義：一則中國民族自求解放；二則中國境內各民族一律平等。

第一方面。國民黨之民族主義，其目的在使中國民族得自由獨立於世界。辛亥以前，滿洲以一民族宰制於上，而列強之帝國主義，復從而包圍之，故當時民族主義之運動，其作用在脫離滿洲之宰制政策與列強之瓜分政策。辛亥以後，滿洲之宰制政策，已爲國民運動所摧毀，而列強之帝國主義則包圍如故，瓜分之說，變爲共管，易言之，武力之掠奪，變爲經濟的壓迫而已，其結果足使中國民族失其獨立與自由則一也。國內之軍閥，既與帝國主義相勾結，而資產階級亦眈眈然欲起而分其餕餘，故中國民族政治上、經濟上皆日即於憔悴。國民黨人因不得不繼續努力，以求中國民族解放，其所恃爲後盾者，實爲多數之民衆，若知識階級，若農夫，若工人，若商人是已。蓋民族主義，對於任何階級，其意義皆不外免除帝國主義之侵略。其在實業界，苟無民族主義，則列強之經濟的壓迫，致自國生產永無發展之可能。其在勞動界，苟無民族主義，則依附帝國主義而生存之軍閥及國內外之資本家，足以蝕其生命而有餘。故民族解放之鬥爭，對於多數之民衆，其目標皆不外反帝國主義而已。帝國主義受民族主義運動之打擊而有所削弱，則此多數之民衆，即能因而發展其組織，且從而鞏固之，以備繼續之鬥爭，此則國民黨能於事實上證明之者。吾人欲證實民族主義實爲健全之反帝國主義，則當努力於贊助國內各種平民階級之組織，以發揚國民之能力。蓋惟國民黨與民衆深切結合之後，中國民族之眞正自由與獨立，始有可望也。

第二方面，辛亥以前，滿洲以一民族宰制於上，具如上述。辛亥以後，滿洲宰制政策既已摧毀無餘，則國內諸民族宜可得平等之結合，國民黨之民族主義所要求者即在於此。然不幸而中國之政府乃爲專制餘孽之軍閥所盤據，中國舊日之帝國主義死灰不免復燃，於是國內諸民族因以有杌隉不安之象，遂使少數民族疑國民黨之主張亦非誠意。故今後國民黨爲求民族主義之貫徹，當得國內諸民族之諒解，時時曉示其在中國國民革命運動中之共同利益。今國民黨在宣傳主義之時，正欲積集其勢力，自當隨國內革命勢力之伸張，而漸與諸民族爲有組織的聯絡，及講求種種具體的解決民族問題之方法矣。國民黨敢鄭重宣言，承認中國以內各民族之自決權，於反對帝國主義及軍閥之革命獲得勝利以後，當組織自由統一的（各民族自由聯合的）中華民國。

（二）民權主義。國民黨之民權主義，於間接民權之外，復行直接民權、即為國民者，不但有選舉權，且兼有創制、複決、罷官諸權也。民權運動之方式，規定於憲法，以孫先生所創之五權分立為原則，即立法、司法、行政、考試、監察五權分立是也。凡此既以濟代議政治之窮，亦以矯選舉制度之弊。近世各國所謂民權制度，往往為資產階級所專有，適成為壓迫平民之工具。若國民黨之民權主義，則為一般平民所共有，非少數人所得而私也。於此有當知者：國民黨之民權主義，與所謂「天賦人權」者殊科，而唯求所以適合於現在中國革命之需要。蓋民國之民權，唯民國之國民乃能享之，必不輕授此權於反對民國之人，使得藉以破壞民國。詳言之，則凡眞正反對帝國主義之個人及團體，均得享有一切自由及權利；而凡賣國罔民以效忠於帝國主義及軍閥者，無論其為團體或個人，皆不得享有此等自由及權利。

（三）民生主義。國民黨之民生主義，其最要之原則不外二者：一曰平均地權；二曰節制資本。蓋釀成經濟組織之不平均者，莫大於土地權之為少數人所操縱。故當由國家規定土地法、土地使用法、土地徵收法及地價稅法。私人所有土地，由地主估價呈報政府，國家就價徵稅，並於必要時依報價收買之，此則平均地權之要旨也。凡本國人及外國人之企業，或有獨佔的性質，或規模過大為私人之力所不能辦者，如銀行、鐵道、航路之屬，由國家經營管理之，使私有資本制度不能操縱國民之生計，此則節制資本之要旨也。舉此二者，則民生主義之進行，可期得良好之基礎。於此猶有當為農民告者：中國以農立國，而全國各階級所受痛苦，以農民為尤甚。國民黨之主張，則以為農民之缺乏田地淪為佃戶者，國家當給以土地，資其耕作，並為之整頓水利，移殖荒徼，以均地力。農民之缺乏資本至於高利借貸以負債終身者，國家為之籌設調劑機關，如農民銀行等，供其匱乏，然後農民得享人生應有之樂。又有當為工人告者：中國工人之生活絕無保障，國民黨之主張，則以為工人之失業者，國家當為之謀救濟之道，尤當為之制定勞工法，以改良工人之生活。此外如養老之制，育兒之制，周恤廢疾者之制，普及教育之制，有相輔而行之性質者，皆當努力以求其實現。凡此皆民生主義所有事也。

中國以內，自北至南，自通商都會以至於窮鄉僻壤，貧乏之農夫，勞苦之工人，所在皆是。因其所處之地位，與所感之痛苦，類皆相同，其要求解放之情，至為迫切，則其反抗帝國主義之意，亦必至為強烈。故國民革命之運動，必恃全國農夫工人之參加，然後可以決勝，蓋無可疑者。國民黨於此，一方面當對於農夫工人之運動，以全力助其開展，輔助其經濟組織，使日趨於發達，以期增進國民革命運動之實力；一方面又當對於農夫工人要求參加國民黨，相與爲不斷之努力，以促國民革命運動之進行。蓋國民黨現正從事爲反抗帝國主義與軍閥，反抗不利於農夫工人特殊階級，以謀農夫工人之解放；質言之，即爲農夫工人而奮鬥，亦即農夫工人爲自身而奮鬥也。

國民黨之三民主義，其眞釋具如此。自本黨改組後，以嚴格之規律的精神，樹立本黨組織之基礎，對於本黨黨員，用各種適當方法，施以教育及訓練，俾成爲能宣傳主義、運動群衆、組織政治之革命的人才。同時以本黨全力，對於全國國民爲普遍的宣傳，使加入革命運動，取得政權，克服民敵。至於旣取得政權樹立政府之時，爲制止國內反革命運動及各國帝國主義壓制吾國民衆勝利的陰謀，芟除實行國民黨主義之一切障礙，更應以黨爲掌握政權之中樞。蓋惟有組織有權威之黨，乃爲革命的民衆之本據，能爲全國國民盡此忠實之義務故耳。

三　國民黨之政綱

吾人於黨綱固悉力以求貫徹，顧以道途之遠，工程之鉅，誠未敢謂咄嗟有成；而中國之現狀，危迫已甚，不能不立謀救濟。故吾人所以刻刻不忘者，尤在準備實行政綱，爲第一步之救濟方法。謹列舉具體的要求，作爲政綱。凡中國以內，有能認國家利益高出於一人或一派之利益者，幸相與明辨而公行之。

甲　對外政策

(一) 一切不平等條約如外人租借地、領事裁判權、外人管理關稅權以及外人在中國境內行使一切政治的權力侵害中國主權者，皆當取消，重訂雙方平等互尊主權之條約。

(二) 凡自願放棄一切特權之國家，及願廢止破壞中國主權之條約者，中國皆將認爲最惠國。

(三) 中國與列強所訂其他條約有損中國之利益者，須重新審定，務以不害雙方主權爲原則。

(四) 中國所借外債，當在使中國政治上、實業上不受損失之範圍內，保證並償還之。

(五) 庚子賠款，當完全劃作教育經費。

(六) 中國境內不負責任之政府，如賄選、僭竊之北京政府，其所借外債，非以增進人民之幸福，乃爲維持軍閥之地位，俾得行使賄買，侵吞盜用。此等債款，中國人民不負償還之責任。

(七) 召集各省職業團體（銀行界、商會等）社會團體（教育機關等），組織會議，籌備償還外債之方法，以求脫離因困頓於債務而陷於國際的半殖民地之地位。

乙　對內政策

(一) 關於中央及地方之權限，採均權主義。凡事務有全國一致之性質者，劃歸中央，有因地制宜之性質者，劃歸地方，不偏於中央集權制或地方分權制。

(二) 各省人民得自定憲法，自舉省長；但省憲不得與國憲相牴觸。省長一方面爲本省自治之監督，一方面受中央指揮，以處理國家行政事務。

(三) 確定縣爲自治單位。自治之縣，其人民有直接選舉及罷免官吏之權，有直接創制及複決法律之權。

土地之稅收，地價之增益，公地之生產，山林川澤之息，礦產水力之利，皆爲地方政府之所有，用以經營地方人民之事業，及應育幼、養老、濟貧、救災、衛生等各種公共之需要。

各縣之天然資源及大規模之工商事業，本縣資力不能發展興辦者，國家當加以協助。其所獲純利，國家與地方均之。

各縣對於國家之負擔，當以縣歲入百分之幾爲國家之收入，其限度不得少於百分之十，不得超過於百分之五十。

(四) 實行普通選舉制，廢除以資產爲標準之階級選舉。

(五) 釐訂各種考試制度，以救選舉制度之窮。

(六) 確定人民有集會、結社、言論、出版、居住、信仰之完全自由權。

(七) 將現時募兵制度漸改爲徵兵制度，同時注意改善下級軍官及兵士之經濟狀況，並增進其法律地位，施行軍隊中之農業教育及職業教育，嚴定軍官之資格，改革任免軍官之方法。

(八) 嚴定田賦地稅之法定額，禁止一切額外徵收，如釐金等類，當一切廢絕之。

(九) 清查戶口，整理耕地，調查糧食之產銷，以謀民食之均足。

(十) 改良農村組織，增進農人生活。

(十一) 制定勞工法，改良勞動者之生活狀況，保障勞工團體，並扶助其發展。

(十二) 於法律上、經濟上、教育上、社會上確認男女平等之原則，助進女權之發展。

(十三) 厲行教育普及，以全力發展兒童本位之教育；整理學制系統，增高教育經費，並保障其獨立。

(十四) 由國家規定土地法、土地使用法、土地徵收法及地價稅法。私人所有土地，由地主估價呈報政府，國家就價徵稅，並於必要時依報價收買之。

(十五) 企業之有獨佔的性質者，及爲私人之力所不能辦者，如鐵道、航路等，當由國家經營管理之。

以上所舉細目，皆吾人所認爲黨綱之最小限度，目前救濟中國之第一步方法。

原著選讀

中國問題的眞解決
——向美國人民的呼籲
（一九〇四年）

全世界的注意力，現在都集中在遠東，這不僅是由於俄國與日本間正在進行著的戰爭，而且也由於這樣的事實，即：中國終究要成爲那些爭奪亞洲霸權的國家之間的主要鬥爭場所。歐洲人在非洲的屬地——迄今爲止，這一直是歐洲列強之間鬥爭的焦點——現在大體上已經劃定了，因而必須尋找一塊新的地方，以供增大領土和擴展殖民地，長期以來被認爲是「東亞病夫」的中國，自然而然地就成了這樣一塊用以滿足歐洲野心的地方。美國在國際政治中雖然有其傳統的孤立政策，但它在這方面絕不會漠不關心，雖則在方式上與其他各國多少有些不同。首先，菲律賓群島轉到美國的控制之下，就使美國成了中國最近鄰邦之一，因之它不可能對中國的情況閉目不理；其次，中國是美國貨物的一個巨大市場，如果美國要把它的商業與工業活動擴展到世界其他各地，中國就是它必須注目的第一個國家。由此看來，所謂「遠東問題」，對這個國家是具有特殊的重要性的。

這個問題是重要的，同時又不易解決，因爲其中牽涉到許多互相衝突的利害關係。已經有很多人認爲，此次俄日戰爭的最後結局，可能使這個問題得到解決。但是，從中國的立場看來，這次戰爭所引起的糾紛，要多於其所解決的糾紛；假如這次戰爭果眞能解決任何問題的話，充其量它只能決定俄日兩國之間的霸權問題。至於英、法、德、美等國的利益怎麼樣呢？對這些問題，這次戰爭是絕對無法解決的。

爲了使整個問題得到滿意的解決，我們必須找出所有這些糾紛的根源。即使對亞洲事務了解得最爲膚淺的人，也會深信：這個根源乃在於滿清政府的衰弱與腐敗，它正是由於自身的衰弱，而有擾亂世界現存政治均衡局面之勢。這種說法好像是說笑話，但不是沒有根據的，我們只須指出這一次俄日戰爭，就可以作爲一個例證。如果不是由於滿清政府完全無力保持其在滿洲的勢力與主權，那麼這次戰爭是可以避免的。然而這次戰爭只不過是在中國問題上利害有關各國間勢將發生的一系列衝突的開端而已。

我們說滿清政府，而不說中國政府，這是有意識地這樣說的。中國人現在並沒有自己的政府，如果以「中國政府」一名來指中國現在的政府，那麼這種稱法是錯誤的。這也許會使那些對中國事務不熟悉的人感到驚異，但這乃是一個事實——是一個歷史事實。爲了使你們相信這一點，讓我們向你們簡單地敍述一下滿清王朝建立的經過吧。

滿洲人在與中國人發生接觸以前，本是在黑龍江地區曠野中飄泊無定的游牧部落。他們時常沿著邊界侵犯並搶劫和平的中國居民。明朝末葉，中國發生大內戰，滿洲利用那千載難逢的機會，用蠻族入侵羅馬帝國的同一種方式，突然襲來，佔領了北京。這是一六四四年的事。中國人不甘心受外族的奴役，便向侵略者進行了最頑強的反抗。滿洲人爲要強迫中國人屈服，便殘酷地屠殺了數百萬人民，其中有戰鬥人員與非戰鬥人員、青年與老人、婦女與兒童，焚燒了他們的住所，劫掠了他們的家室，並迫使他們採用滿洲人的服飾。據估計，有數萬人因不服從留髮辮的命令而被殺戮。幾經大規模流血與慘遭虐殺之後，中國人才終於屈服在滿清的統治之下。

滿洲人所採取的次一個措施，就是把所有涉及他們的對華關係與侵華事實的書籍文獻加以焚燒銷燬，藉以盡其可能地使被征服了的人民愚昧無知。他們又禁止人民結社集會以討論公共事務。其目的乃是要撲滅中國人的愛國精神，從而使中國人於經過一定時間之後，不再知道自己是處在異族的統治之下。現在，滿洲人爲數不過五百萬，而中國人口則不下四萬萬，因此，他們經常害怕中國人有一天會奮起並恢復其祖國；爲了防範這一點，已經採取了而且還正在採取著許多戒備手段。這一直是滿洲人對中國人的政策。

西方人中有一種普遍的誤會，誤以爲中國人本性上是閉關自守的民族，不願意與外界的人有所往來，只是在武力壓迫之下，才在沿海開放了幾個對外貿易的口岸。這種誤會的主要原因，是由於對中國歷史缺乏了解。歷史可以提供充分的證據，證明從遠古直到清朝的建立，中國人一直與鄰國保有密切的關係，對於外國商人與教士，從沒有絲毫惡意歧視，西安府的景教碑提供我們一個絕妙的記錄，說明早在公元第七世紀外國傳教士在當地人民間所進行的傳播福音的工作；再者，佛教乃是漢朝皇帝傳入中國的，人民以很大的熱情歡迎這個新宗教，此後它便日漸繁盛，現在已成爲中國三大主要宗教中的一種。不僅教士、而且商人也被許可在帝國內部自由地縱橫游歷。甚至晚至明朝時，中國人中還沒有絲毫排外精神的跡象，當時的大學士徐光啓，其本人皈依了天主教，而他的密友，即在北京傳教的耶穌會教士利瑪竇，曾深得人民的尊敬。

隨著滿清王朝的建立，政策便逐漸改變：全國禁止對外貿易；驅除傳教士；屠殺本國教民；不許中國人向國外移民，違者即予處死。這是什麼緣故呢？這只是因爲滿洲人立意由其管轄範圍內將外國人排斥出去，並唆使中國人憎恨外國人，以免中國人因與外國人接觸而受其啓迪並喚醒自己的民族意識。滿洲人所扶育起來的排外精神，終於在一九〇〇年的義和團騷動中達到最高峰。現在大家都知道了，義和團運動的首領不是別人，而正是皇室中的分子。由此就可以看出，中國的閉關自守政策，乃是滿洲人自私自利的結果，並不能代表大多數中國人民的意志。在中國游歷的外國人常可以看到這樣的事實，即：凡受官方影響愈小的人民，比之那些受影響較大的人民，總是對外國人愈爲友善。

自義和團戰爭以來，許多人爲滿清政府偶而發佈的改革詔旨所迷誘，便相信那個政府已開始看到時代的徵兆，其本身已開始改革以便使國家進步；他們不知道，那些詔旨只不過是專門用以緩和民衆騷動情緒的具文而已。由滿洲人來將國家加以改革，那是絕對不可能的，因爲改革意味著給他們以損害。實行改革，那他們就會被中國人民所吞沒，就會喪失他們現在所享受的各種特權。若把官僚們的愚昧與腐化予以揭露出來，就會看到政府更爲黑暗的一面。這些僵化了的、腐朽了的、毫無用處的官僚們，只知道怎樣向滿洲人諂媚行賄，藉以保全其地位去進行敲榨搜刮。下面就是一個非常顯著的例證：中國駐華盛頓公使最近發佈了一個佈告，禁止住在這個國家之內的中國人與反滿會黨有任何往來，違者即將其在中國本土的家人及遠族加以逮捕並處以格殺之重刑。像中國公使梁誠先生這樣一個有教養的人所做的這樣一種野蠻行爲，除了可能認定他是想討好政府以便保全其公使地位外，不能夠有其他解釋。想由這樣的政府和其官吏厲行改革，會有什麼希望呢？

在滿清二百六十年的統治之下，我們遭受到無數的虐待，舉其主要者如下：

（一）滿洲人的行政措施，都是爲了他們的私利，並不是爲了被統治者的利益。

（二）他們阻礙我們在智力方面和物質方面的發展。

（三）他們把我們作爲被征服了的種族來對待，不給我們平等的權利與特權。

（四）他們侵犯我們不可讓與的生存權、自由權和財產權。

（五）他們自己從事於、或者縱容官場中的貪污與行賄。

（六）他們壓制言論自由。

（七）他們禁止結社自由。

（八）他們不經我們的同意而向我們徵收沉重的苛捐雜稅。

（九）在審訊被指控爲犯罪之人時，他們使用最野蠻的酷刑拷打逼取口供。

（十）他們不依照適當的法律程序而剝奪我們的各種權利。

（十一）他們不能依責保護其管轄範圍內所有居民的生命與財產。

雖然有這樣多的痛苦，但我們曾用了一切方法以求與他們和好相安，結果卻是徒勞無效。在這種情況之下，我們中國人民爲了解除自己的痛苦、爲了普遍地奠定遠東與世界和平，業已下定決心，採取適當的手段以求達到那些目標,「可用和平手段即用和平手段，必須用強力時即以強力臨之」。

全國革命的時機，現已成熟。我們可以看到，一九○○年有惠州起義，一九○二年在廣州曾圖謀擧義，而廣西的運動現在猶以日益增大的威力與勇氣在進行著。中國的報紙與近來出版的書刊中也都充滿著民主思想。再者，還有致公堂（中國的反滿會黨）的存在，這個國家內一般都稱之爲中國共濟會，其宗旨乃是「反清（滿洲）復明（中國)」。這個政治團體已存在了二百多年，有數千萬會員散佈在整個華南；僑居這個國家（按指美國）之內的中國人中,約有百分之八十都屬於這個會黨。所有抱著革命思想的中國人，約略可分爲三類：第一類人數最多，包括那些因官吏的勒索敲榨而無力謀生的人；第二類爲憤於種族偏見而反對滿淸的人；第三類則爲具有崇高思想與高超見識的人。這三種人殊途同歸,終將以日益增大的威力與速度,達到預期的結果。由此顯然可以看到，滿淸政府的垮台只是一個時間問題而已。

有人時常提出這樣一種在表面上似乎有道理的論調，他們說：中國擁有衆多的人口與豐厚的資源，如果它覺醒起來並採用西方方式與思想，就會是對全世界的一個威脅；如果外國幫助中國人民提高和開明起來，則這些國家將由此而自食惡果；對其他各國來說，他們所應遵循的最明智的政策,就是盡其可能地壓抑阻礙中國人。一言以蔽之,這種論調的實質就是所謂「黃禍」論。這種論調似乎很動聽，然而一加考察，就會發現，不論從任何觀點去衡量，它都是站不住脚的。這個問題除了道德的一面，即一國是否應該希望另一國衰亡之外，還有其政治的一面。中國人的本性就是一個勤勞的、和平的、守法的民族，而絕不是好侵略的種族；如果他們確曾進行過戰爭，那只是爲了自衛。只有當中國人被某一外國加以適當訓練並被利用來作爲滿足該國本身野心的工具時，中國人才會成爲對世界和平的威脅。如果中國人能夠自主，他們即會證明是世界上最愛好的和平的民族。再就經濟的觀點來看，中國的覺醒以及開明的政府之建立，不但對中國人、而且對全世界都有好處。全國即可開放對外貿易，鐵路即可修建，天然資源即可開發，人民即可日漸富裕，他們的生活水準即可逐步提高，對外國貨物的需求即可加多,而國際商務即可較現在增加百倍。能說這是災禍嗎？國家與國家的關係，正像個人與個人的關係。從經濟上看，一個人有一個窮苦愚昧的鄰居還能比他有一個富裕聰明的鄰居合算嗎？由此看來，上述的論調立即破產,我們可以確有把握地說：黃禍畢竟還可以變成黃福。

列強各國對中國有兩種互相衝突的政

策：一種是主張瓜分中國、開拓殖民地；另一種是擁護中國的完整與獨立。對於固守前一種政策的人，我們無需乎去提醒他們那種政策是潛伏著危險與災難的，俄國在滿洲殖民的情況已表明了這一點；對於執行後一種政策的人，我們敢大膽預言：只要現政府存在，他們的目標便不可能實現。滿淸王朝可以比作一座即將倒塌的房屋，整個結構已從根本上徹底地腐朽了，難道有人只要用幾根小柱子斜撐住外牆就能夠使那座房屋免於傾倒嗎？我們恐怕這種支撐行爲的本身反要加速其顚覆。歷史表明，在中國，朝代的生命，正像個人的生命一樣，有其誕生、長大、成熟、衰老和死亡；當前的滿淸統治，自十九世紀初葉即已開始衰微，現在則正迅速地走向死亡。因此，我們認爲，即使是維護中國的完整與獨立的善意與義俠行爲，如果像我們所了解的那樣是指目前搖搖欲墜的滿淸王室支持，那麼注定是要失敗的。

顯而易見，要想解決這個緊急的問題，消除妨害世界和平的根源，必須以一個新的、開明的、進步的政府來代替舊政府，這樣一來，中國不但會自力更生，而且也就能解除其他國家維護中國的獨立與完整的麻煩。在中國人民中有許多極有教養的能幹人物，他們能夠擔當起組織新政府的任務；把過時的滿淸君主政體改變爲「中華民國」的計劃，經愼重考慮之後，早就制訂出來了。廣大的人民群衆也都甘願接受新秩序，渴望著情況改善，把他們從現在悲慘的生活境遇中解救出來。中國現今正處在一次偉大的民族運動的前夕，只要星星之火就能在政治上造成燎原之勢，將滿洲韃子從我們的國土上驅逐出去。我們的任務確實是巨大的，但並不是無法實現。一九〇〇年義和團戰爭時，聯軍只需爲數不足兩萬的軍隊，就能擊潰滿淸的抵抗，進軍北京並奪取北京城；我們以兩倍或者三倍於這個數目的人力，毫無疑義地也可以做到這一點，而且我們能夠輕而易舉地從我們的愛國分子中徵募百倍千倍的更多的人。從最近的經驗中可淸楚地看到，滿淸軍隊在任何戰場上都不足與我們匹敵，目前愛國分子在廣西的起義就是一個明顯的例證。他們距海岸非常遙遠，武器彈藥的供應沒有任何來源，他們得到這些物資的惟一方法乃是完全依靠於從敵人方面俘獲；即使如此，他們業已連續進行了三年的戰鬥，並且一再打敗由全國各地調來的官軍對他們的屢次征討。他們旣然有出奇的戰鬥力，那末，如果給以足夠的供應，誰還能說他們無法從中國消滅滿淸的勢力呢？一旦我們革新中國的偉大目標得以完成，不但在我們的美麗的國家將會出現新紀元的曙光，整個人類也將得以共享更爲光明的前景，普遍和平必將隨中國新生接踵而至，一個從來也夢想不到的宏偉場所，將要向文明世界的社會經濟活動而敞開。

拯救中國完完全全是我們自己的責

原著選讀

三民主義與中國前途

(一九〇六年十二月二十一日)

——中山先生在日本東京《民報》創刊週年紀念會上的演說

諸君：

今天諸君踴躍來此，兄弟想來，不是徒爲高興，定然有一番大用意。今天這會，是祝《民報》的紀念節。《民報》所講的是三民主義，第一是民族主義，第二是民權主義，第三是民生主義。

那「民族主義」，卻不必要什麼研究才會曉得的。譬如一個人，見著父母總是認得，卻不會把他當作路人，也不會把路人當作父母。民族主義也是這樣，這是從種性發生出來，人人都是一樣的。滿洲入關，到如今已有二百六十多年，我們漢人，就是小孩子，見著滿人也是認得，總不會把他當作漢人。這就是民族主義的根本。但是有最要緊一層，不可不知：民族主義，並非是遇著不同種族的人，便要排斥他，是不許那不同種族的人，來奪我民族的政權，因爲我們漢人有政權才是有國，假如政權被不同種族的人所把持，那就雖是有國，卻已經不是我漢人的國了。我們想一想，現在國在那裏？政權在那裏？我們已經成了亡國之民了！地球上人數不過一千幾百兆，我們漢人有四百兆，上了四分之一，算得地球上最大的民族，且是地球上最老最文明的民族，到了今天，卻成爲亡國之民，這不是大可怪的嗎？那非洲杜國不過二十多萬人，英國去滅他，尚且相持至三年之久，菲律賓島不過數百萬人，美國去滅他，尚且相持數歲，難道我們漢人，就甘心於亡國！想起我漢人亡國時代，我們祖宗是不肯服從滿洲的。閉眼想想歷史上我們祖宗流血成河、伏屍蔽野的光景，我們祖宗很對得住子孫，所難過的，就是我們做子孫的人。再想想亡國以後滿洲政府愚民時代，我們漢人面子上從他，心裏還是不願的，所以有幾回的起義。到了今日，我們漢人民族革命的的風潮，一日千丈，那滿人也倡排漢主義。他們的口頭話，是說他的祖宗有團結力，有武力，故此制服漢人，他們要長保這力量，以便永居人上。他們這幾句話，本是不錯。然而還有一個最大的原因，是漢人無團體，我們漢人有了團體，這力量定比他大幾千萬倍，民族革命的事，不怕不成功。惟是兄弟曾經聽見人說，民族革命是要盡滅滿洲民族，這話大錯。民族革命緣故，是不甘心滿洲人滅我們的國，主我的們的政，定要撲滅他的政府，光復我們民族的國家。這樣看來，我們並不是恨滿洲人，是恨害漢人的滿洲人。假如我們實行革命的時候，那滿洲人不來阻害我們，決無尋仇之理。他當初滅漢族的時候，攻城破了，還要大殺十日，才肯封刀，那就不是人類所為，我們決不為此。惟有他來阻害我們，那就盡力懲治，不能與他並立。照現在看起來，滿洲政府要實行排漢主義，謀中央集權，拿憲法做愚民的器具。他的心事，眞是一天毒一天。然而他所以死命把持政權的緣故，未必不是怕我漢人剿絕他，故此騎虎難下。所以我們總要把民族革命的目的認得清楚，如果滿人始終執迷，仍把持政權，制馭漢族，那就漢族一日不死，一日不能坐視的。想來諸君亦同此意。

民族革命的大要如此。至於「民權主義」，就是政治革命的根本。將來民族革命實行以後，現在惡劣政治，固然可以一掃而去，卻是還有那惡劣政治的根本，不可不去。中國數千年來，都是君主專制政體，這種政體，不是平等自由的國民所堪受的。要去這政體，不是專靠民族革命可以成功。試想明太祖驅除蒙古，恢復中國，民族革命已經做成，他的政治，卻不過依然同漢、唐、宋相近。故此三百年後，復被外人侵入，這由政體不好的緣故，不做政治革命是斷斷不行的。研究政治革命的功夫，煞費經營。至於著手的時候，卻是同民族革命並行。我們推倒滿洲政府，從驅除滿人那一面說，是民族革命，從顛覆君主政體那一面說，是政治革命，並不是把來分作兩次去做。講到那政治革命的結果，是建立民主立憲政體。照現在這樣的政治論起來，就算漢人為君主，也不能不革命。法蘭西大革命及俄羅斯革命，本沒有種族問題，卻純是政治問題。法蘭西民主政體，已經成立；俄羅斯虛無黨，也終要達這目的。中國革命之後，這種政體，最為相宜，這也是人人曉得的。惟尚有一層最要緊的話，因為凡革命的人，如果存有一些皇帝思想，就會弄到亡國。因為中國從來把國家當做私人的財產，所以凡有草莽英雄崛起，一定彼此相爭，爭不到手，寧可各據一方，定不相下，往往弄到分裂一二百年，還沒有定局。今日中國，正是萬國眈眈虎視的時候，如果革命家自己相爭，四分五裂，豈不就是自亡其國？近來志士都怕外人瓜分中國，兄弟的見解，卻是兩樣。外人斷不能瓜分中國，只怕中國人自己瓜分起來，那就不可救了！所以我們定要由平民革命，建國民政府。這不止是我們革命之目的，並且是我們革命的時候所萬不可少的。

說到「民生主義」，因這裏頭千條萬緒，成為一種科學，不是十分研究，不得清楚。並且社會問題，隱患在將來，不像民族、民權兩問題，是燃眉之急，所以少人去理會他。雖然如此，人的眼光，要看得遠，凡是大災大禍沒有發生的時候，要防止他是容易的；到了發生之後，要撲滅他，卻是極難。社會問題，在歐美是積重難返，在中國卻還是幼稚時代，但是將來總會發生的。到那時候，收拾不來，又要弄成大革命了。革命的事情，是萬不得已才用，不可頻頻傷國民的元氣。我們實行民族革命、政治革命的時候，須同時想法子改良社會經濟組織，防止後來的社會革命，這眞是最大的責任。

於今先說民生主義所以發生的緣故。這民生主義，是到十九世紀之上半期才盛行的，以前所以沒有盛行民生主義的原因，總由於文明沒有發達。文明越發達，社會問題越著緊。這個道理，很覺費解，卻可以拿淺近的事情來做譬喻。大凡文明進步，個人用體力的時候少，用天然力的時候多，那電力、汽力，比起人的體力要快千倍。舉一例來說，古代一人耕田，勞身焦思，所得穀米，至多不過供數人之食。近世農學發達，一人所耕，千人食之不盡，因爲他不是專用手足，是借機械的力去幫助人工，自然事半功倍。故此古代重農工，因他的生產剛夠人的用度，故他不得不注重生產。近代卻是兩樣，農工所生產的物品，不愁不足，只愁有餘，故此便重商業，要將貨物輸出別國，好謀利益，這是歐美各國大概一樣的。照這樣說來，似乎歐美各國，應該家給人足，樂享幸福，古代所不能及的。然而試看各國的現象，與剛才所說，正是反比例。統計上，英國財富，多於前代不止數千倍，人民的貧窮，甚於前代也不止數千倍，並且富者極少，貧者極多。這是人力不能與資本力相抗的緣故。古代農工諸業都是靠人力去做成，現時天然力發達，人力萬萬不能追及，因此農工諸業，都在資本家手裏。資本越大，利用天然力越厚，貧民怎能同他相爭，自然弄到無立足地了。社會黨所以倡民生主義，就是因貧富不均，想要設法挽救；這種人日興月盛，遂變爲一種很繁博的科學。其中流派極多，有主張廢資本家而歸諸國有的，有主張均分於貧民的，有主張歸諸公有的，議論紛紛。凡有見識的人，皆知道社會革命，歐美是決不能免的。這眞是前車可鑒，將來中國要到這步田地，才去講民生主義，已經很遲了。這種現象，中國現在雖還沒有，但我們雖或者看不見，我們子孫總可以看得見的。與其將來弄到無可如何，才去想破壞，不如今日預籌個防止的法子。況且中國今日，如果實行民生主義，總較歐美易得許多。因爲社會問題，是文明進步所致，文明程度不高，那社會問題也就不大。舉一例來說，今日中國貧民，還有砍柴割草去謀生活的，歐美卻是早已絕跡。因一切謀生利益，盡被資本家吸收，貧民雖有力量，卻無權利去做，就算得些蠅頭微利，也決不能生存。故此社會黨常言，文明不利於貧民，不如復古。這也是矯枉過正的話。況且文明進步是自然所致，不能逃避的。文明有善果，也有惡果，須要取那善果，避那惡果。歐美各國，善果被富人享盡，貧民反食惡果，總由少數人把持文明幸福，故成此不平等的世界。我們這回革命，不但要做國民的國家，而且要做社會的國家，這決不是歐美所能及的。歐美爲什麼不能解決社會問題?因爲沒有解決土地問題。大凡文明進步，地價日漲。譬如英國一百年前，人數已有一千餘萬，本地之糧，供給有餘；到了今日，人數不過加三倍，糧米不夠二月之用，民食專靠外國之粟。故英國注重海軍，保護海權，防糧運不繼，因英國富人把耕地改做牧地，或變獵場，所獲較豐，且徵收容易，故農業漸廢，並非土地不足。貧民無田可耕，都靠做工餬口，工業卻全歸資本家所握，工廠偶然停歇，貧民立時饑餓。只就倫敦一城計算，每年冬間，工人失業的，常有六七十萬人，全國更可知。英國大地主威斯敏士打公爵，有封地在倫敦西偏，後來因擴張倫敦城，把那地統圈進去，他一家的地租，佔倫敦四分之一，富與國家相等。貧富不均，竟到這地步，平等二字，已成口頭空話了。大凡社會現象，總不能全聽其自然，好像樹木由他自然生長，定然支蔓，社會問題，也是如此。中國資本家現在還沒有出世，所以幾千年地價從來沒有增加，這是與各國不同的。但是革命之後，卻不能照前一樣。比方現在香港、上海，地價比內地高至數百倍，因爲文明發達，交通便利，故此漲到這樣。假如他日全國改良，地價一定跟著文明日日漲高的。到那時候，以前值一萬銀子的地，必漲至數十萬、數百萬。上海五十年前，黃浦灘邊的地，本無甚價值，近來竟加至每畝百數十萬元，這就是最顯明的證據了。就這樣看來，將來富者日富，貧者日貧，十年之後，社會問題，便一天緊似一天的了。這種流弊，想也是人人知道的，不過眼前還沒有這現象，所以容易忽略過去。然而眼前忽略，到日後卻不可收拾，故此今日要尋個解決的法子，這是我們同志應該留意的。聞得有人說，民生主義是要殺四萬萬人之半，奪富人之田爲己有，這是未知其中道理，隨口說去，那不必去管他。解決的法子，社會學者所見不一，兄弟所信的，是定地價的法子。比方地主有地價值一千元，可定價爲一千，或多至二千；就算那地將來因交通發達，價漲至一萬，地主應得二千，已屬有益無損；贏利八千，當歸國有，這於國計民生，皆有大益。少數富人把持壟斷的弊竇，自當永絕，這是最簡便易行之法。歐美各國地價已漲至極點，就算要定地價，苦於沒有標準，故此難行。至於地價未漲的地方，恰好急行此法，所以德國在膠州灣、荷蘭在爪哇，已有實效。中國內地文明，沒有進步，地價沒有增漲，倘若仿行起來，一定容易。兄弟剛才所說社會革命，在外國難，在中國易，就是爲此。行了這法之後，文明越進，國家越富，一切財政問題，斷不至難辦。現今苛捐盡數蠲除，物價也漸便宜了，人民也漸富足了，把幾千年來的弊政，永遠斷絕。慢說中國從前所沒有，就說歐美日本，雖說富強，究竟人民負擔租稅未免太重。中國行了社會革命之後，私人永遠不用納稅，但收地租一項，已成地球上最富的國。這社會的國家，決非他國所能及的。我們做事，要在人前，不落人後，這社會革命的事業，定爲文明各國將來所取法的了。

總之，我們革命的目的，是爲中國謀幸福，因不願少數滿洲人專制，故要民族革命；不願君主一人專制，故要政治革命；不願少數富人專制，故要社會革命。這三樣有一樣做不到，也不是我們的本意。達到了這三樣目的之後，我們中國當成爲至完美的國家。

其次，我們要研究的，就是將來中華民國的憲法。「憲法」二字，近時人人樂道，便是滿洲政府，也曉得派遣奴才出洋考察政治，弄些預備立憲的上諭，自驚自擾。那中華民國的憲法，更是要講求的，不用說了。兄弟歷觀各國的憲法，有文憲法是美國最好，無文憲法是英國最好。英是不能學的。美是不必學的。英的憲法所謂三權分立，行政權、立法權、司法權，各不相統。這是從六七百年前由漸而生，成了習慣，但界限還沒有清楚。後來法國孟德斯鳩將英國制度作爲根本，參合自己的理想，成爲一家之學。美國憲法，又將孟德斯鳩學說作爲根本，把那三權界限，更分得清楚，在一百年前，算是最完美的了。一百二十年來，雖數次修改，那大體仍然是未變的。但是這百餘年間，美國文明日日進步，土地財產，也是增加不已，當時的憲法，現在已經是不適用的了。兄弟的意思，將來中華民國的憲法，是要創一種新主義，叫做「五權分立」。

那五權除剛才所說的三權之外，尙有兩權：一是考選權。平等自由，原是國民的權利，但官吏卻是國民公僕。美國官吏，有由選舉得來的，有由委任得來的，從前本無考試的制度，所以無論是選舉，是委任，皆有很大的流弊。就選舉上說，那些略有口才的人，便去巴結國民，運動選舉；那些學問思想高尙的人，反都因訥於口才，沒人去物色他。所以美國代表院中，往往有愚蠢無知的人，夾雜在內，那歷史實在可笑。就委任上說，凡是委任官，都是跟著大總統進退。美國共和黨、民主黨向來迭相興廢，遇著換了大總統，由內閣至郵政局長，不下六七萬人，同時俱換，所以美國政治腐敗散漫，是各國所沒有的。這樣看來，都是考選制度不發達的緣故。考選本是中國始創的，可惜那制度不好，卻被外國學去，改良之後，成了美制。英國首先仿行考選制度，美國也漸取法，大小下級官吏，必要考試合格，方得委任。自從行了此制，美國政治方有起色。但是他只能用於下級官吏，並且考選之權，仍然在行政部之下，雖稍有補救，也是不完全的。所以將來中華民國憲法，必要設獨立機關，專掌考選權。大小官吏必須考試，定了他的資格，無論那官吏是由選舉的，抑或由委任的，必須合格之人，方得有效。這法可以除卻盲從濫選，及任用私人的流弊。中國向來銓選，最重資格，這本是美意，但是在君主專制國中，黜陟人才，悉憑君主一人的喜怒，所以雖講資格，也是虛文。至於社會共和的政體，這資格的法子，正是合用。因爲那官吏不是君主的私人，是國民的公僕，必須十分稱職，方可任用。但是考權如果屬於行政部，那權限未免太廣，流弊反多，所以必須成了獨立機關，才得妥當。

一爲糾察權，專管監督彈劾的事。這機關是無論何國，皆必有的，其理爲人所易曉。但是中華民國憲法，這機關定要獨立。中國從古以來，本有御史臺主持風憲，然亦不過君主的奴僕，沒有中用的道理。就是現在立憲各國，沒有不是立法機關兼有監督權限，那權限雖然有強有弱，總是不能獨立，因此生出無數弊病。比方美國糾察權歸議院掌握，往往擅用此權，挾制行政機關，使他不得不俯首聽命，因此常常成爲議院專制；除非有雄才大略的大總統，如林肯、麥堅尼、羅斯福等，才能遵行獨立之目的。況且照正理上說，裁判人民的機關，已經獨立，裁判官吏的機關，卻仍在別的機關之下，這也是理論上說不過去的，故此這機關也要獨立。

合上四權，共成爲五權分立。這不但是各國制度上所未有，便是學說上也不多見，可謂破天荒的政體。兄弟如今發明這基礎，至於那詳細的條理，要望大家同意，盡力研究，匡所不逮，以成將來中華民國的憲法。這便是民族的國家，國民的國家，社會的國家，皆得完全無缺的治理。這是我中國四萬萬人最大的幸福了。想諸君必肯擔任，共成此舉，是兄弟所最希望的。

原著選讀

《民報》發刊詞

（一九〇五年十一月）

近時雜誌之作者亦夥矣。婞詞以爲美，囂聽而無所終，摘埴索塗，不獲則反覆其詞而自惑。求其斟時弊以立言，如古人所謂對症發藥者，已不可見，而況夫孤懷宏識，遠矚將來者乎？夫繕群之道，與群俱進，而擇別取捨，惟其最宜。此群之歷史既與彼群殊，則所以掖而進之之階級，不無後先進止之別。由之不貳，此所以爲輿論之母也。

余維歐美之進化，凡以三大主義：曰民族，曰民權，曰民生。羅馬之亡，民族主義興，而歐洲各國以獨立。洎自帝其國，威行專制，在下者不堪其苦，則民權主義起。十八世紀之末，十九世紀之初，專制仆而立憲政體殖焉。世界開化，人智益蒸，物質發舒，百年銳於千載，經濟問題，繼政治問題之後，則民生主義躍躍然動。二十世紀不得不爲民生主義之擅場時代也。是三大主義皆基本於民，遞嬗變易，而歐美之人種胥冶化焉。其他施維於小己大群之間，而成爲故說者，皆此三者之充滿發揮而旁及者耳。

今者中國以千年專制之毒而不解，異種殘之，外邦逼之，民族主義、民權主義，殆不可以須臾緩，而民生主義歐美所慮積重難返者，中國獨受病未深而去之易。是故或於人爲既往之陳跡，或於我爲方來之大患，要爲繕吾群所有事，則不可不並時而弛張之。嗟夫！所陟卑者其所不遠；遊五都之市，見美服而求之，忘其身之未稱也，又但以當前者爲至美。近時志士，舌敝唇枯，惟企強中國以比歐美。然而歐美強矣，其民實困，觀大同盟罷工與無政府黨、社會黨之日熾，社會革命其將不遠。吾國縱能媲跡歐美，猶不能免於第二次之革命，而況追逐於人已然之末軌者之終無成耶，夫歐美社會之禍，伏之數十年，及今而後發見之，又不能使之遽去；吾國治民生主義者，發達最先，睹其禍害於未萌，誠可舉政治革命、社會革命畢其功於一役。還視歐美，彼且瞠乎後也。

翳我祖國，以最大之民族，聰明強力，超絕等倫，而沉夢不起，萬事墮壞；幸爲風潮所激，醒其渴睡，旦夕之間，奮發振強，勵精不已，則半事倍功，良非誇嫚。惟夫一群之中，有少數最良之心理，能策其群而進之，使最宜之治法，適應於吾群，吾群之進步，適應於世界，此先知先覺之天職，而吾《民報》所爲作也。抑非常革新之學說，其理想輸灌於人心，而化爲常識，則其去實行也近。吾於《民報》之出　　世覘之。

原著選讀

中國同盟會本部宣言

（一九一一年十二月二十四日）

維我黃祖，桓桓武烈，戡定禍亂，寔肇中邦，以遺孫子。有明之世，遭家不造，覯此閔凶。蕞爾建虜，包藏禍心，乘間窺隙，盜竊神器。淪衣冠於豕鹿，夷華胄爲輿臺，徧綠水青山，盡獸蹏鳥跡，蓋吾族之不獲見天日者二百六十餘年。故老遺民如史可法、黃道周、倪元潞、顧炎武、黃宗羲、王夫之諸人，嚴春秋夷夏之防，抱冠帶沉淪之隱，孤軍一旅，修戈矛於同仇，下筆千言，傳楮墨於來世。或遭屠殺，或被焚燬，中心未遂，先後殂落。而義聲激越，流播人間，父老遺傳，簡在耳目。自延平以底金田，吾伯叔昆季諸姑姊妹，奉先烈遺志，報九世之仇，爲爭自由爭人道而死者，實一千二百萬人。於戲！烈矣。

吾等生當斯世，顧瞻身影，紆軫中䋐？潸然雪涕，謹承先志，弗敢隕越。用是馳驟四方，以求同德，持民族、民權、民生三大旨，期實行其志。設同盟本部於日本東京，設支部於各省及歐洲、美洲、斐洲、澳洲、安南、暹羅、南洋群島等處。湊其智能，以圖大舉，篳路藍褸，於今八年。或刊報紙，以揚漢風；或遣偏師，以寒虜膽。而惠州之役、萍鄉之役、鎭南之役、廣州之役，良材駿雄，前仆後繼，斷頭決腸，維繫牢獄，輾轉人間，漂淪絕域者，何可指數！以死者愈繁，益用自勵，日居月諸，走無停足。誠欲於頹波橫流之中，拯同胞於沉溺；鐵騎金槍之下，返大漢之山河。此物此志，寧有他哉！

念昔天亡索虜，人心思漢，朔風變楚，天下響應。智勇之士，其會如林，旬月之間，戡定東南大局。上而士夫，下而嫛婉，皆知淩厲踔發，以求其友。雲氣飛揚，日月再現。雖將帥努力，士卒知方，而黃祖之靈，吾伯叔昆季諸姑姊妹，克念舊烈，實深賴之。惟元兇尙在，中夏未清，封豕長蛇，薦食上國，不去慶父，魯難未已。有同胞未離鬼趣，悵燕南實慘人痾。吾等罔敢自弛，以逸時會，憂惕之念，造次不衰。蓋懼馬首徘徊，雄師已老，江山黯澹，汗血生涼。輒願策其至愚，隨伯叔昆季諸姑姊妹之後，長驅河朔，犁庭掃穴，以復我舊邦，建立民國，期得竟其始志。

或者不察，妄事猜二，用事謠諑。謂將矜伐舊績，傲睨群倫，大執政權，而家天下。心有所蔽，故言失其道，說者蓋未嘗觀遠西歷史者也。歐洲諸邦，無論政治革命、種族革命，當伏處之時，無不有少數愚夫，懷抱辛痛，集會結社，爲之秘畫，密雲不雨，伏藥徧地，迅雷乘之，乃易爆發，其理勢使然。功成事遂，則散處朝市，或悠悠林野，各得其所，不聞有私政之事。蓋天下公器，人權式尊，政之所繇，民實界之。大道之行，不可以界，天命惟民，古訓是則，東西甯有異哉？嗟乎！自建虜入關，禮樂淪失，腥羶之氣，播被華夏。吾民熏習已久，斲夫本性，神智黯僿，大陸國風，所含已薄。而卑隘險譎，嫉忮齷齪諸惡德，瀰紘錯紾，盤鬱膠著於腦間，至不可脫拔，尙流染於神明苗裔，是東胡之罪，而吾民亟當湔洗者也。

方今民氣昭蘇，天心祚漢，逆胡摧滅，近在崇朝，與子同袍，能無奮起！大風捲水，是旗門斬將之辰；清冽吹寒，正雪夜擒王之會。寶刀灼角，騎大隊而渡臨洮；旗鼓縱橫，驅胡雛而還長白。夜半惟聞刁斗，軍中之號令森嚴；戰場怒放奇葩，朔北之風雲慘澹。此正志士鷹揚之日，雄夫振臂之時，佇看雪磧風高，飲馬長城之窟；不管天山草白，放牛戈壁之原。卸甲臨風，飲八斗而不醉，行歌攜手，同仇昵而無猜。流令聞于無窮，巍巍銅像；揚大聲于塵海，泱泱乎大風。人道保其均衡，宇宙增其福祉。樂天依命，德以之和，平等自由，法爲之界。融融洩洩，其樂無極。吾伯叔昆季諸姑姊妹，賦氣清明、宅志仁愷者，其亦動悽愴之感，捐其乖迕，而生同舟共濟之念乎。用假文辭，謹宣其意如此。皇天后土，實共鑒之。

原著選讀

關於五四運動

（一九二〇年一月二十九日）

——節錄自〈致海外國民黨同志書〉

自北京大學學生發生五四運動以來，一般愛國青年，無不以革新思想爲將來革新事業之預備。於是蓬蓬勃勃，發抒言論。國內各界輿論，一致同倡。各種新出版物，爲熱心青年所舉辦者，紛紛應時而出。揚葩吐豔，各極其致，社會遂蒙絕大之影響。雖以頑劣之僞政府，猶且不敢攖其鋒。此種新文化運動，在我國今日，誠思想界空前之大變動。推原其始，不過由於出版界之一二覺悟者從事提倡，遂至輿論放大異彩，學潮瀰漫全國，人皆激發天良，誓死爲愛國之運動；倘能繼長增高，其將來收效之偉大且久遠者，可無疑也。吾黨欲收革命之成功，必有賴於思想之變化，兵法「攻心」，語曰「革心」，皆此之故。故此種新文化運動，實爲最有價値之事。

原著選讀

北伐宣言

（一九二四年九月十八日）

國民革命之目的，在造成獨立自由之國家，以擁護國家及民衆之利益。辛亥之役，推倒君主專制政體暨滿洲征服階級，本已得所藉手，以從事於目的之貫徹。假使吾黨當時能根據於國家及民衆之利益，以肅淸反革命勢力，則十三年來政治根本，當已確定；國民經濟教育犖犖諸端，當已積極進行。革命之目的縱未能完全達到，然不失正鵠，以日躋於光明，則有斷然者。

原夫反革命之發生，實繼承專制時代的思想，對內犧牲民衆利益，對外犧牲國家利益，以保持其過去時代之地位。觀於袁世凱之稱帝，張勳之復辟，馮國璋、徐世昌之毀法，曹錕、吳佩孚之竊位盜國，十三年來，連續不絕，可知其分子雖有新陳代謝，而其傳統思想則始終如一。此等反革命之惡勢力，以北京爲巢窟，而流毒被於各省；間有號稱革命分子，而其根本思想，初非根據於國家及民衆之利益者，則往往志操不定，受其吸引，與之同腐，以釀成今日分崩離析之局，此眞可爲太息痛恨者矣！

反革命之惡勢力所以存在，實由帝國主義卵翼之使然。證之民國二年之際，袁世凱將欲摧殘革命黨以遂其帝制自爲之欲，則有五國銀行團大借款於此時成立，以二萬萬五千萬元供其戰費。自是厥後，歷馮國璋、徐世昌諸人，凡一度用兵於國內，以摧殘異己，則必有一度之大借款，資其揮霍。及乎最近，曹錕、吳佩孚加兵於東南，則久懸不決之金佛郎案，即決定成立。由此種種，可知十三年來之戰禍，直接受自軍閥，間接受自帝國主義，明明白白，無可疑者。

今者浙江友軍爲反抗曹錕、吳佩孚而戰，奉天亦將出於同樣之決心與行動，革命政府已下明令出師北嚮，與天下共討曹錕、吳佩孚諸賊。於此有當鄭重爲國民告且爲友軍告者：此戰之目的，不僅在覆滅曹吳，尤在曹吳覆滅之後，永無同樣繼起之人，以繼續反革命之惡勢力；換言之，此戰之目的，不僅在推倒軍閥，尤在推倒軍閥所賴以生存之帝國主義。蓋必如是，然後反革命之根株乃得永絕，中國乃能脫離次殖民地之地位，以造成自由獨立之國家也。

中國國民黨之最終目的，在於三民主義，本黨之職任，即爲實行主義而奮鬥。故敢謹告於國民及友軍曰：吾人顚覆北洋軍閥之後，必將要求現時必需之各種具體條件之實現，以爲實行最終目的三民主義之初步。此次爆發之國內戰爭，本黨因反對軍閥而參加之，其職任首在戰勝之後，以革命政府之權力，掃蕩反革命之惡勢力，使人民得解放而謀自治；尤在對外代表國家利益，要求從新審訂一切不平等之條約，即取消此等條約中所定之一切特權，而重訂雙方平等互尊主權之條約，以消滅帝國主義在中國之勢力。蓋必先令中國出此不平等之國際地位，然後下列之具體目的方有實現之可能也。

一、中國躋於國際平等地位以後，國民經濟及一切生產力得充分發展。

二、實業之發展，使農村經濟得以改良，而勞動農民之生計有改善之可能。

三、生產力之充分發展，使工人階級之生活狀況，得因其團結力之增長，而有改善之機會。

四、農工業之發展，使人民之購買力增高，商業始有繁盛之新機。

五、文化及教育等問題，至此方不落於空談。以經濟之發展，使知識能力之需要日增，而國家富力之增殖，可使文化事業及教育之經費易於籌措；一切知識階級之失業問題、失學問題，方有解決之端緒。

六、中國新法律，更因不平等條約之廢除，而能普及於全國領土，實行於一切租界，然後陰謀破壞之反革命勢力無所憑藉。

凡此一切，當能造成鞏固之經濟基礎，以統一全國，實現眞正之民權制度，以謀平民群衆之幸福。故國民處此戰爭之時，尤當亟起而反抗軍閥，求此最少限度之政綱實現，以爲實行三民主義之第一步。

原著選讀

北上宣言

(一九二四年十一月十日)

本年九月十八日，本黨對於出師北伐之目的曾有宣言，其主要之意義，以爲國民革命之目的，在造成獨立自由之國家，以擁護國家及民衆之利益。此種目的，與帝國主義欲使中國永爲其殖民地者，絕對不能相容。故辛亥之役，吾人雖能推倒滿洲政府，曾不須臾，帝國主義者已勾結軍閥，以與國民革命爲敵，務有以阻止國民革命目的之進行。十三年來，軍閥本身有新陳代謝，而其性質作用，則自袁世凱以至曹錕、吳佩孚，如出一轍。故北伐之目的，不僅在覆滅曹吳，尤在曹吳覆滅之後，永無同樣繼起之人；換言之，北伐之目的，不僅在推倒軍閥，尤在推倒軍閥所賴以生存之帝國主義。蓋必如是，然後國民黨革命之目的，乃得以掃除障礙之故而活潑進行也。

國民革命之目的，在造成獨立自由之國家，以擁護國家及民衆之利益，其內容爲何，本黨第一次全國代表大會宣言已詳述之。蓋以民族、民權、民生三主義爲基本，而因應時勢，列舉救濟方法，以爲最少限度之政綱。語其大要，對外政策：一方在取消一切不平等之條約及特權；一方在變更外債之性質，使列強不能利用此種外債，以致中國坐困於次殖民地之地位。對內政策：在劃分中央與省之權限，使國家統一與省自治，各遂其發達而不相妨礙；同時確定縣爲自治單位，以深植民權之基礎；且當以全力保障人民之自由，輔助農工實業團體之發達，謀經濟教育狀況之改善。蓋對外政策果得實現，則帝國主義在中國之勢力歸於消滅，國家之獨立自由可保；對內政策果得實現，則軍閥不致死灰復燃，民治之基礎莫能搖動。此敢信於中國之現狀，實爲對症之良藥也。北伐目的宣言，根據此旨，且爲之說明其順序：(一)中國躋於國際平等地位以後，國民經濟及一切生產，方得充分發展。(二)實業之發展，使農村經濟得以改良，而勞動農民之生計有改善之可能。(三)生產力之充分發展，使工人階級之生活狀況，得因團結力之增長，有改善之機會。(四)農工業之發達，使人民之購買力增加，商業始有繁盛之動機。(五)文化及教育等問題，至此方不落於空談。以經濟之發展，使知識能力之需要日增，而國家富力之增殖，可使文化事業及教育之經費易於籌措；一切知識階級之失業問題、失學問題，方有解決之端緒。(六)中國之法律，更因不平等條約之廢除，而能普及於全國領土；一切租界皆已廢除，然後陰謀破壞之反革命勢力無所憑藉。以上諸端，凡屬國民，不別其爲實業家，爲農民，爲工人，爲學界，皆無不感其切要，而共同奮鬥以蘄其實現者也。

國民革命之目的，其內容具如此。十三年來，帝國主義與軍閥互相勾結，以爲其進行之障礙，遂使此等關係民國存亡國民生死之犖犖諸端，無繇實現。爲謀目的之達到，不得不從事於障礙之掃除，此北伐之舉所以不容已也。

自北伐目的宣布以後，本黨旗幟下之軍隊在廣東者，次第集中北江，以入江西。而本黨復從種種方面指示國民以帝國主義所援助之軍閥，雖懷挾其武力統一之夢想，而其失敗終爲不能免之事實。今者吳佩孚之失敗，足以證明本黨判斷之不謬矣。

軍閥所挾持之武力，得帝國主義之援助而增其數量，此自袁世凱以來已然；然當其盛時，雖有帝國主義之羽翼，及其敗也，帝國主義亦無以救之。此其故安在？二年東南之役，袁世凱用兵，無往不利，三、四年間，叛跡漸著，人心漸去，及反對帝制之兵起，終至衆叛親離，一蹶不振。七年以來，吳佩孚用兵亦無往不利，驕氣所中，以爲可以力征經營天下，至不恤與民衆爲敵，屠殺工人學生，以摧殘革命之進行，及人心已去，終至於一敗塗地而後已。猶於敗亡之餘，致電北京公使團，請求加以援助，其始終甘爲帝國主義之傀儡，而不能了解歷史的教訓如此。由斯以言，帝國主義之援助，終不敵國民之覺悟。

帝國主義惟能乘吾國民之未覺悟以求逞，軍閥亦惟能乘吾國民之未覺悟以得志於一時，卒之未有不爲國民覺悟所屈伏者。願我友軍將士暨吾同志，於勞苦功高之餘，一念及之也！

吾人於此，更可以得一證明：凡武力與帝國主義結合者無不敗；反之，與國民結合以速國民革命之進行者無不勝。今日以後，當劃一國民革命之新時化，使武力與帝國主義結合之現象，永絕跡於國內，其代之而興之現象，第一步使武力與國民相結合，第二步使武力爲國民之武力；國民革命，必於此時乃能告厥成功。今日者國民之武力，固尚無可言，而武力與國民相結合，則端倪已見。吾人於此，不得不努力以期此結合之確實而有進步。

欲使武力與國民深相結合，其所由之途徑有二：

其一，使時局之發展能適應於國民之需要。蓋必如此，然後時局發展之利益歸於國民，一掃從前各派勢力瓜分利益，及壟斷權利之罪惡。

其二，使國民能自選擇其需要。蓋必如是，然後國民之需要，乃得充分表現，一掃從前各派包攬把持隔絕群衆之罪惡。

以上二者，爲國民革命之新時代與舊時代之鴻溝劃然。蓋舊時代之武力，爲帝國主義所利用，新時代之武力，則用以擁護國民利益而掃除其障礙者也。

本黨根據以上理論，對於時局，主張召集國民會議，以謀中國之統一與建設；而在國民會議召集以前，主張先召集一預備會議，決定國民會議之基礎條件及召集日期、選舉方法等事。

預備會議，以下列團體之代表組織之：

一、現代實業團體，二、商會，三、教育會，四、大學，五、各省學生聯合會，六、工會，七、農會，八、共同反對曹吳各軍，九、政黨。

以上各團體之代表，由各團體之機關派出之；人數宜少，以期得迅速召集。

國民會議之組織，其團體代表與預備會議同，惟其代表須由各團體之團員直接選舉，人數當較預備會議爲多。全國各軍，皆得以同一方法選舉代表，以列席於國民會議。於會議以前，所有各省的政治犯完全赦免，並保障各地方之團體及人民有選舉之自由，有提出議案及宣傳討論之自由。

本黨致力國民革命，於今三十餘年。以今日國內之環境而論，本黨之主張，雖自信爲救濟中國之良藥，然欲得國民之了解，亦大非易事。惟本黨深信國民自決，爲國民革命之要道。本黨所主張之國民會議實現之後，本黨將以第一次全國代表大會宣言所列舉之政綱，提出國民會議，期得國民徹底的明瞭與贊助。

本黨於此，敢以熱誠告於國民曰：國民之命運，在於國民之自決，本黨若能得國民之援助，則中國之獨立自由統一諸目的，必能依於奮鬥而完全達到。凡我國民，盍興乎來！

中華民國十三年十一月十日

中國國民黨總理孫文

原著選讀

中國內亂之原因

(一九二四年十一月二十五日)

——中山先生在東京、大阪、神户國民黨歡迎會上的演説

各位同志：

我們國民黨就是革命黨。民國的名稱，是革命黨推翻了滿淸之後才有的。不過十三年以來，徒有民國之名，沒有民國之實。這種名不符實，便是我們革命沒有成功。革命之所以不成功的原因，是由於反革命的力量太大；反革命的力量過大，抵抗革命，所以革命一時不能成功。革命究竟是什麼事呢？是求進步的事。這種求進步的力量，無論在那一個民族或者那一個國家，都是很大的；所以革命的力量，無論在古今中外的那一國，一經發動之後，不走到底，不做成功，都是沒有止境的。不只是十三年，或者二十三年、三十三年，就是四十三年、五十三年，革命一日不成功，革命的力量便一日不能阻止。要革命完全成功之後，革命的力量才有止境，所以法國革命有八十年，大功告成之後，然後才有止境，然後法國才定。我們中國革命十三年，每每被反革命的力量所阻止，所以不能進行，做到徹底成功。這種反革命的力量，就是軍閥。爲什麼軍閥有這個大力量呢？因爲軍閥背後，有帝國主義的援助。這種力量，向來都沒有人知道要打破，所以革命十三年，至今還不能成功。

這回北京發生政治上的大變化，這回變化之中，有一部分是革命黨的力量。革命黨何以要到北京去革命呢？因爲十三年以前的革命，都是在各省舉行，所以在兩三年前，便有幾位同志說：我們以後革命，如果還是專在各省進行，力量還是很小；必要舉行中央革命，力量才是很大。由於這個理由，那幾位同志便到北京去進行。在這次變化發生之前六個月，他們便有報告說：中央革命很有希望，北京軍人贊成的很多，不久便要發動。他們在六個月之前，便要我放棄廣東，到天津去等候，參加中央革命。我在那個時候，看到很渺茫，不大相信，便答應他們說：要有事實發生後，我才可以去。到了江浙戰事起了以後，他們催促更急，主張要我一定放棄廣東，趕快到天津。當時我在韶關，督率北伐軍出發江西，要北伐軍完全離開廣東，進到江西之後，才可以離開廣州；若是我離開廣州太早，北伐便不容易進行。到了江浙戰事發生變化，江西贊成北伐軍的同志，不敢來歸；在韶關的北伐軍，也因之搖動，不能迅速前進。不上十日，北京就發生這次變化。外間的新聞傳到了，我們同志的報告也同時到了。他們既是發動了這種事

實，我爲踐成約起見，便不能不往北京去。當北京初次變化的時候，國民軍的行動，好像眞有革命的色彩；後來我由韶關到廣州，由廣州到上海，看到北京的情況，便一天不如一天，似乎受了別種勢力的牽涉，不像革命的運動。到上海住幾日之後，北京情況更爲之一變。但是還有許多催我趕快到北方去的，像天津的段祺瑞，奉軍領袖的張作霖，不是派代表，就是用電報，總是要我趕快北上。我也因爲要到北京去看看近來的眞情況，所以便決定北上。又因爲由上海直接往天津，不但是在最近數日之內無船位，就是在十五日之內，也無船位，所以才繞道日本，來神戶；在神戶等船，比在上海等船還要快；而且路過日本，可以看看日本的舊朋友，及觀察日本國民最近對於中國的感情。至於北京這次的變化，雖然不是完全的革命舉動，但是他們歡迎我去，便是給我們以極好的宣傳機會。

此時各方人民，都是希望中國趕快和平統一。說到和平統一，是我在數年前發起的主張；不過那些軍閥，都不贊成，所以總是不能實行這種主張。這次我到北方去，能夠做成和平統一，也未可知。不過要以後眞是和平統一，還是要軍閥絕種；要軍閥絕種，便要打破串通軍閥來作惡的帝國主義；要打破帝國主義，必須廢除中外一切不平等的條約。我這次到北京去的任務，就是要廢除中外不平等的條約。我這次路過日本，在上海動身，及到長崎和神戶三處地方，都有很多日本新聞記者來見我，要我公開發表對於中國時局的主張，我都是主張要中國和平統一，便要廢除中國和外國所立的不平等條約。我現在神戶，沒有工夫來看日本全國的報紙，不知道日本國民對於我這種主張的感想是怎麼樣，或者有表同情的，或者有反對的。不過我這兩日所見日本的舊朋友，都是表同情的多。我的這幾個朋友，雖然不能代表日本的輿論，但是可以擔負在日本宣傳我的主張的任務。

中國要和平統一，爲什麼我要主張廢除不平等的條約呢？和平統一是內政問題，廢除不平等條約是外交問題；我們正講內政問題，爲什麼要牽涉外交問題呢？因爲中國國內種種力量，都沒有革命黨的力量大；中國現在最大的力量，就是革命黨。諸君如果有不知道的，只考查吳佩孚的歷史。吳佩孚是袁世凱以後最大的軍閥。吳佩孚這個軍閥，究竟是從何而起呢？他在民國五、六年以前，是一個無名秀才，沒有人知道，就是帶兵到湖南衡州，來打南方的時候，也不過是一個旅長。當時南方政府是總裁制，本總理也是幾位總裁當中之一，我們南方政府教吳佩孚不要用兵，給他六十萬塊錢；並說北方政府賣國，教他回師去打北方。他得了我們南方的大批軍餉，便回師武漢，進佔洛陽。當時北京政府是段祺瑞當國，他便攻擊段祺瑞，始而打電報，繼而用武力，把段祺瑞推倒了。他推倒了段祺瑞之後，口頭上雖然以民黨自居，總是說北京政府腐敗，要開國民會議來解決國事，心理上還是想做袁世凱第二。外國人考查到了他這種眞相，以爲可以利用，便視爲奇貨可居，事事便幫助他，自己從中取利。吳佩孚以爲外國人都是這樣幫助，天下還有什麼事不能做，所以便越發大膽，用武力橫行於中國，弄到全國人民，都是不能安居樂業。我們革命黨因爲要救國救民，所以便聯絡各方面有實力的人，共同推倒他。諸君聽到這裡，便知道吳佩孚的成功，是由於民黨，吳佩孚的失敗，也是由於民黨。吳佩孚的起家和失敗，完全是由於民黨的力量；革命黨的力量，當然要大過吳佩孚。至於吳佩孚在這幾年中，以軍閥自居，專用武力，壓迫民衆，我們民黨也受他的壓迫的緣故，是由於吳佩孚得了外力（帝國主義）的幫助。所以此刻在中國，只有帝國主義的力量，才是大過革命黨。我們革命黨要中國從此以後，不再發生軍閥，國民能夠自由來解決國事，中國永久是和平統一，根本上便是要使在中國搗亂的帝國主義不能活動，便是要消滅在中國的帝國主義。因爲要消滅在中國搗亂的帝國主義，所以講內政問題，便牽涉到外交問題，要廢除一切不平等的條約。

外國人在中國活動的，像教書的、傳教的和許多做生意的人，都是很安分守己的分子；至於不安分的，只有少數流氓。這些流氓，在外國不過是小有手段，都是不能生活，一到中國，不上幾年，稍爲知道中國內情，便結交官僚，逢迎軍閥；一逢迎到了軍閥，便無惡不作，就是在不平等的條約之中所沒有記載的事，他們都包辦一切，好像小皇帝一樣。所以這幾年來，無論那一個軍閥做事，背後總有幾個外國政客的幫助。譬如廣州商團購槍自衛，向來都是很自愛的，對於政府都是很安分的。廣州政府，無論是民黨，或者非民黨，同商團相處，都是安然無事。這兩年來，有幾個英國人不喜歡國民黨，不願意國民黨的政府發展，便煽動陳廉伯，運動商團全體，在廣州內部反對國民黨的政府。陳廉伯原來是一個滙豐銀行的買辦，本來是個安分的商人，沒有什麼野心。因爲他做滙豐銀行的買辦，所以那幾位反對國民黨的英國人便認識他，便日日運動他反對政府，說：如果你能夠運動商團，反對政府，我們英國便幫助你組織商人政府，你陳廉伯就是中國的華盛頓。陳廉伯當初雖然沒有野心，但是受了英國人的這種運動，既可以得英國的幫助，自己又住在沙面，得英國人的保護，安然無恙，於是他的膽量便雄壯起來，便發生野心。他便住在沙面，對於本黨政府作種種的反抗運動。他當初所有的死黨不過是幾個人，運動成熟了的商團軍士，也不過是三、五十個人，羽毛還不豐滿，要反抗廣州的革命政府，還是沒有辦法。他於是又聽英國人的話，向外國另外辦軍火，想另外組織軍隊。他所辦的頭一批軍火，是用一隻叫做哈佛的丹麥船運進廣州。當那隻軍火船一到廣州的時候，便被我們政府查出來了。政府便一面扣留那隻軍火船，一面派人調查那船軍火的來歷，才知道那船軍火是用商團的名義運進來的。在那隻船進口之前五日，陳廉伯也曾用商團的名義，向政府領過了一張護照。不過陳廉伯領那張護照的時候，曾聲明在四十日之後才發生效力，由四十日之後起，另外到五十日止，那張護照都是有用處。陳廉伯當初之所以有此聲明的意思，就是他對於丹麥船運來的這批軍火，已經想到了種種偷漏的方法，以爲不必用到那張護照,便可以偷過；他所領的護照,是預備第二批軍火到的時候才用的。後來果然有第二批軍火，由歐洲放洋，只因第一批的在廣州失敗，所以第二批的便不知道運到什麼地方去了。所以陳廉伯才要所領的那張護照，就是在九十日之內都有效力。而這船軍火運進廣州的日期，和發給那張護照相差只有五日，便生出一個大疑點。更查這隻軍火船，是屬於丹麥商人的；丹麥在廣州的領事是一個英國人代理，而那位代理的英國人，又不在廣州。是以我們便和英國領事交涉，英國領事和我們的私交很好，便將陳廉伯買軍火的原委，告訴我們說：「你們還不知道陳廉伯的行動嗎？香港和上海的外國報紙，老早就說陳廉伯要運動商團，反對你們政府，你們還沒有留心那種新聞嗎？我老實告訴你罷，有幾個英國人許久便教陳廉伯買軍火，練軍隊，反對廣州政府，這不過是頭一批軍火，以後還有二批三批。至於這種主張，只是幾個英國人的事，我可以報告我們公使，懲辦他們；你們可以辦你們的商團，對付陳廉伯。」我知道了這種詳細情形之後，便把那船軍火完全扣留。當時許多明大義的商團，也承認由政府辦理，沒有什麼舉動。但是陳廉伯在沙面受了英國人的鼓動，便煽動一般無知識的商團，要求政府發還扣留的軍火，如果政府不答應他們的要求，便煽動廣州全體商人罷市，抵制政府。所以有一日便有一千多商團，穿起軍服，整隊到河南大本營請願，要發還槍枝；若是不發還槍枝，第二日便罷市。我當那一日正在大本營，便親出接見那一千多商團，對他們演說商團買槍的護照，就日期講，陳廉伯已經聲明在四十天之後才有效，這批槍枝只在領護照後五日之內，便到廣州，是一個疑點；就槍數講，護照上載明的長短槍數，與這隻船所載的槍數不符，是二個疑點。專就護照說，便有兩個疑點，有了這兩個疑點，那末這批軍火，不是私運，便是頂包。並且把英國領事對我所說陳廉伯要運動商團，和另外買槍練兵，來反對政府的情形，詳細告訴他們。演說了一點多鐘，他們聽明白了之後，當時便很滿足，第二日也沒有罷市。以後我把陳廉伯的叛跡，更是查得水落石出，便老實告訴商團。但是在手續上，我還沒有用公文，只用私緘，對商團各代表說，陳廉伯反抗政府的詭謀，我已經查清楚了，你們商團不是同謀的人，我自然不理，若是同謀的人，我一定要辦幾個，以儆傚尤。那些陳廉伯的羽黨，便鼓動全體商團，要求政府寬大，不能多牽連。政府就答應他們的要求，不但是沒有牽連，並且沒有重辦一個同謀的人。陳廉伯看見政府很柔軟，便鼓動商家罷市，還是要求政府，發還所有扣留的槍枝。政府也答應他們的要求，承允把護照上所載槍枝的數目，分批發還。在國慶日便一批發還長短槍四千枝，子彈一二十萬。陳廉伯那些人看見政府一步讓一步，很容易欺負，於是鼓動商團在國慶日收回槍枝的時候，對於政府武裝示威，開槍打死許多慶祝雙十節的農團軍、工團軍和文武學生。因爲陳廉伯已經預備了在國慶日收回槍枝之後便造反，所以預先便在西關招了兩三千土匪，假充商團。最奇的是那些假充商團的土匪，在國慶日不但是打死人，並且把打死了的人，刨肝剖肺，割頭斷脚，把那些屍分成無數部分，拿到沿街示衆，慘無人道。當日政府沒有把商團有什麼處分。商團的不良分子，便從此以後，目無政府，專唯陳廉伯之命是聽，把廣州全市商團的槍枝，都集中到西關，在西關架天橋，築砲台，用鐵柵門分鎖各街道，儼然把廣州市分成了兩部分：城內屬於政府範圍，西關屬於商團範圍。凡是商團範圍以內，都是由商團發號施令。在商團發號施令的範圍以內，不但是沒有政府的警察，就是政府人員路過，只要被他們知道了，就馬上有性命的危險。當時西關和城內，完全成了一個交戰區域。那幾日英國人便在香港英文報紙上挑戰，說廣州的實在勢力，已經到了商團之手，政府沒有力量行使職權，政府人員馬上便要逃走。其實政府還是想調和，但是西關的那些土匪，頑強抵抗，無論政府是怎麼樣調和，都不能得結果。到了十月十四日晚，凡是近政府各機關的高當舖，都收藏得有幾十個商團兵，居高臨下，開槍打政府，一夜打到天明。到天明的時候，政府爲求自衛起見，才下令還槍。到了政府還槍之後，稍明事理的商團分子，便極願繳槍了結，以免糜爛市場。而陳廉伯的死黨，還是在西關散布謠言，不說是東江陳炯明的援兵就到了，就說是白鵝潭的英國兵船馬上便要開砲，打退政府，只要商團多抵抗幾點鐘，便可以勝利。

當商團事變沒有發生以前的十幾日，英國領事告訴了我們政府說：在白鵝潭的英國兵船，已經奉到了他們海軍提督的命令，如果廣州政府開砲打西關，英國兵船便開砲打廣州政府。我得了這個通知，便用很正當的宣言，通告英倫政府和世界各國。英倫政府也自己知道無理，便制止他們海軍提督，所以到後來政府和商團衝突的時候，英國兵船到底是守中立。從互相衝突之後，不上四點鐘，各武裝商團便繳械了事。於是香港英國的報紙，更以爲是反對廣州政府的好材料，便無中生有，亂造謠言，把廣東政府罵得不值半文錢。其實廣州政府和商團原來本是相安無事，因爲有幾個英國流氓，居中離間，所以便弄得不和；到了不和之後，也可以用和平手段了結，因爲那幾個英國流氓又從中挑撥，所以便弄到殺人繳槍，以致商團受英國人的大騙。諸君不信，只看前幾個月的香港英文報紙，許多都是恭維陳廉伯是中國的華盛頓，廣州不久便有商人政府出現的論調，便可以知道英國人的居心。幸而英國人和陳廉伯的這次陰謀，沒有成功；如果眞是成功了，廣東便變成了第二個印度。我們廣東這次沒有亡省，雖然是天幸，但是已經阻止了北伐軍的進行，擾亂了廣州的商場，弄到全省不太平，都是外國人的力量在廣東暗中搗亂。就是推到全國的情形，也是一樣。因爲這些理由，所以我們才要防止外國人的力量再來中國搗亂。防止了外國人在中國搗亂的力量，中國才可以永久的和平。要防止外國人在中國搗亂，便先要外國人在中國沒有活動的力量。要外國人在中國沒有活動的力量，還是在廢除一切不平等的條約。廢除了一切不平等的條約，才可以收回租界、海關和領事裁判權，中國才可以脫離外國的束縛，才可以還我們原來的自由。

用極淺近的道理說，諸君知道那些不平等的條約，究竟是什麼東西呢？簡而言之，就是我們大家的賣身契。中國和外國立了許多喪失權利的條約，就是把我們國民押把外國人，替我們寫了許多賣身的字據一樣。中國國民賣身，不只是賣把一國，已經賣把了幾國。我們國民賣了身，究竟國家的地位墮落到什麼樣子呢？有許多人都說中國現在是半殖民地，不承認是全殖民地。存這種見解的人，不是自己安慰自己，便是不知道中國現在的國情。如果說中國是半殖民地，中國的地位，自然是比全殖民地的地位高。依我看起來，中國現在不是半殖民地，也不是全殖民地，但是國家的地位，比全殖民地的地位還要低。這個道理很容易明白。譬如香港完全割歸英國，由英國人管理，是英國的全殖民地；上海還是中國的領土，不過暫時租把外國，可以說是半殖民地。就字面講，香港既是全殖民地，上海是半殖民地，上海的中國人所享的主權，當然比香港的中國人所享的主權要高。但是事實上是怎麼樣呢？香港割歸了英國，英國政府便派一個總督來管理；那個總督爲管理香港起見，設立了一個香港政廳，另外又設立一個立法局，所有關於管理香港土地人民的法律，都是由那個立法局頒布出來的；在那個立法局裡頭，還有幾個中國人，那幾個中國人在立法局裏頭，還有很大的發言權，還可以議訂法律來管理香港。上海是我們中國的領土，在租界之內，大多數做生意的是中國人，納稅的是中國人，勞動的也是中國人，試問中國有沒有人在上海工部局裏能夠有大發言權呢？中國人能不能夠在上海工部局裡頭議訂法律來管理上海呢？我們在上海是主人，他們由外國來的都是客人，他們居然反客爲主，在中國的領土之中，組織一個政府來加乎我們之上，我們人民不敢過問，政府不能管理。用香港和上海比較，究竟是在香港的中國人所享的主權高呢，還是在上海的中國人所享的主權高呢？不但是上海是如此，凡是外國人在中國所到的地方，他們便無法無天，爲所欲爲。所以中國現在不只是全殖民地，比全殖民地的地位還要低一級。我就這種情形，創立一種新名詞，叫中國是「次殖民地」。再就全殖民地的情形講，凡是一個殖民地的人民，只做一國的奴隸，對於母國總可以享多少權利；我們現在做十幾國的奴隸，沒有一點權利之可言，譬如澳洲是英國的殖民地，加拿大是英國的殖民地，和南非洲許多地方都是英國的殖民地，所有澳洲、非洲和加拿大所設立的政府，對於母國進口的人民，都有主權可以檢查；由母國運來的貨物，那些殖民地的政府都可以自由抽稅；英國人進那些殖民地之後，只可以做普通買賣的商業，不能濫發紙幣，擾亂那些殖民地的金融；英國人在那些殖民地犯了罪，要由那些殖民地的法庭裁判，英國不能另外設立法庭去裁判。試問英國人進中國的口岸，中國政府有沒有權力去檢查呢？英國貨物到中國來，中國有沒有海關去自由抽稅呢？英國在中國的所有通商口岸，開設銀行，濫發紙幣，中國政府有沒有權力去稽查禁止呢？英國人寄居中國各地，若是犯了罪，中國法庭能不能夠去裁判他們呢？英國人的這種行動，在本國的殖民地是怎麼樣呢？再在他們的祖國三島之內，又是怎麼樣呢？不止是英國人在中國是這樣橫行，就是其他各國的人，都是一樣。所以中國人不只是做一國的奴隸，實在是做十幾國的奴隸；國家的地位，眞是一落千丈，比亡國奴的地位還低！好比高麗亡把日本，安南亡把法國，高麗人只做日本一個的奴隸，安南人只做法國一國的奴隸，高麗人和安南人的地位，比中國人還要高。我們不用外國的領土來比，就是同是中國的土地，只要完全亡把了外國的，便和在中國沒有亡的大不相同。好比香港的公園，無論什麼中國人，都可以進裏面休息；上海的黃浦灘和北四川路那兩個公園，我們中國人至今還是不能進去。從前在那些公園的門口，並掛一塊牌說：「狗同中國人不許入！」現在雖然是取消了那塊牌，還沒有取消那個禁例。在香港之內，無論是什麼地方，中國人都可以進去；在上海便有許多地方，中國人不能進去。好像在上海的英國會館，中國人便不許進去，就是有英國的朋友住在裏面，中國人只要去看看朋友，都是不能破例；至於在香港的英國會館，中國人還可以進去看朋友，還可以進去吃飯。我們中國人的地位，墮落到了這個地步，如果還不想振作國民的精神，同心協力，爭回租界、海關和領事裁判權，廢除一切不平等的條約，我們中國便不是世界上的國家，我們中國人便不是世界上的國民。

現在北京有了大變化，我可以自由到北京去。我一到北京之後，便要開國民會議。這個會議能不能夠馬上開得成，此刻固然沒有把握。假若開得成，我首先要提出來的就是兩件事：一件是改良國民生計；一件是改良中外不平等條約。若是國民會議開不成，我們就是想要做這二件事，也做不成功。要把這二件事做成功，還是要開國民會議。要能夠開國民會議，還是要大家先出來提倡。至於國民會議的組織法，因爲全國人數的調查不的確，不容易由人民直接派代表，所以我在宣言裏頭，便主張用全國已經有了組織的團體派代表，共同到北京來組織國民會議。至於宣言中所列入的團體以外，遺漏了的還是很多，譬如報界便沒有列入，所以我在上海，便主張加入報界團體。你們在海外的華僑團體，也沒有列入，爲解決華僑在海外所受的種種壓迫起見，華僑團體也應該要加入。要全體國民都是一致力爭，要全國有組織的團體，都是一齊加入，然後這個國民會議才可以開得成，然後這個國民會議才會有很大的力量。因爲要得到國民全體的主張，然後對內要改良國民生計的問題，才可以根本解決；對外改良中外不平等的條約，才可以動世界各國人民的視聽。現在中國搗亂的外國人，不過是少數無賴的流氓；至於在外國許多主張公道的外國人，都不知道這些詳細情形。假若那些很公平的外國人，都知道了中國同他們所立的那些不平等條約，實在是很壞，他們一定出來仗義執言，爲我們打不平，要幫助我們要求他們本國政府，廢除那些不平等的條約。好比美國南方人從前虐待黑奴，北方主張公道的人，便出來打不平，發生南北戰爭，一定要解放黑奴一樣。因爲這個道理，所以我們這次到北京所召集的國民會議，必須全國有組織的團體都一齊加入，才有大力量，才可以動各國主張公道民衆的注意，然後乃可動世界的公忿，他們一定要來和我們表同情。到了各國主張公道的人都和我們表同情，那還愁什麼不平等的條約不能夠廢除呢！

我們做國民的要將來達到這種大目的，此刻必要向北京和全國去力爭，要全體國民都打電報，一致去爭。國民爲爭這種國家大事，打到了幾百張和幾千張電報，便可以當幾千兵和幾萬兵。假若我得到了國民的一萬張電報，都是要開國民會議，我在北京便可以拿那一萬張電報，向軍閥去力爭；用一萬張電報去爭，這種和平的爭法，勝過十萬兵。所以要廢除中外不平等的條約，還是要開國民會議；還是要做國民的大家奮鬥，一致去要求。今晚在這裡開會的人，都是本黨在日本各地的同志，散會之後，要實行本黨的主張，便要寫信發電到各方的朋友和中國的家庭，去解釋國民會議的重要，要各人所有的親戚朋友，都是一致贊成要開國民會議。國民會議開得成，中國便可以和平統一，大家便可以享太平幸福；國民會議開不成，中國便還要大亂不已，大家便還要受兵災的禍害。所以大家要以後所得到的是禍是福，還是在大家自己去求。今晚各同志來歡迎我，我便希望各同志在散會之後，對於國民會議，要努力去奮鬥。

原著選讀

歡宴蒙古代表及國民黨全國代表的演說

（一九二四年一月二十日）

蒙古巴先生和國民黨各省代表諸君：

今晚是本總理來歡迎諸君；本總理又來同諸君共同歡迎巴先生。諸君此次到廣東來，開國民黨全國代表大會，本總理覺得諸君振作的精神，興旺的氣魄，是向來沒有的。諸君有這樣好的精神和氣魄，本黨前途有無窮的希望。這是本黨應該慶祝的，也是中國前途應該慶祝的。

我們這次革命，是先講方法，然後才去實行。從前革命，因爲沒有好方法，所以不能大功告成，這次開全國代表大會，便是要定一個好方法。諸君在沒有得到方法之先，有一件事要諸君留心的，是本總理的學說，和古人的學說不同，古人所信仰的是「知之非艱，行之惟艱」，我所信仰的是「知難行易」。我們從前革命，本來沒有詳細方法，但是因爲有諸先烈的犧牲和諸君的努力，前仆後起，繼續進行，便做成了兩件很大的事：一件是把滿清兩百多年的政府完全推翻；一件是把中國數千年的專制國體根本改變。這兩件大事，沒有詳細方法的時候，尙且可以做成。我們在那個時候，因爲沒有很詳細的方法，所以我常常和人談革命，總有人問我說：「滿清有二十二行省的土地，四萬萬人民，內有海陸軍的鎭攝，外有列強的幫助，請問你有什麼方去可以推翻滿清呢？就令能夠推翻滿清，又有什麼方法可以對付列強呢?」並且常用難題來對我說：「滿清對外不足，對內有餘。」又說：「我們不可革命呵，如果我們起了革命，列強必要把中國瓜分。」我們在那個時候，對付滿清，要推翻它，對付列強，要使不致瓜分中國，沒有別的長處，方去是在不問成敗利鈍，只問良心要做，便立志去奮鬥。

我從前在英國的時候，有一次在圖書館內看書，遇到幾位俄國人，交談之後，知道彼此都是革命同志，俄國人便問起來說：中國的革命，何時可以成功呢？我當時聽了這句話之後，便不能不答；但是我那一次亡命到英國，雖是初失敗之後，沒有辦法，然捲土重來之氣正高，心中希望一二年內就要再舉，再舉又必期成功，不過對那些俄國人，又不敢輕於答覆，故爲最穩健的回覆說：「大約三十年可以成功。」俄國人便驚訝起來說：你們在那樣大的國家發起革命，只要三十年便可成功嗎？我當時又問俄國人：「你們俄國的革命，何時可以成功呢?」他們答覆說：大概一百年後能夠成功，我們便大滿足，此刻正是在奮鬥。成功雖然在一百年之後，但是現在不能不奮鬥，如果現在不奮鬥，就是百年之後也不能成功；因爲要希望一百年可以成功，所以我們現在便努力奮鬥。我當時聽了他們這番話之後，回想到我的答話，便覺得無以自容。因爲我在初失敗之後，本希望中國的革命急於成功，不過爲對外國人說話穩健起見，故多說三十年，及聽到他們的答話，知道他們的計劃穩健，氣魄雄大，加我好幾倍，所以我在當時便非常抱愧。我自那個時以後，便環繞地球，周遊列國，一面考察各國的政治得失和古今國勢強弱的道理，一面做我的革命運動。約計每二年繞地球一周，到武昌起義以前，大概繞過了地球六七周。每次到一個地方，總是遇到許多熟人，那些人總是來問我說：我們看到了你這位先生，不知道失敗多少次了，爲什麼還不喪氣，總是這樣熱心呢？這是什麼理由呢？我每次都沒有什麼好話可以答覆，只有用我在英國圖書館內和俄國人的談話，來答覆他們說：「我不管革命失敗了有多少次，但是我總要希望中國的革命成功，所以便不能不總是這樣奮鬥。」

俄國人立志革命，希望一百年成功，現在不過二十多年便完全達到成功的目的。我從前希望數年成功，現在已經到了三十年，還沒有大功告成，這是因爲中國人革命的方法和氣魄不及俄國人。俄國人因爲有了這種氣魄和方法，所以革命一經發動，得到機會，便大功告成了。俄國革命的成功，爲什麼那樣大而且快呢？因爲俄國人立志穩健，眼光遠大，把國家大事算到一百年，什麼方法都計劃到了，這就是經驗多而成功快。無論做什麼事成功，都是在有好方法。方法自何而得呢？是自學問知識而得。先有了學問，便有知識，有了知識便有了方法，有了好方法來革命，一經發動，就馬到成功。我們從前受良心上的命令去革命，講到結果，沒有俄國成功那樣大而快的原因，就是在沒有好學問好方法。至於實行革命，大家都是各自爲戰去幹，實在是不知而行，做到後來能夠推翻滿清，且免去列強瓜分，都是無意中做出來的，預先毫沒有料到。十三年以來，我們革命的知識進步，有了許多方法，旁邊又有俄國的好榜樣，此後革命，應該要先求知，然後才去行。本總理發明的學說，是「知難行易」，如果知得到。便行得到，從前的革命，不知還能行，此後的革命，能知當更能行。知了才去行，那種成功，當然像俄國一樣。這就是我們今晚可以大大慶祝的。

我們今晚來歡迎巴先生，巴先生是外蒙古人，外蒙古到民國以來，脫離中國，內政是很修明的，在陸軍一方面，也練了很多的騎兵，所以他們現在便是一個獨立的國家。這次巴先生到廣東的來意，還是想蒙古再同中國聯合，造成一個大中華民國。我們是中華民國的大民族，全國人口的總數是四萬萬，漢族人是多數，蒙古人是少數。中國在帝制時代，總是想壓制蒙古，在民國時代，北京政府也有徐樹錚練邊防軍去打蒙古，現在又想派馮玉祥帶兵去征服蒙古。但是蒙古總不怕北京政府的兵力，總是要脫離中國去獨立。我們南方政府向來沒有用過兵力去征蒙古的，今晚巴先生尚且不遠萬里而來，想聯合成一個大中華民國，就是因爲我們有主義。由此便可見主義大過武力。用主義來建國，萬萬里都是來朝的，用武力去征服人，近在咫尺都是反叛的。由上便可知主義甚過武力！這便可以大大的慶祝。所以要諸君來恭祝巴先生一杯，本總理也來恭祝諸君一杯。

原著選讀

大亞洲主義

（一九二四年十一月二十八日）

——中山先生對神户商業會議所等五團體的演講

諸君：今天蒙諸君這樣熱誠的歡迎，我實在是非常的感激。今天大家定了一個問題，請我來講演，這個問題是「大亞洲主義」。我們要講這個問題，便先要看清楚我們亞洲是一個甚麼地方。我想我們亞洲就是最古文化的發祥地，在幾千年以前，我們亞洲人便已經得到了很高的文化。就是歐洲最古的國家，像希臘、羅馬那些古國的文化，都是從亞洲傳過去的。我們亞洲從前有哲學的文化、宗教的文化、倫理的文化和工業的文化。這些文化都是亙古以來，在世界上很有名的。推到近代世界上最新的種種文化，都是由於我們這種老文化發生出來的。到近幾百年以來，我們亞洲各民族才漸漸萎靡，亞洲各國家才漸漸衰弱，歐洲各民族才漸漸發揚，歐洲各國家才漸漸強盛起來。到了歐洲的各民族發揚和各國家強盛之後，他們的勢力更漸漸侵入東洋，把我們亞洲的各民族和各國家，不是一個一個的銷滅，便是一個一個的壓制起來。一直到三十年以前，我們亞洲全部，可以說是沒有一個完全獨立的國家。到那個時候，可以說是世界的潮流走到了極端。

但是否極泰來，物極必反，亞洲衰弱，走到了這個極端，便另外發生一個轉機，那個轉機就是亞洲復興的起點。亞洲衰弱，到三十年以前，又再復興，那個要點是在甚麼地方呢？就是在日本。當三十年以前，廢除了和外國所立的一些不平等條約。日本廢除不平等條約的那一天，就是我們全亞洲民族復興的一天。日本自從廢除了不平等條約之後，便成了亞洲的頭一個獨立國家。其他亞洲的有名國家，像中國、印度、波斯、阿富汗、阿拉伯、土耳其，都不是獨立的國家，都是由歐洲任意宰割，做歐洲的殖民地。在三十年以前，日本也是歐洲的一個殖民地，但是日本的國民有先見之明，知道民族和國家之何以強盛與衰弱的關鍵，便發奮爲雄，同歐洲人奮鬥，廢除所有不平等的條約，把日本變成一個獨立國家。自日本在東亞獨立了之後，於是亞洲全部的各國家和各民族，便另外生出一個大希望，以爲日本可以廢除條約來獨立，他們也當然可以照樣，便從此發生膽量，做種種獨立運動，要脫離歐洲人束縛，不做歐洲的殖民地，要做亞洲的主人翁。這種思想，是近三十年以來的思想，是很樂觀的思想。

說到三十年以前，我們亞洲全部的民

族思想便大不相同，以爲歐洲的文化是那樣進步，科學是那樣進步，工業上的製造也是那樣進步，武器又精良，兵力又雄厚，我們亞洲別無他長，以爲亞洲一定不能抵抗歐洲，一定不能脫離歐洲的壓迫，要永遠做歐洲的奴隸。這種思想，是三十年以前的思想，是很悲觀的思想。就是從日本廢除了不平等條約之後，在日本雖然成了一個獨立國家，和日本很接近的民族和國家，雖然要受大影響，但是那種影響還不能一時傳達到全亞洲，亞洲全部的民族還沒有受大震動。再經過十年之後，便發生日俄一戰，日本便戰勝俄國。日本人戰勝俄國人，是亞洲民族在最近幾百年中頭一次戰勝歐洲人；這次戰爭的影響，便馬上傳達到全亞洲，亞洲全部的民族便驚天喜地，發生一個極大的希望。這是我親眼所見的事，現在可以和諸君略爲談談。當日俄戰爭開始的那一年，我正在歐洲，有一日聽到東鄉大將打敗俄國的海軍，把俄國新由歐洲調到海參衛的艦隊，在日本海打到全軍覆沒。這個消息傳到歐洲，歐洲全部人民爲之悲憂，如喪考妣。英國雖然是和日本同盟，而英國人士一聽到了這個消息，大多數也都是搖首皺眉，以爲日本得了這個大勝利，終非白人之福。這正是英國話所說「Blood is thicker than water」的觀念。不久我由歐洲坐船回亞洲，經過蘇彝士運河的時候，便有許多土人來見，那些土人大概是阿拉伯人，他們看見了我是黃色人，便現出很歡喜的急忙的樣子來問我說:「你是不是日本人呀?」我答應說:「不是的。我是中國人，你們有甚麼事情呢？你們爲甚麼現出這樣的高興呢?」他們答應說:「我們新得了一個極好的消息，聽到說日本消滅了俄國新由歐洲調去的海軍，不知道這個消息是不是的確呢？而且我們住在運河的兩邊，總是看見俄國的傷兵，由一船一船的運回歐洲去，這一定是俄國打了大敗仗的景況。從前我們東方有色的民族，總是被西方民族的壓迫，總是受痛苦，以爲沒有出頭的日子。這次日本打敗俄國，我們當作是東方民族打敗西方民族。日本人打勝仗，我們當作是自己打勝仗一樣。這是一種應該歡天喜地的事。所以我們便這樣高興，便這樣喜歡。」像這個樣子看起來，日本戰勝俄國，是不是影響到亞洲全部的民族呢？那個影響是不是很大呢？至於那次日本戰勝俄國的消息，在東方的亞洲人聽到了，或者以爲不大重要，不極高興。但是在西方的亞洲人，和歐洲人毗連，朝夕相見，天天受他們的壓迫，天天覺得痛苦，他們所受的壓迫，比較東方人更大，所受的痛苦，比較東方人更深，所以他們聽到了那次戰勝的消息，所現出的高興，更比較我們東方人尤甚。

從日本戰勝俄國之日起，亞洲全部民族便想打破歐洲，便發生獨立的運動。所以埃及有獨立的運動，波斯、土耳其有獨立的運動。阿富汗、阿拉伯有獨立的運動，印度人也從此生出獨立的運動。所以日本戰勝俄國的結果，便生出亞洲民族獨立的大希望。這種希望從發生之日起一直到今日不過二十年，埃及的獨立便成了事實，土耳其的完全獨立也成了事實，波斯、阿富汗和阿拉伯的獨立，也成了事實。就是最近印度的獨立運動，也是天天發達。這種獨立的事實，便是亞洲民族思想在最近進步的表示。這種進步的思想發達到了極點，然後亞洲全部的民族才可聯絡起來，然後亞洲全部民族的獨立運動才可以成功。近來在亞洲西部的各民族，彼此都有很親密的交際，很誠懇的感情，他們都可以聯絡起來。在亞洲東部最大的民族，是中國與日本，中國同日本，就是這種運動的原動力。這種原動力發生了結果之後，我們中國人此刻不知道，你們日本人此刻也不知道，所以中國同日本現在還沒有大聯絡，將來潮流所趨，我們在亞洲東方的各民族，也是一定要聯絡的。東西兩方民族之所以發生這種潮流，和要實現這種事實的原故，就是要恢復我們亞洲從前的地位。

這種潮流在歐美人看到是很淸楚的，所以美國便有一位學者，曾做一本書，專討論有色人種的興起。這本書的內容是說日本打敗俄國，就是黃人打敗白人，將來這種潮流擴張之後，有色人種都可以聯絡起來和白人爲難，這便是白人的禍害，白人應該要思患預防。他後來更做了一本書，指斥一切民族解放之事業的運動，都是反叛文化的運動。照他的主張，在歐洲的民衆解放運動，固然是當作文化的反叛，至於亞洲的民衆解放運動，更是應該當作反叛事業。這種思想在歐美一切特殊階級的人士，都是相同的。所以他們用少數人旣是壓制了本洲和本國的多數人，更把那種流毒推廣到亞洲，來壓制我們九萬萬民族，要我們九萬萬的大多數，做他們少數人的奴隸，這眞是非常的慘酷，眞是可惡已極。而這位美國學者的論調，還以爲亞洲民族有了感覺，便是對於世界文化的反叛，由此便可見歐洲人自視爲傳授文化的正統，自以文化的主人翁自居，在歐洲人以外的，有了文化發生，有了獨立的思想，便視爲反叛；所以用歐洲的文化和東洋的文化相比較，他們自然是以歐洲的文化，是合乎正義人道的文化，以亞洲的文化，是不合乎正義人道的文化。

專就最近幾百年的文化講：歐洲的物質文明極發達，我們東洋的的這種文明不進步。從表面的觀瞻比較起來，歐洲自然好於亞洲；但是從根本上解剖起來，歐洲近百年是甚麼文化呢？是科學的文化，是注重功利的文化。這種文化應用到人類社會，只見物質文明，只有飛機炸彈，只有洋槍大砲，專是一種武力的文化。歐洲人近有專用這種武力的文化來壓迫我們亞洲，所以我們亞洲便不能進步。這種專用武力壓迫人的文化，用我們中國的古話說就是「行霸道」，所以歐洲的文化是霸道的文化。但是我們東洋向來輕視霸道的文化。還有一種文化，好過霸道的文化，這種文化的本質，是仁義道德。用這種仁義道德的文化，是感化人，不是壓迫人；是要人懷德，不是要人畏威。這種要人懷德的文化，我們中國的古話就說是「行王道」。所以亞洲的文化。就是王道的文化。自歐洲的物質文明發達，霸道大行之後，世界各國的道德，便天天退步。就是亞洲，也有好幾個國家的道德，也是很退步。近來歐美學者爲留心東洋文化，也漸漸知道東洋的物質文明，雖然不如西方，但是東洋的道德，便比西方高得多。

用霸道的文化和王道的文化比較起來說，究竟是那一種有益於正義和人道，那一種是有利於民族和國家，諸君可以自己證明。我也可以舉一個例子來說明；譬如從五百年以前以至兩千年以前，當中有一千多年，中國在世界上是頂強的國家，國家的地位，好像現在的英國、美國一樣。英國、美國現在的強盛，還是列強；中國從前的強盛，是獨強。中國當獨強時候，對於各弱小民族和各弱小國家是怎麼樣呢？當時各弱小民族和各弱小國家對於中國又是怎麼樣呢？當時各弱小民族和國家，都是拜中國爲上邦，要到中國來朝貢，要中國收他們爲藩屬，以能夠到中國來朝貢的爲榮耀，不能到中國朝貢的是恥辱。當時來朝貢中國的，不但是亞洲各國，就是歐洲西方各國，也有不怕遠路而來的。中國從前能夠要那樣多的國家和那樣遠的民族來朝貢，是用甚麼方法呢？是不是用海陸軍的霸道，強迫他們來朝貢呢？不是的。中國完全是用王道感化他們，他們是懷中國的德，甘心情願，自己來朝貢的。他們一受了中國王道的感化，不只是到中國來朝貢一次，並且子子孫孫都要到中國來朝貢。這種事實，到最近還有證據。譬如在印度的北方，有兩個小國：一個叫做布丹，一個叫做尼泊爾。那兩個國家雖然是小，但是民族很強盛，又很強悍，勇敢善戰。尼泊爾的民族，叫做廓爾喀，尤其是勇敢善戰。現在英國治印度，常常到尼泊爾去招廓爾喀人當兵來壓服印度，英國能夠滅很大的印度，把印度做殖民地，但是不敢輕視尼泊爾，每年還要津貼尼泊爾許多錢，才能派一個考查政治的駐紮官。像英國是現在世界上頂強的國家，尚且是這樣恭敬尼泊爾，可見尼泊爾是亞洲的一個強國。尼泊爾這個強國對於英國是怎麼樣呢？英國強了一百多年，英國滅印度也要到一百多年，尼泊爾和英國的殖民地，密邇連接有這樣的久，不但是不到英國去進貢，反要受英國的津貼。至於尼泊爾對於中國是怎麼樣呢？中國的國家地位現在一落千丈，還趕不上英國一個殖民地，離尼泊爾又極遠，當中還要隔一個很大的西藏，尼泊爾至今還是拜中國爲上邦。在民國元年還走西藏到中國來進貢，後來走到四川邊境，因爲交通不方便，所以沒有再來。就尼泊爾對於中國和英國的區別，諸君看是奇怪不奇怪呢？專拿尼泊爾民族對於中國和英國的態度說，便可以比較中國的東方文明和英國的西方文明。中國國勢雖然是衰了幾百年，但是文化尙存，尼泊爾還要視爲上邦。英國現在雖然是很強盛，有很好的物質的文明，但是尼泊爾不理會。由此便可知尼泊爾眞是受了中國的感化，尼泊爾視中國的文化，才是眞文化；視英國的物質文明，不當作文化，只當作霸道。

我們現在講大亞洲主義，研究到這個地步，究竟是甚麼問題呢？簡而言之，就是文化問題，就是東方文化和西方文化的比較和衝突問題。東方的文化是王道，西方的文化是霸道：講王道是主張仁義道德，講霸道是主張功利強權；講仁義道德，是由正義公理來感化人；講功利強權，是用洋槍大砲來壓迫人。受了感化的人，就是上國衰了幾百年，還是不能忘記，還像尼泊爾至今是甘心情願要拜中國爲上邦；受了壓迫的人，就是上國當時很強盛，還是時時想脫離，像英國征服了埃及，滅了印度，就是英國極強盛，埃及、印度還是時時刻刻要脫離英國，時時刻刻做獨立的運動。不過處於英國大武力壓制之下，所以一時不能成功。假若英國一時衰弱了，埃及、印度不要等到五年，他們馬上就要推翻英國政府，來恢復自己的獨立地位。諸君聽到這裡，當然可知道東西文化的優劣。我們現在處於這個新世界，要造成我們的大亞洲主義，應該用甚麼做基礎呢？就應該用我們固有的文化做基礎，要講道德，說仁義；仁義道德就是我們大亞洲主義的好基礎。我們有了這種好基礎，另外還要學歐洲的科學，振興工業，改良武器。不過我們振興工業，改良武器，來學歐洲，並不是學歐洲來銷滅別的國家，壓迫別的民族的，我們是學來自衛的。

近來亞洲國家學歐洲武功文化，以日本算最完全。日本的海軍製造，海軍駕駛，不必靠歐洲人。日本的陸軍製造，陸軍運用，也可以自己作主。所以日本是亞洲東方一個完全的獨立國家。我們亞洲還有個國家，當歐戰的時候，曾加入同盟國的一方面，一敗塗地，已經被人瓜分了，在歐戰之後又把歐洲人趕走。現在也成了一個完全獨立國家，這個國家就是土耳其。現在亞洲只有兩個頂大的獨立國家；東邊是日本，西邊是土耳其。日本和土耳其，就是亞洲東西兩個大屏障。現在波斯、阿富汗、阿拉伯也起來學歐洲，也經營了很好的武備，歐洲人也是不敢輕視那些民族的。至於尼泊爾的民族，英國人尙且不敢輕視，自然也有很好的武備。中國現在有很多的武備，統一之後，便極有勢力。我們要講大亞洲主義，恢復亞洲民族的地位，只用仁義道德做基礎，聯合各部的民族，亞洲全部民族便很有勢力。

不過對於歐洲人，只用仁義去感化他們，要請在亞洲的歐洲人，都是和平的退回我們的權利，那就像與虎謀皮，一定是做不到的。我們要完全收回我們的權利，便要訴諸武力。再說到武力，日本老早有了很完備的武力，土耳其最近也有了很完備的武力，其他波斯、阿富汗、阿拉伯、廓爾喀民族，都是向來善戰的。我們中國人數有四萬萬，向來雖然愛和平，但是爲生死的關頭也當然是要奮鬥的，當然有很大的武力。如果亞洲民族全聯合起來，用這樣固有的武力，去和歐洲人講武——一定是有勝無敗的！更就歐洲和亞洲的人數來比較，中國有四萬萬人，印度有三萬萬五千萬，緬甸、安南、木蘭由共起來有幾千萬，日本一國有幾千萬，其他各弱小民族有幾千萬，我們亞洲人數佔全世界的人數要過四分之二。歐洲人數不過是四萬萬，我們亞洲全部的人數有九萬萬。用四萬萬人的少數來壓迫九萬萬人的多數，這是和正義人道大不相容的；反乎正義人道的行爲，終久是要失敗的。而且在他們四萬萬人之中，近來也有被我們感化了的。所以現在世界文化的潮流，就是在英國、美國有少數人提倡仁義道德；至於在其他各野蠻之邦，也是有這種提倡。由此可見西方之功利強權的文化，便要服從東方之仁義道德的文化。這便是霸道要服從王道，這便是世界的文化，日趨於光明。

現在歐洲有一個新國家，這個國家是歐洲全部白人所排斥的，歐洲人都視他爲毒蛇猛獸，不是人類，不敢和他相接近，我們亞洲也有許多人都是這一樣的眼光。這個國家是誰呢？就是俄國。俄國現在要和歐洲的白人分家，他爲甚麼要這樣做呢？就是因爲他主張王道，不主張霸道；他要講仁義道德，不願講功利強權；他極力主持公道，不贊成用少數壓迫多數。像這個情形，俄國最近的新文化便極合我們東方的舊文化，所以他便要來和東方攜手，要和西方分家。歐洲人因爲俄國的新主張，不和他們同調，恐怕他的這種主張成功，打破了他們的霸道，故不說俄國是仁義正道，反誣他是世界的反叛。

我們講大亞洲主義，研究到結果，究竟要解決甚麼問題呢？就是爲亞洲受痛苦的民族，要怎麼樣才可以抵抗歐洲強盛民族的問題。簡而言之，就是要爲被壓迫的民族來打不平的問題。受壓迫的民族，不但是在亞洲專有的，就是在歐洲境內，也是有的。行霸道的國家，不只是壓迫外洲同外國的民族，就是在本洲本國之內，也是一樣壓迫的。我們講大亞洲主義，以王道爲基礎，是爲打不平。美國學者對於一切民衆解放的運動，視爲文化的反叛，所以我們現在所提出來打不平的文化，是反叛霸道的文化，是求一切民衆和平解放的文化。你們日本民族既得到了歐美的霸道的文化，又有亞洲王道文化的本質，從今以後對於世界文化的前途，究竟是做西方霸道的鷹犬，或是做東方王道的干城，就在你們日本國民去詳審愼擇。